基本講義

現代海商法

[第5版]

箱井崇史[著]

成文堂

第 5 版はしがき

　本書は、統計資料を含む図表や資料の掲載を大きな特徴としていることから、これまで約 3 年程度のサイクルで改訂を行ってきている。そろそろ改訂の準備をと考え始めたころ、ちょうど学内の行政職を退任し、ここ数回の改訂の対象となった商法改正などについて、改めて勉強をする時間をもつことができた。また、本書の姉妹書である拙共著『海商法』の改訂準備にも着手している。そうした作業をしながら本書をみると、いろいろと気になるところが出てきたため、今回の改訂では、商法改正の関連部分を中心として、本文にもだいぶ手を入れることになった。特に、第 3 章のタイトルの変更など、やや大きな書換えも行った。

　すでに、商法改正を反映した段階で、各章の分量にばらつきが生じているが、今回は分量が増えないように、特に心がけている。そのため、意を尽くせないところも残るかもしれないが、著者の力不足をお許しいただきたい。

　他方、旅客運送の関連データなどは、コロナ禍による急激な変化をうけた異常な数字となっているため、今回のアップデートを見送っている。

　こうした事情で、書き換えた部分が多かったため、今回も白鴎大学の白石智則教授に資料更新と校正をお願いした。ここにお礼を申し上げる。また、今回も、株式会社成文堂の篠崎雄彦氏にお世話になった。改めて謝意を表したい。

　2023年11月　研究室にて

箱 井 崇 史

第 4 版はしがき

　本書は、すでに2018年に上梓した第 3 版で2018年〔平30〕の商法（運送・海商関係）改正に対応していたが、その後、いくつか修正をしなければならない事情が生じてきた。第一に、2019年〔令 1 〕に船舶油濁損害賠償保障法が改正された。これは、いわゆるバンカー条約およびナイロビ条約を批准するための改正であるが、2020年10月に施行されたので、第 4 章ではこれに合わせて加筆・修正を行った。第二に、海上旅客運送に関して、商法改正後に予想されていた標準約款の改定が実現しており、これに対応するための第11章の修正も必要となった。

　そこで、新たに第 4 版として、これらの修正を加えるとともに、データのアップ・デートや前回の大幅改訂によって生じたミスの修正も同時に行うこととした。

　この第 4 版についても、株式会社成文堂編集部の篠崎雄彦氏にお世話になった。ここに記して謝意を表したい。

　　2020年12月14日　研究室にて

　　　　　　　　　　　　　　　　　　　　　　　箱　井　崇　史

第 3 版はしがき

　1899年〔明32〕以来、じつに120年近くにわたりほとんど実質的な改正がなされていなかった商法商行為編（運送関係）および海商編であるが、基本法の現代化作業の最後のパートとして、2018年〔平30〕にようやく全面的な改正が実現した。この改正については、2014年 4 月から法務省法制審議会商法（運送・海商関係）部会による審議が始まり、2016年 2 月の改正要綱の法務大臣への答申を経て、2016年10月に法律案が第192回国会に提出されていた。その後、2017年の衆議院解散の影響を受けて一度は廃案となったが、法律案は本年（2018年） 2 月に第196回国会に再提出され、同年 5 月18日に成立した。

　この改正により、当然ながら、本書第 2 版にも大幅な書き換えの必要が生じた。すでに法律案が明らかになっていたので、これをもとに改訂作業を始めていたが、修正すべき範囲が予想以上に多く、全面的な改正が実現したことをあらためて実感した。初版のはしがきで述べたように、実質的な海商法が現在の企業取引において活力をもって存在し、機能していることを示したいという思いから本書を構想したが、海商法そのものが形式的にも実質的にも現代化を遂げたことは、この分野の研究者として、おおいなる喜びである。

　この第 3 版は、旧版をベースにしながら改正に対応した修正を加え、改正法を現行法として叙述している。その結果、全体の分量は本文で一割以上増加し、各章の分量もややバランスを欠いてしまった。そのため、 1 コマの講義で 1 章ずつという使い方は難しくなったかもしれないけれども、教科書として使う場合には担当の先生が適当に取捨選択してくださるものと思う。

　私自身、今回の改正作業では法制審議会部会の末席を汚す機会をえて、改正全体について注視してきたつもりであったが、初めて条文として改正法を見てみると、新たな発見もあったし、いくつかの疑問も生じている。また、条名（条文番号）も改正前と微妙に数字が変わっているところが多く、慣れるまでには時間がかかるであろう。そのため、本書に誤解や不注意によるミ

スがないかと、これまで以上に不安が残る。この点は、学習のための教材を
できるだけ早く提供したいという著者の思いに免じて、増刷なり改訂の機会
までご猶予をいただきたい。

　本書の校正については、資料編集の協力をいただいた白石智則・白鷗大学
准教授の手をわずらわせた。あらためてここにお礼を申し上げる。また、今
回も本書の刊行に数々のご配慮をいただいた株式会社成文堂、とりわけ編集
部の篠崎雄彦氏に、記して謝意を表したい。

　2018年 6 月　研究室にて

箱　井　崇　史

第 2 版はしがき

2015年に、船舶所有者等の責任の制限に関する法律が一部改正された。増刷のタイミングで、これらの法改正を反映し、資料データを更新したため、第 2 版とすることにした。すでに正誤表で示していたものを含め、この機会にできるだけの修正を行ったので、初版の初期不良はほぼ解消されたものと思う。

また、周知のように、民法（債権法）の改正法案が国会に提出されている。成立前であるため、今回の改訂では参照条文などはすべて現行法のままとしているが、民法の改正およびこれに伴う整備法により実質的な変更が生じるいくつかの点については改正法案の条文に触れている。

現在、商法（運送・海商関係）の改正作業が進んでおり（2015年3月には法制審議会部会で中間試案が決定され、公開されている）、この改正が行われれば本書は全面的に改訂しなければならないことになる。改正が来年にも予想されている中、最新の教科書を学生に提供することに深いご理解をいただいた株式会社成文堂に心から感謝したい。第 2 版についても、編集部の篠崎雄彦氏にお世話になった。あらためて記して謝意を表したい。

2015年6月　研究室にて

箱　井　崇　史

はしがき

　本書は、大学における半期での海商法の講義に適した内容を14章で構成したものである。私自身の通年講義用として作成した拙共著、中村眞澄＝箱井崇史『海商法〔第2版〕』(2013年・成文堂)をベースに執筆したが、本書では70点以上の写真や図表を掲げて学生が海商法の世界をイメージできるよう工夫をした。わかりにくい海運用語でも、写真を見れば一目瞭然というものもある。たとえば、船舶登記簿と船舶国籍証書を見比べれば船舶公示の二元制もすぐにイメージできるものと思う。また、本書の本文分量は拙共著の約半分であるが、水準を維持しつつわかりやすい明快な叙述をするよう心がけた。拙共著と同じく商法海商編の枠にとらわれない「現代海商法」を念頭においた叙述をさらに徹底しているので、海運、商社、銀行、保険会社などの若手実務家にとっても、通読用の入門書として使っていただける内容になっているものと思う。このことは、実質的な海商法ないし海法が過去の遺物といったものではなく、まさに現在の企業取引において活力をもって存在し、機能している証でもあろう。

＊　＊　＊　＊　＊

　全体を14章の構成としたのは大学の半期の講義回数を念頭に置くものであり、資料・コラムを除いた本文の分量もほぼ均等になるようにしている。海商法全体にわたる講義では、これが時間配分や講義計画の一応の目安になろうが、教科書として一通り商法海商編の全体(海上保険を除く)を扱っているので、実際の講義ではその目的と計画にあわせて適当に取捨選択していただくこともあると思う。

　本書の叙述の範囲は、海商法の骨格にあたるといえるが、こうして枝葉を落とすことにより拙共著のまさに「拙」の部分が浮かびあがり、私自身思わぬ勉強の機会をえた。また、その反省を本文の構成や叙述にも反映することができた。

　大学のカリキュラムでは、(科目として存在していれば…)「マイナー」とか

「ニッチ」などといわれることもある海商法であるが、長い歴史と伝統をもちながら現代の国際商取引法の１つの核となる部分を構成しており、ダイナミックな実務とも密接に関連する先進的で面白い法分野である。国民生活を輸出入に依存し、海運国でもあるわが国にとって、その重要性はいうまでもないであろう。本書が、１人でも多くの若き学生・実務家に海商法の真の魅力、今日的な面白さを知っていただく機会となれば、まさに望外の喜びである。

＊　＊　＊　＊　＊

　新型航空機の開発にたとえれば、本書は企画段階で"ローンチ・カスタマー"の発注をうけ、その提案に基づいて開発を行った"ワーキング・トゥギャザー方式"の成果でもある。実際に大学で半期での海商法講義を行っている先生方から提案や要望をいただき、それらを本書に反映させている（脚注、英文（条約・約款）の割愛など、私ひとりでは難しい決断もあった）。特に、白鷗大学の白石智則准教授には企画や資料の構成・編集などたいへんお世話になった。巻末に資料編集の協力者として紹介し、謝意を表したい。これまで文献などから多くの教えをうけた諸先生方、企画段階からご協力いただいた"ローンチ・カスタマー"の先生方、快く資料をご提供いただいた海運関連業界の方々に、心からのお礼を申し上げる。

　また、本書の刊行をお引き受けいただいた成文堂の阿部耕一社長、刊行にご尽力いただいた編集部の篠崎雄彦氏に、記して謝意を表したい。

　2013年10月　研究室にて

箱　井　崇　史

目　　次

第3章　海上活動の主体と補助者

第1章
序　論

▌I　海商法の概観

　海商法とは何であるかという、海商法の意義をはじめに説明すべきであろうが、実は、これはいまなお議論されている難しい問題である。そこで、まずは海商法がどのような法であるかについて、いくつかの側面の概観から始めてみよう。ここでは、海商法の対象、海商法の歴史と変化、海商法の国際性について順に述べていくことにする。

1. 海商法の対象

　海商法は、「海商」の法であり、航海という海上活動を対象とする法として、古くから「海法」と同義でとらえられてきた。ここでは、陸上の活動を対象とするすべての法を「陸法」と総称したときに、これに対応するような大きな意味で海法をとらえていた。このように、航海という海上活動を対象とする法として陸法と対置されてきた海商法は、きわめて特殊的な法領域をかたちづくっている。その特殊性は、その対象の特殊性にもとづくものであるが、海上活動のさまざまな特殊性のうち、もっとも根本的なものは海上活動にみとめられる危険の存在である。海法が長い間その対象としてきた航海は、帆船による航海であり、まさに命がけの冒険であったとさえいえよう。この航海の危険を法的に克服して、航海を成就させることこそ、海法の最大の目標であり、その存在理由であった。

　もちろん、法律が直接的に船舶を堅固にしたり、荒天を回避したりできる

1-1　『嵐の中の船舶』 アンリ・ルソー画

わけではないが、危険をともなう航海を企画して、これを成就させるために法律にもできることがある。たとえば、航海に必要な資金を集めやすくしたり、船内の秩序を維持するためのルールを定めたり、船長の資格や船員の職務を定めて安全確保の目安を示したり、航海中においても必要な物資を入手しやすくしたり、そのためのしくみをつくることなどである。現在ではさまざまな分野でみられる保険も、もともとは海上の危険を克服する方法の1つとして、海法の世界に生まれてきた。現代の株式会社などで一般化している責任制限（有限責任）の考え方も海法から生まれたものである。いまも残る船舶所有者の責任制限制度は、なお海商法の特徴的な制度となっている。さらにいえば、持分に応じた多数決や、会社制度そのものも、航海と密接なかかわりをもって誕生している。また、不幸にも航海が破綻して損害が生じれば、その損害を船主や荷主といった航海関係者の間でいかに公平に分担するかが問題となる。くわえて、危険な状態にある船舶を救助し、遭難物を保護するしくみも必要となる。ようするに、航海というリスクの高い事業を、これに関係する人々が一致団結（連帯）して成就させるという究極の目的をもって、航海に関する法としての海商法が存在してきている。

2．海商法の歴史と変化

(1)　海商法の歴史

　海法（海商法）は、もっとも古くから存在する法領域の1つである。航海がさかんに行われていたエジプト、フェニキアなどにもおそらく海法は存在していたと推測されているが、現在には伝わっていない。19世紀の前半、フランスのパルドゥシュが17世紀までの各国海法を収集した全6巻の本を刊行している。これには紀元前の3つの海法（マヌ法典、ギリシア法、ローマ法）が収録されている。河川航行まで含めれば、有名なハンムラビ法典（紀元前18

世紀ごろ）にも船舶に関する規定が
存在していた。船舶の利用が古代か
らみられていた事実からも、これに
かかわる法やルールがかなり古い時
代から存在していたと考えられる
が、詳しいことは知りえない。

　現在につながる海法が形成され、
発展したのは、中世のことである。
中世のヨーロッパでは商業が発展
し、地中海ではアマルフィ、ジェノ

1-2　古代の船舶
アッシリアのガレー船を描いた石版（紀元前 7 世紀、
ニネヴェ出土）

ヴァ、ピサ、ヴェネツィア、マルセイユ、バルセロナ、北海・バルト海では
ヴィスビュ（ヴィスビー）、ハンブルク、リューベックなどの諸海港に都市国
家が形成され、そこではさかんに海上貿易が行われていた。都市に莫大な富
をもたらす航海は、それが危険であるにもかかわらずおおいに奨励された。
こうした状況を背景にして、それぞれの都市法を基礎としながら、海事慣習

にもとづく有力な海法が誕生してき
た。そして、これらは各都市を越え
て、各地海域における統一的な法へと
発展した。いわゆる中世３大海法と
して、オレロン海法（大西洋フランス沿岸）、
コンソラート・デル・マーレ（地中海
沿岸）、ヴィスビー海法（北海沿岸）を
あげることができる。

　17世紀になると、近代的な中央集権
国家が成立し、世界最初の海法典とい
うべきものが、1681年にフランスでル
イ14世の王令として制定されている
（海事王令）。これは、ここにみた中世
海法に基礎づけられた各地の慣習法を
十分に調査研究して編纂されたもので

1-3　ルイ14世　リゴー画『ルイ14世の肖像』

あり、全5編（713か条）に体系的にまとめられた大法典であって、海法のみならず立法史における金字塔とも評されている。これは、まさに「海法」の名にあたいする法典で、今でいう民法、商法のみならず、行政法、刑法、訴訟法、国際法、さらに労働法といえるものまで、実に多様な規定を含んでいた。この海事王令の影響はきわめて大きく、ヨーロッパばかりでなく世界各地で模範とされることになった。この王令から、1807年のフランス商法典、1861年のドイツ旧商法典を経由して、わが国の海商法までの連続性さえみられている。このように古い歴史をもつ海商法が、陸上商法とは別に、海事慣習にもとづきつつ独自に形成されてきたことは注目にあたいする。海商法は、独自の法体系と、独自の裁判所（海事裁判所）と、対象となるべき独自の集団をもっていた。

　しかし、このようないわば大海法は、19世紀にヨーロッパ大陸で行われた法典編纂によって解体される運命をたどる。この法典編纂は、公法と私法の明確な分離を基調としていたため、海に関するすべての法というような海法はみとめられなかったのである。フランスでは、海事王令は解体され、その私法部分の多くが一体性を保ったまま、あらたに制定された前述の1807年の商法典に「海商編」として組み込まれることになった。このように商法典に海商編を置く立法方式は、ドイツを経てわが国にもたらされ、そのまま現在に至っている。

　なお、現在の海運の実務に大きな影響力をもつイギリス法は、海法についても判例を通してコモン・ロー（判例法・不文法）が形成されているほか、商船法（Merchant Shipping Act）や海上物品運送法（Carriage of Goods by Sea Act）など、いくつかの海事制定法が存在している。

(2)　**海商法の変化**

　海商法は、中世にかたちづくられ、いくつものユニークな制度を伝えてきた。海法典は解体されても、それらの諸制度がただちに消滅することはなかったが、海商法に大きな打撃を与えたのは、むしろその後に生じた航海そのものの劇的な変化であった。古代から数千年の間、船舶といえば多くが木造であり、推進力も帆やオールといった風力や人力であって、その大きさにもおのずと限界があった。19世紀を迎えたころまでは、おそらくこれが永遠の

光景と思われていたにちがいない。し
かし、産業革命の波が海運にもおよぶ
に至って、この前提は大きく変化し
た。ちょうどフランス商法典が制定さ
れた19世紀の初頭は、なおこうした航
海が行われていたが、その直後から、
革命的ともいえる変化が生じることに
なった。まず、船体は木造から鉄、さ
らに鋼鉄へと変わっていった。推進装
置も、蒸気機関が船舶に導入され、最
初は外輪船であったが、同じころ発明
されたスクリュー・プロペラが普及し
た。これらは、大きくてもせいぜい60
メートルから65メートル程度であった
船舶の大型化を可能にして、19世紀の
末には200メートルという巨船が誕生
している。1912年に遭難した有名なタ
イタニック号は、250メートルを超え
ていた。19世紀の後半からは、石炭の

1-4　17世紀の帆船　プリンス・ロイヤル号

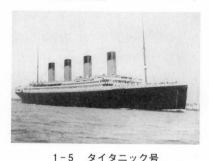

1-5　タイタニック号
全長269m、46,328総トン。1912年4月15日、初航
海の途中で沈没

安定的な供給が実現し、機関の信頼性も向上すると、徐々に帆船から汽船へ
の転換が進んでいった。また、ひとたび航海に出ると、広大な海洋で孤立す
るという海上活動の常識が、無線通信の発明によりくつがえされたことも重
要である。こうした、海運界に生じた船舶関係の大変革と社会的・経済的な
変化は、当然ながら海法にも重大な影響を与えることになる。これは2つの
側面から考察することができる。

　第1に、この変化が海商法の存在意義そのものを揺るがしたのである。な
ぜなら、海商法は航海が人智では克服できないさまざまな危険にさらされて
いることを前提として、その危険を法的に克服することを目指していたから
である。ところが、造船技術と航海技術の飛躍的な向上は、海法の対象のこ
の特殊性をおおいに減じることとなった。陸上活動にも危険がないわけでは

なく、これまで絶対的に特殊なものと思われてきた海上の危険が、もはや相対的なものとみられるようになり、この危険を前提とした特殊な制度については、その存在理由そのものが問われることになった。海事に特有な責任制限の制度は、いまなお存続しているが、責任限度額の引上げなど制度の見直しが進んでいるほか、一部からは批判の声も聞かれている。また、航海中の船舶との連絡が途絶することを前提とした制度は、通信の発達により、その意味が失われてきた。

　第2に、法律や社会制度の発展により、これまで海商法に特有であった制度が一般化した。その筆頭は、保険であろう。保険は海上保険として誕生したが、さまざまな危険に応用されて今日に至っている。また、より先進的な海法ないし制度が陸法で生まれ、海商法の旧来の制度を駆逐した例もある。航海資金を調達するために考えだされた特殊な海事金融のしくみ（冒険貸借）も、現在では船会社が株式会社形態を採用するなど、陸上の企業と同じ資金調達の方法が可能となり、それとともに廃れてしまった。

　このように、いずれにおいても海法ないし海商法の陸法との対比における特殊性は大きく低下したといわざるをえない。こうした事実は、海商法がいかなる法であるかという議論にも影響を与えているものと思われる。

3．海商法の国際性

　船舶による海上活動は、そもそも国境とは無縁であり、古くから海商法には海域ごとの統一性がみられていた。その意味では、海商法は生まれながらに国際的な存在であったといえる。こうした統一性が揺らいできたのは、むしろ近代的な国家が誕生して、各国の国家法が整えられたことによるところが大きい。また、船舶自体の近代化により、その活動範囲が全世界におよぶに至って、国家や海域を超えた法の統一が望まれてきた。その動きはすでに19世紀のヨーロッパに始まっている。まず急務となったのは、海上における交通ルールの統一や、衝突などの海難事故の処理に関するルールの統一である。向かい合う船がどちらに避けるのかといった基本的なルールが統一されなければ、高速化した汽船の時代にはたいへんな事態となってしまうであろう。船舶の衝突予防に関する現代的なルールは、1889年に国際規則として採

択されている。また、船舶衝突の場合の損害賠償に関する基本原則を定めた条約、海難救助に関する条約が、ともに1910年に成立している。のちにみるように、海事条約は相当の数にのぼっており、海商法を含めた海法ないし海事法は、法の国際的統一という点では、もっとも進んだ分野の1つといってよい。

Ⅱ　海商法の意義と特異性

いくつかの点から海商法を概観したので、これをふまえて、ここでは海商法とは何であるかという、海商法の意義について述べることにする。海商法の意義は、その形式的意義と実質的意義とにわけて考察することができる。また、海商法の意義との関連で、あわせて海商法の特異性についても簡単にふれておきたい。

1．海商法の形式的意義

形式的意義の海商法とは、1899年〔明32〕に制定された現在の商法典（商法という名の法律）の第3編が「海商」として定めている法規の総体をいう。

わが国の商法典の最初のものは、ドイツ人のヘルマン・ロェスラーの起草による1890年〔明23〕の旧商法（第2編が海商）である。この海商編は、すでに1899年の商法典が準備されている中で、偶発的理由から短期間施行されたものの、すぐにこの新商法にとって代わられた。

現在の商法海商編は、1911年〔明44〕の改正による海難救助に関する一連の規定の追加、1937年〔昭12〕の旧船員法改正にともなう改正、1938年〔昭13〕の改正による第5編から第4編への繰上げと条文番号（条名）の繰下げ、1947年〔昭22〕の新船員法の制定による改正、1975年〔昭50〕の船主責任制限法の制定による改正など、いくつかの改正をうけてきた。さらに、2005年〔平17〕の会社法制定により第4編から第3編に繰り上がったほか、この改正と2008年〔平20〕の保険法制定による改正でも若干の修正がくわえられていた。しかし、これらの改正は部分的または形式的なものにとどまっていた。

このように、商法の制定当時から実質的な改正がほとんどなされないままとなっていた海商編は、近年に進められてきた基本法の現代化の流れの中でようやく全面的な見直しが計画され、これが2018年〔平30〕の商法改正として実現した。

● 2018年〔平30〕の商法改正 ●

　2005年の会社法制定に際して、商法についても第1編「総則」の全部と第2編「商行為」の一部については現代化・口語化が実現していた。しかし、運送営業、倉庫営業を中心とした第2編の残りと第3編「海商」の全部は、この対象とならなかった。そこで、商法全体の現代化をめざして、2014年〔平26〕4月に法務大臣の諮問により法制審議会に商法（運送・海商関係）部会が設置された。そして、約2年間の部会審議を経て、2016年〔平28〕2月に改正要綱が法制審議会から法務大臣に提出された。これにもとづいて、同年10月に「商法及び国際海上物品運送法の一部を改正する法律案」が国会に提出され（2018年2月に再提出）、この改正法は2018年5月に成立した。その結果、1899年〔明32〕の商法制定以来、一世紀以上をへて、ようやく運送契約法と海商法が現代化された。

　この2018年の商法改正は商法第3編などを全面的に見直した改正ではあるが、時代遅れとなった規律の現代化に主眼がおかれたため、既存の商法規定の修正の要否という観点から検討が始められており、海商編の単行法化などはそもそも検討対象とならなかった。また、国際海上物品運送法も直接の改正対象とはされていなかった。

2．海商法の実質的意義

　さきに述べたように、海商法の実質的意義をいかに理解するかは難問である。この実質的意義とは、形式的意義とは別に、海商法を理論的にいかなる理由をもって、いかに把握するかということが問題となる。現在の商法学説は、商法を企業法としてとらえており、これを前提にして、海商法は商法の一部であり同様に企業法（海上企業法）であるとみるのが通説である。海上企業とは、海上で船舶により営まれる企業であるとして、中心となる海上運送業のほか、海難救助業、曳船業および漁業などを含むという。

　このように、通説は、海商法が商法の一部門であることを前提として実質的意義を理解するが、この前提には疑問がある。わが国が海商法を継受する前に、海商法はもともと公法と私法を含む海法として存在していたのであり、大陸法におけるその解体後も、一定の一体性をもって商法典の特別の編（海商編）に組み込まれてきた。たしかに、海商法の特殊性は薄らいできているし、船員労働などの非企業法的規定が海商法から削除されるなど、商法との融合ないし商法化も相当程度まで進んできているといえるが、それでも海商法が完全に商法になったと言い切ることはできないであろう。

　海商法は、形式的には商法の一部とみることができるが、実質的には従来から存在した海法の私法部分というべき要素が残されている。商法化が進んでいるとはいえ、これを未完了の状態にあると認識するかぎり、現在の法体系において海商法の実質的意義を理論的に無理なく把握するには、その特殊性からこれを二元的に理解せざるをえないと考える。

　そこで、海商法の実質的意義としては、さしあたり、船舶による海上活動（航海）を対象とする法のうち、商事に関するものを中心としつつ、沿革的理由にもとづく一定の一体性をもって把握される私法であり、これと密接に関連する公法を含むものと理解しておくことにしたい。

3．海商法の特異性

　海商法は、陸法とは別個に、独自に形成されてきた特殊性をもっているので、長い間、その特異性というものが議論の対象とされてきた。とはいえ、海商法が民法や商法から完全に独立した法領域を形成するというような絶対的な特異性の主張はみられず、これに相対的特異性をみとめるのが通説であって、これが正しい考え方であろう。

　しかし、実質的意義についてみた通説のように、海商法を完全な商法の一部門とみて、海商法は海上企業の特殊的な要請にもとづいて商法を修正するものと理解するのは問題である。海商法の特殊的な規定や制度は、そもそも一般商法の存在を前提にして、これを修正して生まれてきたものではない。その規定や制度自体は、かつての海上活動の絶対的な特殊性の認識のもとで独自に形成されてきた。そのような時代の産物であるという本質を理解した

うえでなければ、個々の規定や制度を正しく理解することはできない。もはや海上活動の危険性そのものが絶対的なものではないとしても、いまなおこの危険性は海上活動の特質であるといえるし、くわえて国際性などの特質が、海商法の規定や制度の理解とその解釈の前提になるという意味において、海商法に相対的な特異性がみとめられるのである。

このように特異性の減少ないし相対化により、海商法が法体系においてある程度独立した法領域を形成するという程度の相対的な自主性がみとめられることになる。海商法には一般の民法や商法に還元できない特殊な規定や制度があるので、その自主性を完全に否定することは、少なくとも現段階では困難と考える。

Ⅲ　海商法の国際的統一

すでに海商法の国際性について述べたように、海商法はその性質から、国際的な統一が強く望まれる法領域であり、実際にも統一的な契約書や規則が自主的に利用され、また多く存在する海事条約により統一が進められている。

1．自主規則による統一

とくに取引法の領域は契約自由の原則が支配する任意法がその中心であり、当事者が統一的な規則や契約書式を自主的に採用することにより国際的な統一をはかることができる。古くから広く利用されてきているものとして、国際法協会（International Law Association）が1877年に制定して、その後に万国海法会が引き継いだ共同海損に関するヨーク・アントワープ規則があり、海商法に関連するものとして国際商業会議所（ICC）によるインコタームズ（INCOTERMS 2020）、信用状統一規則（UCP600）などがある。これらは、それ自体に法的拘束力があるわけではなく、当事者による任意の採用をまつほかないので、国際的統一の方法としては完全なものではないが、ここにあげた規則などは実際に統一ルールとしての重要な役割をはたしている。

　また、各種傭船契約書、造船契約書、救助契約書などでも、国際的に広く知られ、実際に多く利用されている書式がある。

2．条約による統一

　条約には締約国に一定の内容の国内法の制定を義務づける形式のものと、条約そのものが国内法として扱われるものがある。自主規則の場合と異なり、条約は拘束力をもって統一をはかろうとするものであるから、その点では有効な国際的統一の方法といえるが、それだけに成立が難しく、成立しても発効要件をみたさずに未発効のまま放置されるものが少なくない。また、ある条約にすべての国が参加しているわけではないし、改正についても原則としてあらたに条約や議定書の批准などが必要になる。

(1)　万国海法会

　海法の統一において重要な役割を果たしてきているのが、1897年にベルギーで設立され、本部をアントウェルペン（アントワープ）に置く万国海法会（CMI）である。万国海法会は民間団体であるが、各国に置かれた支部（各国海法会）と連絡をとりながら、条約案を作成してきた。万国海法会で作成された条約案を、ベルギー政府が招集する外交会議で条約として成立させる方法により、1910年の船舶衝突統一条約、海難救助統一条約を皮切りに、次々と海事条約が制定された。これらをブリュッセル条約とよんでいる。重要なものとして、1924年の船荷証券統一条約（ハーグ・ルール）、1957年の船主責任制限条約などがある。

(2)　国連機関

　万国海法会が条約案を作成してブリュッセル条約として成立させる方法は、20世紀のなかばまでに大きな成果をあげたが、その後の海事条約については国連機関などが重要な役割をはたすようになっている。

　①国際海事機関（IMO）　　これは、1958年に政府間海事協議機関（IMCO）として設立された国際機関であり、1982年に現在の名称となった。国連の専門機関としてロンドンに本部を置いている。国際海事機関は、主として船舶航行の安全に関する国際的な統一活動を続けてきているが、船舶事故にともなう油濁損害賠償に関する条約や、海上旅客運送契約に関する条約など、私

法の領域での統一活動でも成果をあげている。

②国連貿易開発会議（UNCTAD）　　これは国連総会直属の補助機関として、1964年にスイスに設立され、ジュネーヴに本部を置いている。発展途上国の経済発展と南北の格差是正を主要目的とする機関であるが、従来の海事条約（ブリュッセル条約）が、どちらかといえば先進海運国を中心として制定されてきた点を意識しながら、いくつかの条約の制定を主導してきた。たとえば、1978年の国連海上物品運送条約（ハンブルク・ルール）、1980年の国連国際複合物品運送条約（未発効）などがある。

③国連国際商取引法委員会（UNCITRAL）　　これは国連総会直属の委員会として、1966年にオーストリアに設立され、ウィーンに本部を置いている。1985年の国際商事仲裁モデル法、1996年の電子商取引に関するモデル法などを定めて、国際商取引法の分野での国際的統一のための活動を行っている。海法の分野では、前述した1978年のハンブルク・ルールを起草したほか、1991年にはターミナル・オペレータの責任に関する条約を作成している。また、最近では、国際海上物品運送に関する新しい条約（ロッテルダム・ルール）の制定作業に取り組んでおり、これは2008年の国連総会で採択されている（未発効）。

Ⅳ　海商法の法源

　ここで海商法の法源とは、実質的意義の海商法がどのような形式で存在するかという、法の存在形式をいうが、この意味においては、商法第3編「海商」、海事特別法、海事条約、海事慣習法および海事判例などが考察の対象となる。

1．商法第3編「海商」

　制定法として代表的な法源は、商法（明治32年〔1899〕法48号）第3編「海商」（商684条〜850条）である。海商法の形式的意義についてみたように、1899年の制定以来となる商法海商編の全面的な改正が2018年〔平30〕に実現

している。

　この改正により、これまで陸上運送契約に関する規定であった商法第2編「商行為」の運送営業（第8章）は、運送契約（陸上運送契約・海上運送契約・航空運送契約）に関する総則的規定（共通規定）として整理された。海上物品運送に関する海商編の規定（商737条～770条）はその特則である。また、この改正により海商編の旅客運送（海上旅客運送）に関する特殊的な規定はすべて削除された。

2．海事特別法

(1)　海事特別私法

　海事特別法のうち、海商に関する特別私法としてもっとも重要なものは、1924年の船荷証券統一条約の批准にともない制定された「国際海上物品運送法」（昭和32年〔1957〕法172号）である。この法律は、特別法として外航船による海上物品運送に適用される（国際海運1条）。それゆえ、商法海商編の海上物品運送に関する規定は内航船による国内の海上物品運送に適用が限られるが、国際海上物品運送法により多くの商法規定が国際運送に適用されている（国際海運15条）。

　次に、1957年の船主責任制限条約の批准をうけて制定された「船舶の所有者等の責任の制限に関する法律」（昭和50年〔1975〕法94号）がある。この法律は、船舶所有者の責任を制限する態様として委付主義（1975年改正前商690条）を廃止して、条約に従った金額責任主義を採用した。また、これと同時に、1969年の油濁損害に関する民事責任条約および1971年の国際基金条約を国内法化して「油濁損害賠償保障法」（昭和50年〔1975〕法95号）が制定されている。これは、2004年〔平16〕の改正で「船舶油濁損害賠償保障法」と題名が変更され、さらに2019年〔令1〕の改正で「船舶油濁等損害賠償保障法」と変更された。

　海商に関するその他の特別法としては、「船舶登記令」（平成17年〔2005〕政令11号）があり、船舶所有権および抵当権などに関する登記手続を定めている。

(2)　海事特別公法

海事特別法の大部分は行政法的規定であるが、この中には、たとえば船舶法（附則）35条1項のように商法第3編の規定を非商行為船に準用する規定や、海商法と密接な関係にある船員法など重要な法令が少なくない。関係する法令は多数にのぼるが、その主要なものをあげれば、次の通りである。

①船舶および船舶の航行に関するもの　「船舶法」（明治32年〔1899〕法46号）、「船舶安全法」（昭和8年〔1933〕法11号）、「水先法」（昭和24年〔1949〕法121号）、「港則法」（昭和23年〔1948〕法174号）、「航路標識法」（昭和24年〔1949〕法99号）、「水路業務法」（昭和25年〔1950〕法102号）、「海上交通安全法」（昭和47年〔1972〕法115号）、「海上衝突予防法」（昭和52年〔1977〕法62号）、「船舶のトン数の測度に関する法律」（昭和55年〔1980〕法40号）などがあり、船舶の航行にともなう海難については「水難救護法」（明治32年〔1899〕法95号）、「海難審判法」（昭和22年〔1947〕法135号）、「運輸安全委員会設置法」（昭和48年〔1973〕法113号）などがある。

②船員に関するもの　船長の職務権限や船員の労働条件を定める「船員法」（昭和22年〔1947〕法100号）、船員の乗組資格などを定める「船舶職員及び小型船舶操縦者法」（昭和26年〔1951〕法149号）、船員の雇用の確保をはかる「船員職業安定法」（昭和23年〔1948〕法130号）などがある。

③海上運送の秩序維持等に関するもの　「海上運送法」（昭和24年〔1949〕法187号）、「海事代理士法」（昭和26年〔1951〕法32号）、「港湾運送事業法」（昭和26年〔1951〕法161号）、「内航海運業法」（昭和27年〔1952〕法151号）などがある。

3．海事条約

海商法の国際性により、多くの海事条約が締結されている。条約は国家間において権利義務を創設する合意であるが、それ自体が直接に適用される自動執行力のある条約は批准・公布によって国内法としての効力を有するものと解されるから、この場合には条約そのものを法源とみることができる。1910年の船舶衝突統一条約（大正3年〔1914〕条約1号）および同年の海難救助統一条約（大正3年〔1914〕条約2号）がこれにあたり、いずれも締約国に属する船舶およびすべての利害関係人に適用される旨を定めている。これに対し

て、一定の国内法規を制定する義務を課す条約にもとづいて国内法が制定される場合には、制定された国内法は法源となるが、条約自体を法源とみることはできない。たとえば、船荷証券統一条約にもとづき制定された国際海上物品運送法では、後者が海事特別法として海商法の法源となる。

4．海事慣習法

海商法は、その起源を海事慣習ないし海事慣習法に負うところが大きいが、とくに固定化し、時代遅れとなりがちな制定法に対して、海事慣習が新しい立法への契機となることも少なくなく、その役割は大きい。

商法は、商慣習（商慣習法）を商法の重要な法源の1つとして掲げ、民法に対して優先適用されることを定めているが（商1条2項）、さらに商慣習法の進歩性と合理性を考えれば、制定法優先主義（法適用3条）の原則にもかかわらず、海事慣習法は海商法中の任意法規にも優先して適用されるものと解すべきである（制定法改廃力）。

なお、海事慣習法とは別に、事実たる慣習がある。これは、当事者の意思解釈の資料にとどまり、ここにいう法源ではないが、契約においてとくに排除されないかぎり任意法規に優先する実質的拘束力を有する（民92条参照）。たとえば、港湾における運送品の船積みや陸揚げなどの荷役作業、運送品の引渡しなどは、その地域の慣習に従って行われることが多い。

5．普通取引約款

船荷証券および傭船契約書などの普通取引約款が海運の実際において果たす役割はきわめて大きい。とりわけ、個品運送や旅客運送では、運送人が大量の契約を迅速に締結する必要から、その定型化は不可欠であって、海上運送においても陸上運送、航空運送と同じく普通取引約款が広く利用されている。また、取引における統一化の必要性から、有力な機関や団体が作成した書式が統一的に利用されることが多く、国際的に広く利用されているものも少なくない。制定法の陳腐化や欠缺は、さまざまな場面で普通取引約款の利用により補完されており、実際の紛争においては約款の解釈が問題となる局面も多くみられる。

　なお、定型取引（ある特定の者が不特定多数の者を相手方として行う取引であって、その内容の全部または一部が画一的であることがその双方にとって合理的なもの）において用いられる定型約款について、その合意に関する規定が、2017年〔平29〕の民法改正によって設けられている（民548条の2〜548条の4）。

6．海事判例・仲裁判断

　成文法主義をとるわが国において、判例を独立した法源と認めることはできないと解される。しかし、法の解釈を通じて、判例が成文法の意味するところを明らかにして、さらにこれを実質的に改廃することもあり、このような新しい法を創造していく判例の機能に着目すればその重要性はいうまでもなく、海事に関する確立した判例を海商法の実質的な意味における法源とみることもできるだろう。国際性をもつ海商法の解釈においては、統一条約や統一的な慣行に関する外国判例であっても、それが国際的な共通理解を形成することがあるという点では、やはり重要な意味をもつことになる。

　また、海運の実際においては、海事仲裁もしばしば利用されているが、個々の仲裁判断は法源とはならない。わが国の海事仲裁機関としては、社団法人日本海運集会所（JSE）の設置する海事仲裁委員会（TOMAC）がよく知られている。

第2章
船　舶

▌ I　船舶の意義と種類

　海商法は、船舶による海上活動（＝航海）を規整対象とするものであるから、船舶は海商法におけるもっとも基本的な概念の1つである。また、商法は、海商編の適用範囲をその対象となる船舶を画することによって明らかにしているから、船舶の意義は法律の適用範囲を明確にするためにも重要な意味をもっている。ここでは、こうした観点から船舶の意義と種類について述べることにする。

1．船舶の意義

　船舶が何であるかについて、この一般的意義を定義する法規定はわが国には存在しないので、これは社会通念（＝常識）によって決めるほかない。

　船舶とは、一般に、「水上航行のために用いられる構造物」をいう。船舶は水上（海上にかぎられない）を航行するものであるから、浮上していても水上に固定されるなど、航行を予定していない構造物（浮きドック、プラットホームなど）は船舶ではない。また、船舶の一般的な形状をもっていても、水上航行のために用いられないもの（水上ホテル、展示船など）は船舶ではない。飛行船はもちろん、水上飛行機も、それらは空中航行のための構造物であって船舶ではない。もっとも、このような社会通念にもとづく船舶の意義は、船舶に関する各種の法令が対象とする船舶の概念の基礎になるものとして重要であるが、漠然としたものにとどまるから、限界的な事例については明確な

基準となりにくい。各種の法令が対象とする船舶は、基本的にはこのような一般的な船舶概念にもとづきながら、それぞれの法令の規定または解釈によりさらに明確にされなければならない（たとえば、水上飛行機は一般的な船舶概念には含まれないが、海上衝突予防法3条1項は同法の目的から水上飛行機を同法にいう「船舶」に含めている）。

2. 海商法上の船舶

(1) 法令上の船舶

商法海商編において「船舶」とは、商行為をする目的で航海の用に供する船舶であり、端舟その他ろかい（櫓櫂）のみをもって運転し、または主としてろかいをもって運転する舟（ろかい船）は除外されている（商684条）。

このように、商法684条が海商編の適用対象を、商行為を目的とする航海船（商行為船）に限定している結果、原始産業である漁業（営利行為であっても商行為ではない）に従事する漁船、非営利船である海洋調査船などは、海商法上の船舶ではない（非商行為船）。

ところが、船舶法（附則）35条1項は、商行為を目的としない航海船一般についても、公船を除いて商法海商編を準用すると定めており、商法海商編は実質的にその適用範囲が著しく拡大されている。そこで、その実質をみれば海商法上の船舶とは、ろかい船および公船を除いた航海船ということになる。ここにいう公船とは、船舶の所有関係ではなく、使用関係からみた「公用船」であると解されている。

なお、実質的意義の海商法に含まれる船主責任制限法は、独自に同法にいう船舶について定義規定を置いている（船主責任制限2条1項1号）。2018年〔平30〕の商法改正前は、これは船舶法（附則）35条1項による準用の場合を含めた商法海商編の対象となる船舶と実質的には同じものと解されていた（東京高決平成4・12・10判例地方自治108号10頁を参照）。改正商法においても同様に解されることについては後述する。

(2) 航海船

海商法が一般的に適用または準用される船舶は、このように航海船にかぎられる。航海船とは、その名の通り海上を航行する船舶である。海商法の適

用される航海船であるというためには、まず海商法の対象となりうる船舶で
なければならないが、これは海商法の法規整の趣旨にてらして、その意義を
明らかにしなければならない。ここでは、海商法上の航海船としての基本的
な性質を社会通念上の船舶との関係において考察することにして、海上を航
行しない船舶との関係ないし限界は次項において述べる。

　まず、航海船は、恒常的に海の危険にさらされるから、海の危険に備える
一定の構造を有しているべきであり、これを欠く構造物はそもそも海商法上
の船舶とはいえない。それゆえ、水上オートバイなどは、水上航行のための
構造物ではあっても海商法の対象としての航海船から除外される。同じく、
筏は、それ自体（木材）が運送の対象であるか否かにかかわらず、その構造
から海商法の対象となる航海船にはあたらない。海商法はろかい船を適用対
象から除外しているが、これも海上危険に備える一定の構造を欠いている場
合が多いであろう。

　また、社会通念から船舶といえるかどうか疑問となるものも、海商法の適
用の有無をなお解釈によって判断しなければならない。たとえば、ホヴァー
クラフト（エア・クッション艇）の特殊性は水面からわずかに浮上して航行す
るという点にあるが、この特殊性は海商法の適用について問題とならず、む
しろ通常船舶とのその他の共通性において海商法を適用すべき実質的理由が
あるから、これが海上（海面）を航行する場合には海商法の対象としての航
海船に含まれるものと解すべきである。沈没船は、航行性を失っているので
一般に船舶とはみられないが、引き揚げて航行性を回復できるものは、取引
的関係についてはなお船舶とみるべきである（引き揚げられた船舶を同一の船舶
とみる必要がある）。これに対して、製造中の船舶は航行性を具備するまで（通
常は進水まで）は船舶とはいえない。

　航海船の要件として、自力航行の能力を有するかどうかが問題とされる
が、不要と解するのが多数説であり、裁判例（東京高判昭和47・8・23高民集25巻
4号309頁。船主責任制限法について、大阪高決平成22・3・10海事法研究会誌217号62頁）
もこれを支持している。

(3)　航海船と非航海船の区別

　航海船とは航海の用に供する船舶（商684条参照）であり、すなわち海上を

航行する船舶であるから、海以外の水域を航行する船舶と区別される。それゆえ、両者の区別のためには商法684条にいう「航海」の範囲、換言すれば航海が行われる水面としての「海」の範囲が明らかにされなければならない。

　①2018年の商法改正前の議論　　2018年〔平30〕の商法改正前は、ここにいう海（海上）がいかなる水域であるかについては、解釈上の争いがみられていた。かつての通説は、2018年改正前商法が「湖川・港湾」における運送

… 平水区域

2-1　平水区域と開港

を陸上運送に含めており（改正前商569条）、ここにいう港湾の範囲は船舶安全法施行規則（昭和38年〔1963〕運輸省令41号）1条6項に定める平水区域とされていたことから、改正前商法684条1項（改正後の商684条）との関係でもこの陸上運送と海上運送の区別にならい、海上とは湖川・港湾を除く海洋であり平水区域を含まないと解していた。これに対して、有力説は、運送のほかに船舶衝突なども対象とする海商法においては、海上の意義は平水区域の概念によらず社会通念によって決すべきであるとして、海上の範囲をかつての通説よりも広く解していた。すなわち、この点をいかに解するかにより商法684条にいう航海船の範囲（法律の適用範囲）が異なってくるのであり、とりわけ平水区域のうち社会通念上は海と解される水域を航行する船舶について、これを航海船とみるかどうかが実質的な問題であった。

　②2018年の商法改正とその理解　　2018年改正商法は、改正前商法684条1項（改正後の商684条）そのものには実質的な変更を加えていない。しかし、改正では、ここにみた陸上運送と海上運送の区別が大きく変更され、航海船であるか否かを問わず、船舶による運送がすべて海上運送に含められることになった。

　商法は、海上運送について、「第684条に規定する船舶（第747条に規定する非航海船を含む。）」による物品または旅客の運送をいうと定義して（商569条3号）、航海船の対概念としての「非航海船」という用語を用いている。そして、商法747条は、「非航海船」を、「商行為をする目的で専ら湖川、港湾その他の海以外の水域において航行の用に供する船舶」（ろかい船を除く）と定義している。このように、商法は航海船の定義を明らかにしないまま、あらたに「非航海船」の定義を示しているが、非航海船概念を導く航行水域を（湖川・港湾その他の）「海以外の水域」というにすぎないから、この非航海船の定義から「海である水域」の意義（範囲）を導くことはできない。したがって、商法684条にいう航海の意義に関する従来の議論は、改正法のもとでは航海船と非航海船の区別の問題としても、なお残されるようにみえる。

　しかし、改正前商法569条は変更され、これにともない商法と平水区域との規定上の関係が絶たれ（「湖川・港湾」を船舶安全法施行規則に定める平水区域と結びつけていた商法施行法122条は削除された）、かつての通説はその直接の（法文

上の）根拠を失った。そもそも、海商法上の航海船の定義について行政取締法規により定められた平水区域概念に依拠する必然的な理由はなく、実質的にも社会通念により海上とされる平水区域（たとえば瀬戸内海の大部分は平水区域である）を航行する船舶に海商法の適用を排除すべき合理性はみとめられない。商法569条の改正は、平水区域での運送を一律に陸上運送とみるのは適切ではないとする見解が支持された結果であり、この考え方自体は海商法全体の適用について商法684条にいっそう妥当するものと思われる。このようにみると、商法との規定上の関係を失った平水区域概念をあえて持ち出す議論はもはや困難であろう。従来の論争は、改正によって決着がついたものとみるべきである。なお、近時、この有力説を採用した裁判例が現れた（福岡高決令和3・2・4判タ1497号119頁）。

　そこで、ここでは有力説の考え方を基本とすべきことになる。商法684条にいう航海の場である海（海上というべき水面）とは、商法になんらの手がかりもない以上、結局は社会通念における海というほかなく、もっぱら、または主としてこの水域を航行する船舶こそが航海船であり、そのうちの商行為船（ろかい船を除く）が商法684条の船舶ということになる。また、「港湾」は海以外の水域として例示されており、もっぱら港湾運送に従事する船舶は非航海船である。

　③非航海船への商法規定の適用　　上述のように、2018年改正商法は非航海船による物品および旅客の運送を海上運送に含めており（商569条3号）、これらには商法商行為編（第2編）の物品運送（第8章第2節）および旅客運送（第8章第3節）に関する規定が適用される（商569条1号、570条、589条）。また、海商編の定める海上物品運送に関する特則（第3編第3章）では、個品運送および航海傭船に関する規定がいずれも非航海船による物品運送に準用される（商747条、756条1項）。さらに、運送のほかには、船舶（航海船）と非航海船との事故の場合への船舶衝突等に関する規定の準用（商791条）、および非航海船の救助の場合への海難救助に関する規定の準用（商807条）が、改正によりあらたに定められた。なお、海商法上の非航海船はその定義からやはり商行為船にかぎられているところ、船舶衝突等および海難救助に関するこれらの準用規定は、船舶法（附則）35条2項により非商行為船について準用されて

いる。

3．船舶の種類

　船舶（航海船）は形状や用途などさまざまな観点からさらにこれを分類・区別することができる。ここでは海商法の中心的対象である海上運送にかかわる航海船の分類・区別のいくつかを示す。ここで示すもののほか、法律的に意味のある分類としては、日本船舶と外国船舶、登記船と非登記船（登簿船と不登簿船）の区別などがある。

(1)　外航船・内航船

　国際航海に従事する船舶を外航船といい、国内航海に従事する船舶を内航船という。外航船による物品運送には国際海上物品運送法が適用され、内航船による物品運送には商法商行為編の物品運送規定と海商編の海上物品運送に関する特則が適用される。

(2)　貨物船・旅客船

　運送の対象による区別であるが、両方をかねた貨客船もある。上述のように、商法海商編は、「海上物品運送に関する特則」を規定しているが、船舶そのものを貨物船と旅客船には区別していない。

　貨物船には、一般貨物船（在来貨物船）、コンテナ船（フルコンテナ船・セミコ

2-2　用途による船の分類の例

商船	貨物船	一般貨物船（在来貨物船）	
		コンテナ船	フルコンテナ船、セミコンテナ船
		タンカー	油送船（原油タンカー）、液化ガス船（LNG船・LPG船）など
		ばら積み船	穀物専用船、鉱石専用船、石炭専用船、木材チップ専用船など
		その他	自動車専用船、木材専用船など
	旅客船	定期航路客船（離島船など）、クルーズ船、遊覧船など	
漁船		漁業船、工船など	
作業船		タグ・ボート、起重機船（クレーン船）、浚渫船など	
艦艇		軍艦、巡視船など	
その他		調査船、プレジャー・ボートなど	

ンテナ船）、油送船（タンカー）・液化ガス船、各種専用船（自動車・木材・鉱石ほか多数）など多種があり、その船体構造も用途に応じて設計されている。

2-3　貨物船

左上：コンテナ船（HUMBER BRIDGE）、右上：油送船〔原油タンカー〕（ISUZUGAWA）、左中：液化ガス船〔LNG船〕（LNG PIONEER）、右中：ばら積み船〔穀物専用船〕（ARMERIA）、左下：ばら積み船〔鉱石・石炭専用船〕（CAPE SAKURA）、右下：自動車専用船（EMERALD ACE）

2-4　旅客船　クルーズ船（飛鳥Ⅱ）

(3)　汽船・帆船

　汽船と帆船は、船舶の登録について船舶法施行細則が区別をしている。汽船とは、蒸気を用いると否とを問わず、機械力をもって運航する装置を有する船舶であり、主として帆をもって運航する装置を有する船舶は、機関を有するもの（いわゆる機帆船）であっても、帆船とみなされる（船舶法施行細則1条2項・3項）。2018年の改正後の商法海商編には、両者を区別する規定は存在しない（改正前商805条1項参照）。

(4)　定期船・不定期船

　船舶の運航の態様にもとづく区別である。定期船（liner）とは、あらかじめ定められた発着時間表に従い、一定の航路で定期的に運航される船舶をいう。

　現在では、個品運送を行う大型コンテナ船が定期航路に就航している。コ

2-5　コンテナの種類

左上：ドライ・コンテナ（20フィート）、中上：ドライ・コンテナ（40フィート）、右上：リーファー・コンテナ（冷凍コンテナ）、左下：タンク・コンテナ、中下：フラット・ラック・コンテナ（貨物積載中）、右下：開扉したドライ・コンテナ

ンテナ船は、1950年代に登場し、1960年代から急速に普及した。運送品は国際的に規格が標準化されたコンテナ（20フィート、40フィートのコンテナが一般的である）に詰められ、枠構造の船倉をもつコンテナ船に専用の荷役設備（ガントリー・クレーンなど）のある専用岸壁で積み込むことができ、荷役に要する時間が従来に比べて大幅に短縮された。コンテナ船の大型化が進み、現在では2万TEU（1 TEU＝20フィートコンテナ1個相当）という巨大コンテナ船が現れている。コンテナも、ドライ・コンテナ、冷蔵・冷凍コンテナ、タンク・コンテナ、バルク・コンテナなど多種があり、コンテナ船で運送できる運送品の品目も幅広くなっている。

　これに対して、不定期船（tramper）とは、荷主の需要に応じて不特定の航路を不定期に運航される船舶である。海商法上、この両者について適用の異なる規定は設けられていない。

II　船舶の個性

　海商法では、特定の船舶を中心とするさまざまな法律関係が問題となるが、そのためにはそれぞれの船舶が個性において特定されることが前提となる。ここでは、船舶の性質を概観したのち、法律上、船舶がいかに特定されるかについて述べることにする。

1.　船舶の性質

(1)　合成物としての性質・属具

　船舶は、船体（ハル）、船橋（ブリッジ）、甲板（デッキ）、機関（エンジン）、船倉（ホールド）などの各部分から構成されているが、法律上、船舶はそれ自体が1個の物であり、いわゆる合成物である。

　また、船舶の構成部分以外に、錨、端艇、無線設備、レーダー、救命具など、船舶の運航の必要から船舶に付属されたものを属具という。船舶には、船長により属具目録が備え置かれることになっている（商710条）。その書式は、国土交通省令で定められる（商685条2項）。船舶先取特権および船舶抵当

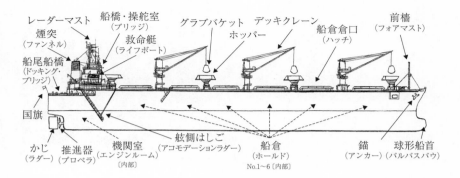

2-6　船舶各部の名称

木材チップ運搬船（木材チップは、船倉からグラブバケットで吊り上げられ、ホッパーに投入されて、そこか
ら船上のベルトコンベアで船首部に運ばれて陸上に荷揚げされる）

権の効力はその属具のうえにもおよぶ（商842条、847条2項）。属具が民法87条
にいう従物であるかについては見解がわかれるが、船舶の所有者と属具の所
有者が異なることもあるから、属具と従物は、観念上は区別される。商法
は、属具目録に記載した物は、これを従物と推定することにしている（商685
条1項）。

(2)　不動産類似の性質

　船舶は動産である（民86条1項・2項）。しかし、一般の動産と比べて船舶は、
その容積や価額が大きく、名称・国籍をもって個別化されており、その同一
性の識別が容易なことから、不動産に類似した法律上の取扱いをうけてい
る。

　すなわち、総トン数20トン以上の船舶については登記制度が定められ、登
記船について、所有権の移転（商687条）および抵当権の設定（商847条1項）な
どの登記に関する規定が設けられている。民事執行法（昭和54年〔1979〕法4
号）は船舶に対する強制執行の方法を定めているが（民執112条以下）、そこで
も総トン数20トン以上の船舶について不動産に対する強制競売の規定が多数
準用されている（民執121条）。船舶を目的とする担保権の実行としての船舶
の競売についても同様である（民執189条）。

2. 船舶の識別

船舶は、私法上の取引および公法上
の取締監督の双方の面から、その同一
性を識別できる要素を備えていること
が求められている。ある船舶が他の船
舶と区別される主要な要素として、船
舶の名称・番号、積量および船籍港な
どがある。

2-7　船名・船籍港の標示（船尾）

(1) 船舶の名称・番号

一般に船舶はその名称をもつ。総トン数20トン以上の船舶（ろかい船を除く）
には船舶の登記が必要であり、同じく船舶原簿への登録をしなければならな
いが、船舶の名称は登記および登録すべき事項である（船舶登記令11条 1 号、
船舶法施行細則17条ノ 2 第 1 項 4 号）。なお、船舶の名称は、船体に標示（船首両
舷の外部に船名、船尾外部の見やすいところに船名および船籍港）しなければならな
い（船舶法施行細則44条 1 項 1 号）。

また、船舶には番号が付され、これは登録事項となっており（船舶法施行細
則17条ノ 2 第 1 項 1 号）、名称とともに重要な識別機能を担っている。

(2) 船舶の積量

船舶の積量とは、船舶の積載能力を表すものであって、一般に船舶の内部
容積を測度して、これをトン数（ここでは基本的に容積の単位）で表示する。か
つては、100立方フィートを 1 トンとして計算していたが、現在は船舶の容
積を立法メートルで計算して、一定の係数をかけて算出される数値にトンを
つけて表示している。積量は、船舶の個性および同一性の識別に資するもの
であり登記および登録事項とされているほか（船舶登記令11条 5 号、船舶法施行
細則17条ノ 2 第 1 項11号）、各種法令の適用における基準とされている（登記・登
録の対象船舶も総トン数を基準にして決められている）。トン数については、条約に
もとづいて「船舶のトン数の測度に関する法律」（昭和55年〔1980〕法40号）が
定められており、この法律によって、(ⅰ)国際総トン数、(ⅱ)総トン数、(ⅲ)純ト
ン数、(ⅳ)載貨重量トン数の 4 つの区別が設けられている（トン数測度 4 条～ 7

条)。

◉ 船舶のトン数 ◉

①国際総トン数　　これは、条約の規定に従い、主として国際航海に従事する船舶について、その大きさを表すための指標として用いられる（トン数測度4条1項）。国際トン数証書には、このトン数と純トン数が記載される。

②総トン数（Gross Tonnage: GT）　　これは、国内総トン数ともいわれ、わが国における海事に関する制度（例えば、船舶の登記・登録）において、船舶の大きさを表すための主たる指標として用いられる（トン数測度5条1項）。船舶国籍証書にはこのトン数が記載されるほか、課税や水先料の基準となっている。数値としては国際総トン数より小さくなる。

③純トン数（Net Tonnage: NT）　　これは、旅客または貨物の運送の用に供する場所とされる船舶内の場所の大きさを表すための指標として用いられる（トン数測度6条1項）。

④載貨重量トン数　　これは、船舶の航行の安全を確保することができる限度内における貨物などの最大積載量を表すための指標として用いられる（トン数測度7条1項）。このトン数は容積ではなく、人または貨物や燃料などを積載した場合の排水量（満載排水量）と積載しない場合の排水量（軽貨排水量）との差をトン（質量）により表している（トン数測度7条2項）。

このほか、船舶の積載能力は、コンテナ船について前述した TEU や自動車専用船について積載台数をもって表されることもある。造船契約や傭船契約において、当該船舶がいかなる積載能力をもっているかは重要な要素となる。

(3)　船籍港

船籍港とは、船舶所有者がその船舶の登記・登録をして、船舶国籍証書の交付をうける地である。日本船舶の所有者は、日本国内に船籍港を定めなければならない（船舶4条1項）。船籍港は、原則として、船舶の航行できる水面に接した地であって、船舶所有者の住所地である市町村の名称による（船舶法施行細則3条）。

このように定められた船籍港（船籍）には、次のような法的効果が与えら

れている。第1に、船舶の登記は、船籍港を管轄する法務局または地方法務局等が管轄登記所として、その手続きを行う（船舶登記令4条1項）。また、船舶の登録は、船籍港を管轄する管海官庁が行う（船舶5条1項）。第2に、民事訴訟の管轄地に関するものであり、船員に対する財産権上の訴え、および船舶所有者その他船舶を利用する者に対する船舶または航海に関する訴え（商690条、695条、698条、703条参照）は、船籍の所在地の裁判所に提起することができる（民訴5条3号・6号）。

Ⅲ　船舶の国籍

1．国籍取得の要件

　船舶が日本国籍を取得するための要件は次のように船舶法1条で定められており、ここでは原則として所有者主義がとられている。すなわち、(i)日本の官庁または公署の所有に属する船舶、(ii)日本国民の所有に属する船舶、(iii)日本の法令により設立した会社であり、その代表者の全員および業務を執行する役員の3分の2以上が日本国民であるものの所有に属する船舶、(iv)会社以外の法人であり、日本の法令によって設立し、その代表者の全員が日本国民であるものの所有に属する船舶である。なお、船舶共有の場合は、共有者の全員が日本国民であることを要する（商700条参照）。

　船舶の所有者は、船舶法1条の定める日本船舶としての要件をみたしたときは、その船舶の登記をしたのち、船籍港を管轄する管海官庁に備えた船舶原簿に登録しなければならず、この登録によって管海官庁から船舶国籍証書が交付される（船舶5条）。しかし、このような国籍付与の要件からすると、いったん日本国籍を取得した船舶であっても、その後に要件を欠いて日本国籍を喪失することもありうる。そこで、船舶所有者は、主務大臣たる国土交通大臣の定める一定の期日までに、船籍港を管轄する管海官庁に船舶国籍証書を提出して、その検認をうけなければならない（船舶5条ノ2第1項）。とくに、船舶共有の場合や法人の場合には持分の移転などによって国籍維持の要

2 - 8　日本商船隊の船籍

船籍	総トン数（千トン）	隻数
パナマ	51,513	1,171
日本	23,848	285
リベリア	13,806	225
マーシャル諸島	7,274	138
シンガポール	4,364	88
バハマ	4,301	63
香港	3,796	71
その他	6,360	165
合計	115,262	2,206

（2022年 6 月末日現在）

件を容易に欠くおそれがあるので、商法は国籍維持のために特則を設けている（商691条、700条）。

◉ 便宜置籍船 ◉

　　船舶がその実質的な所有者の属する国とは異なる国に登録され、その国籍を取得することがあり、このような船舶を便宜置籍船とよんでいる。これは、厳しい国際競争にさらされる外航海運業界で、国内の法規制（とくに船員の配乗要件、税制など）を回避しておもにコスト削減による国際競争力を確保するためこれまでも国際的に行われてきた。日本船社が便宜置籍国に現地法人を設立し、この法人に船舶を所有させつつ、これを傭船して実質的に支配する仕組船とよばれる方法も行われている。2022年のわが国商船隊（国内の外航海運企業が運航する2000総トン数以上の外航商船群）を構成する2,206隻のうち日本籍船はわずか285隻（12.9％）にすぎず、その他のほとんどはパナマ（1171隻、53％）などの便宜置籍国の外国傭船である（国土交通省『数字で見る海事2023』による）。

２．日本船舶の特権

　日本船舶（船舶国籍証書の交付を受けた船舶）は、船舶法により、次のような特権を与えられている。

(1)　日本の国旗掲揚権

日本船舶でなければ日本の国旗を掲げることはできず（船舶2条）、日本船舶でないものが国籍を偽る目的をもって日本国旗を掲げて航行したときは、船長は罰則（刑事罰）の制裁をうけ、船長の所有または占有するその船舶は没収されることもある（船舶22条1項）。船舶の掲げる国旗は、船舶国籍証書とともに、船舶の国籍を示す重要な表章（一応の証拠）であって、これは船内生活などに適用される国籍付与国の法を意味する「旗国法」という用語にも現れている。なお、日本国旗の掲揚は、日本船舶の権利であると同時に義務でもある（船舶7条）。

(2)　不開港寄港権

日本船舶でなければ、一定の例外を除き、不開港場に寄港することはできない（船舶3条）。ここで不開港場（不開港）とは、開港以外の港をいい（関税2条1項13号参照）、開港とは、貨物の輸出入および外国貿易船の入出港などを勘案して政令により定められた港で（関税2条1項11号）、外国貿易の許された主要港である。不開港への寄港を日本船舶だけに認めているのは、国防および行政監督上の必要による。

(3)　沿岸貿易に従事する権利

日本船舶でなければ、日本各港間において物品または旅客の運送をすることができない。ただし、これには不開港寄港権の場合と同じく法律または条約による特例が認められている（船舶3条）。このように沿岸貿易権を日本船舶に限定して与えることによって、国内海運業の保護をはかっている。

Ⅳ　船舶の公示

わが国は、船舶の公示について登記と登録の2つの制度を設けている（二元主義といわれる）。船舶の登記は、船舶に関する私法上の権利状態を公示することを目的とする制度であり登記所がこれを管轄する。船舶の登録は、国籍の付与をはじめとする行政上の取締りを目的とする公法上の制度であって管海官庁等がこれを管轄する。このように、両者はその制度の目的を異にし

ている。

1．船舶の登記

　総トン数20トン以上の船舶（ろかい船を除く航海船）の所有者は、船舶の登記をしなければならない（商686条1項・2項、船舶（附則）34条1項、船舶登記令2条1号）。船舶の登記は、船舶の所有権、抵当権および賃借権の保存など（保存、設定、移転、変更、処分の制限または消滅）や船舶管理人の選任などについてなされる（船舶登記令3条1項）。また、製造中の船舶についても抵当権の設定などを登記することができる（船舶登記令3条2項）。船舶に関する登記の効力は、登記事項によってそれぞれ異なる。船舶所有権移転の登記は、さらにその旨が船舶国籍証書に記載されることによって第三者に対する対抗力を生じる（商687条）。船舶賃貸借の登記は、それ以降その船舶について物権を取得した者に対しても賃貸借の効力が生じる（商701条）。抵当権設定の登記をしたときは、第三者に対する対抗力を生じる（商847条3項、民177条）。

2．船舶の登録

　総トン数20トン未満の船舶およびろかい船を除いて（船舶20条）、日本船舶

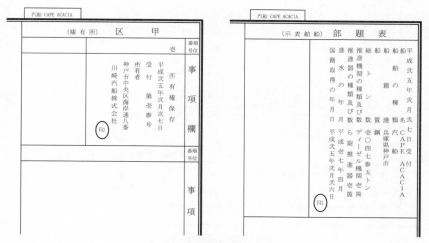

2-9　船舶登記簿（サンプル）

船　舶　国　籍　証　書
Certificate of Vessel's Nationality

番号 Official Number	141857	信号付字 Signal Letters	7JNZ	証書番号 Certificate Number	A131610011

船　名 Name of Vessel	CAPE ACACIA CAPE ACACIA	船 籍 港 Port of Registry	兵庫県神戸市 Kobe, Japan
種　類 Type of Vessel	汽船 Motor Vessel	総トン数 Gross Register Tonnage	104735 トン Tons
船　質 Material of Hull	鋼 Steel	造 船 地 Where Built	愛媛県西条市 Saijo-shi, Ehime, Japan
帆船の帆装 Rigging (if a Sailing Vessel)			
機関の種類及び数 Engines	ディーゼル機関1箇 Diesel Engine, 1	造 船 者 Name of Builders	今治造船株式会社 Imabari Shipbuilding Co., Ltd.
推進器の種類及び 数 Propellers	ら旋推進器1箇 Screw Propeller, 1	進水の年月 Date of Launch	平成17年4月 Apr, 2005

船舶法施行細則第17条ノ2 第8号の長さ Register Length		船舶法施行細則第17条ノ2 第9号の幅 Register Breadth		船舶法施行細則第17条ノ2 第10号の深さ Register Depth	
294.27	メートル Metres	50.00	メートル Metres	24.50	メートル Metres

所有者 Owners	川崎汽船株式会社/兵庫県神戸市中央区海岸通8番 Kawasaki Kisen Kaisha, Ltd./8, Kaigandoori, Chuuou-ku, Kobe, Japan

この証書に記載された事項はいずれも正確であり、本船舶は日本国の国籍を有することを証明する。
This is to certify by the authority of the Japanese government that the items mentioned in this certificate is correct in all respects and that the above-mentioned vessel is granted the right to fly the Japanese flag.

平成25年3月4日 交付
Date of Issue　4, March, 2013

Authority

Director-General of Kobe
District Transport Bureau,
Ministry of Land, Infrastructure, Transport
and Tourism
Japanese Government

交付官庁
日　本　国
神戸運輸監理部長

神戸運輸
監理部
長印

2-10　船舶国籍証書（サンプル）

の所有者は、国内に船籍港を定め、船舶登記をしたのち、その港を管轄する管海官庁に備えられた船舶原簿に登録して、船舶国籍証書の交付を受けなければならない（船舶5条）。

　船舶の登録は、登記と異なり、船舶を船舶原簿に登録して国籍を確定する行為であり、したがって、日本船舶としての特権を享受したり、義務を負うための要件である。船舶の登録のために定められる船籍港は、船舶所有者の住所地により、市町村の名称をもって形式的に定められ（船舶法施行細則3条）、商法上の船籍港（商708条）とは概念として異なっている。

Ⅴ　船舶所有権

1. 船舶所有権の取得と喪失

　船舶は、動産であるから、船舶所有権の取得および喪失の原因も動産所有権の取得および喪失に関する私法上の一般原則による。たとえば、売買、交換、代物弁済、相続および合併などである。しかし、すでに述べたように、船舶は法律上いくつかの点について不動産的取扱いをうける特殊性を有しており、登記という公示制度が設けられているので、一般動産についての即時取得の規定（民192条）は、登記（対象）船に関するかぎり、その登記の有無

2-11　造船

左：船体の組立て（ブロック工法）、右：造船所のドックで建造中の船舶

にかかわらず適用がないものと解される。

　船舶に特有の所有権の取得や喪失の原因としては、戦時における海上捕獲（没収）、船舶法の違反による没収（船舶22条1項、22条ノ2、23条）といった公法上のものと、造船契約、船舶共有持分の買取り（商694条1項、700条、715条3項）、引揚不能に至る船舶の沈没および解体などの私法上のものがある。

2. 船舶所有権の譲渡

(1) 譲渡の方式

　船舶所有権の譲渡は、物権変動に関して意思主義を採用する民法の規定（民176条）に従い、船舶所有権の移転も当事者の合意によって生じ、書面の作成を必要としない。ただ、実際上は売買契約書の作成をともなうのが通常である。

　船舶の譲渡について私法上の制限はないが、国際運送を確保するために重要なものとして国土交通省令で定められた船舶（国際船舶）の外国への譲渡については、国土交通大臣への届出義務を負う（海上運送44条の2）。

(2) 航海中の船舶の譲渡

　船舶所有者は、航海中の船舶を譲渡することができる。商法は、この場合の航海によって生じる損益の帰属について規定を設けており、その航海によって生じる損益は譲受人に帰属するものとしている（商688条）。これは任意規定であり、当事者間に特約があるときはそれに従う。

　航海中の船舶の譲渡に関するこの商法の規定は、譲渡の当事者間に生じる効果を定めたものであり、譲渡人と第三者との間ですでに生じている法律関係（たとえば運送契約または保険契約など）にはいかなる影響もおよぼすことなく、別に債権譲渡または債務引受けなどの手続きがないかぎり、船舶の譲渡人がこれら第三者に対して当事者としての権利を有し、義務を負担している。

(3) 船舶所有権移転の対抗要件

　船舶所有権は当事者の意思表示のみによって移転することができるが、その移転（取得）をもって第三者に対抗するためには、別に対抗要件を具備しなければならない。まず、登記船の所有権の移転は、船舶登記簿にその登記

をして、かつ、船舶国籍証書にこれを記載しなければ、その移転をもって第
三者に対抗することができない（商687条）。これに対して、登記も登録も受
けていない船舶の所有権の移転は、一般の動産所有権の場合と同じく、船舶
の引渡しをもってその対抗要件とする（民178条）。

第**3**章
海上活動の主体と補助者

▋ I　船舶所有者・共有者

　海上活動の主体とは、みずから船舶による海上活動（船舶の運航＝航海）を行う者であるが、現在では他人の所有する船舶によって海上活動を行う、いわゆる他船利用が広く普及しており、その態様にもさまざまなものがある。ところが、商法は、1899年〔明32〕のその制定以来、海上活動の主体を船舶

3-1　フルコンテナ船運航船腹量にみる世界の海運企業

順位	運航会社	TEU
1	MSC（スイス）	4,338,792
2	Maersk Line（デンマーク）	4,278,914
3	CMA-CGM（フランス）	3,263,512
4	COSCO（中国）	2,928,330
5	Hapag-Lloyd（ドイツ）	1,742,598
6	ONE（シンガポール）	1,521,313
7	Evergreen（台湾）	1,504,564
8	HMN（韓国）	820,520
9	陽明海運（台湾）	666,164
10	Zim Integrated Shipping Services（イスラエル）	459,612

（2022年4月現在）

所有者としてとらえてきており、他船利用者については船舶賃借人に関するわずかな規定を設けているにすぎなかった。ようやく、2018年〔平30〕の改正商法が、世界的に広く普及した他船利用の形態である定期傭船に関する規定を設け、商法のうえではじめてこれを認知した。他方、1つの船舶を数人が共有する船舶共有は、古くはさかんに行われ、商法海商編にもまとまった規定が置かれているが、現在ではあまり利用されていない。

1. 船舶所有者

(1) 船舶所有者の意義

船舶所有者という語には2つの意義がある。広義で船舶所有者とは、たんに船舶の所有権をもつ者をいうが、狭義で船舶所有者というときは、船舶の所有権者であると同時に、みずから海上活動を行う目的をもって、その船舶を航海のために用いる者をいう。船舶所有者は、一般に「船主」ともいわれている。海商法における船舶所有者、すなわち船舶による海上活動の主体としての地位にたつ者は、この狭義の船舶所有者である。

(2) 船舶所有者の責任

船舶所有者は、船長その他の船員がその職務を行うについて故意または過失によって他人に加えた損害を賠償する責任を負う（商690条）。これは民法715条の定める使用者責任の特則であるが、民法とは異なり、船員の選任および監督について船舶所有者に過失がなくても損害賠償の責任を免れないという、いわゆる無過失責任を定めたものである（通説。大判大正2・6・28民録19輯560頁）。この責任が無過失責任とされているのは、国から海技免状を与えられている船長その他の船員の選任について船舶所有者の過失は問題となりにくく、また船舶所有者が航海中の船員を監督することも実際上は困難なため、船舶所有者にとって無過失の立証（民715条1項ただし書き参照）が容易となり、被害者の保護に欠けるおそれがあるためであるといわれている。もっとも、民法715条の場合も、無過失の立証はほとんど認められないだろうから、実際上の差異は少ない。

また、使用者責任はかならずしも雇用関係を前提とするものではなく、本条は、船舶という危険な用具を航海に用いる者が、そのために船員の使用が

不可欠であることを前提に、船員の職務上の行為による第三者の損害に関する責任を負わせる趣旨であると解されるから、船舶の利用形態が多様化した今日では、定期傭船者について後述するように、船舶所有者以外に船舶を自己の航海のために利用する者が船員の実質的な使用者の立場にたつことがあれば、この者も本条にいう船舶所有者に含めるか、この者にも本条を類推して適用すべきであろう。

　もっとも、船舶の衝突など、船員の過失によって第三者に巨額の損害を生じさせることもありうるが、船舶所有者の責任については、船舶の所有者等の責任の制限に関する法律（船主責任制限法）により、これを一定の金額に制限することが認められている。

(3)　船長その他の船員の範囲

　商法690条は、船舶所有者がその責任を負うべき船員の意義や範囲について定めていないが、ここにいう船員は船舶所有者の被用者として継続的に特定の船舶に乗り組み航海その他の船内労務に従事する者ばかりでなく、船外から一時的に船舶に乗り込み船舶を導く水先人も含むものと解されている（通説）。さらに、商法690条が一種の企業責任を定めることを根拠に、荷役作業を行う港湾荷役業者（ステヴェドア）なども含むとする見解もある。本条を、船舶を航海に利用（運航）する者の、航海において使用する者の行為に関する特別の責任規定であるとみれば、専門性を有する陸上の独立事業者である港湾荷役業者（の使用人）は、当然には本条にいう船長その他の船員に含まれないものと思う。

2．船舶共有者

(1)　船舶共有者の意義

　船舶はその建造に相当の資金を要するため、船舶の共有は、とくに中世以降さかんに利用されてきたが、海運企業が会社形態で営まれ、資金調達の手段も多様になっている現在では、あまり利用されていない。

　船舶共有者にも、船舶所有者の場合と同じく広狭の2つの意義がある。広義の船舶共有者とは、たんに船舶を共有する者であるが、狭義の船舶共有者とは、船舶の共有者であると同時に、海上活動を行う目的をもって、その共

有船舶を航海のために用いる者をいう。海商法にいう船舶共有者とは、やは
り狭義の共有者である。

　近時、金融機関・商社・メーカーなどの企業と船会社などとの間で船舶共
有が行われることもあるが、これは広義の船舶共有に属する場合が多い。ま
た、わが国における国内海運政策の一環として、独立行政法人鉄道建設・運
輸施設整備支援機構（鉄道・運輸機構）との船舶共有建造制度があり、政策目
的に適した船舶の建造に利用されている。

(2)　船舶共有者の内部関係

　船舶共有者の間には組合関係がみとめられ、民法の組合に関する規定の適
用が予定されている（商696条1項を参照）。しかし、船舶の共有は、資本の調
達と危険の分散を目的とする企業形態としての沿革的性質から、商法は独自
の規定を設けている。そこには資本団体的性質が強くあらわれている。

　①業務執行　　船舶共有者間では、船舶の利用に関する事項は、各船舶共
有者の持分の価格に従って、その過半数をもって決められる（商692条）。船
舶共有者が、船舶共有者間で予定されていなかったあらたな航海をするこ
と、または船舶の大修繕を行うことを決定したときは、その決定に異議のあ
る少数の船舶共有者に持分買取請求権が認められている（商694条1項）。船舶
の処分など、船舶の利用にかかわらない事項については、多数による決定で
はなく船舶共有者全員の同意を必要とする。

　②費用の分担　　船舶の利用に関する費用（たとえば、船舶の艤装費・燃料費
など）は、船舶共有者がその持分の価格に応じて負担しなければならない（商
693条）。

　③持分の譲渡　　各船舶共有者は、他の船舶共有者の承諾をえないで、そ
の持分の全部または一部を他人に譲渡することができる（商696条1項）。ただ
し、船舶管理人である船舶共有者がその持分を譲渡するには、他の船舶共有
者全員の承諾を必要とする（商696条2項）。

(3)　船舶共有者の外部関係

　①船舶管理人　　船舶共有者は、船舶管理人を選任しなければならない
（商697条1項）。船舶共有者の中から船舶管理人を選任するときは、持分の価
格に応じた多数決によるが（商692条参照）、船舶共有者以外の者から選任する

には、船舶共有者全員の同意を必要とする（商697条2項）。船舶管理人の選任および代理権の消滅は登記をしなければならない（商697条3項、船舶登記令3条1項）。なお、これらの登記の効力については、商業登記の効力に関する商法9条が準用されている（商697条4項）。

　船舶管理人と船舶共有者との関係は委任であり、委任に関する民法の規定が適用されるが、このほか、商法の船舶管理人の義務として、その職務に関する帳簿を備え、船舶の利用に関するすべてを記載すること、また一定の期間ごとに船舶の利用に関する計算を行い、各共有者にこの計算の承認を求めるべきことを定めている（商699条1項・2項）。

　船舶管理人は、船舶共有者に代わり船舶の利用に関するいっさいの裁判上または裁判外の行為をする法定の代理権をもつとともに（商698条1項柱書き）、その代理権にくわえた制限は、これをもって善意の第三者に対抗することができない（商698条2項）。この権限の例外は、(i)船舶を賃貸し、または、これについて抵当権を設定すること、(ii)船舶を保険に付すること、(iii)船舶共有者間で予定されていなかったあらたな航海をすること、(iv)船舶の大修繕をすること、(v)借財をすることであり（商698条1項1号〜5号）、これらを船舶管理人が行うには、その委任をうけなければならない。

　②第三者に対する責任　　船舶の利用について生じた債務は、船舶共有者がその持分の価格に応じて弁済する義務を負う（商695条）。この債務は、通常は船舶共有者全員のために商行為となる行為によって生じた債務であり、船舶共有者は一般原則によれば連帯して責任を負うことになる（商511条1項）。しかし、商法は、海上活動の危険性を考慮して船舶共有者の責任を軽減するために特則を定めたものと解される。

　船舶共有者は、共有船舶について船舶所有者の地位にたつので、たとえば商法690条による責任を負うとともに、船主責任制限法にもとづいてその責任を制限することができる。

Ⅱ　船舶賃借人

　これまで、自己の所有または共有する船舶による海上活動について、その主体を考察したが、海上活動はかならずしも自己の所有する船舶でなくても行うことができる。そのもっとも基本的な形態が船舶賃貸借であり、商法海商編も船舶賃貸借に関する規定を設けている。

1．船舶賃借人の意義

　船舶賃借人についても、船舶所有者・船舶共有者と同じく広狭の2つの意義を区別することができる。広義の船舶賃借人は、たんに他人の所有する船舶を賃借する者にすぎないが、狭義の船舶賃借人は、他人の所有する船舶を賃借し、海上活動を行う目的をもってこれを航海のために用いる者をいう。海商法上の船舶賃借人は狭義のそれである（商702条参照）。船舶の賃貸借がされた場合、自己所有の船舶を賃貸して賃料を取得する船舶所有者は、広義の船舶所有者ではあっても狭義の船舶所有者ではない。

　登記船については船舶賃貸借の登記が認められている（船舶登記令3条1項3号）。登記した船舶賃貸借は、登記ののちは、その船舶について物権を取得した者に対しても効力を生じる（商701条、民605条）。

　海運実務界においては、一般に「裸傭船」（bare boat charter）とよばれる傭船契約が行われているが、多くの場合、その実質は船舶賃貸借であるといえる。

2．船舶賃借人の船舶所有者および第三者との関係

　船舶賃借人と船舶所有者（賃貸人）との内部関係は、当事者間で締結された船舶賃貸借契約（裸傭船契約）によって定まるほか、民法の賃貸借に関する規定が補充的に適用される。商法は、その例外として、賃借している船舶に損傷が生じたときは、これが船舶賃貸人の責めに帰すべき事由によるものでないかぎり、船舶賃借人がその利用のために必要な修繕をする義務を負うと定めている（商702条）。

　船舶賃借人は、狭義の船舶所有者と同じく第三者に対して直接に権利を有し、義務を負う。すなわち、船舶賃借人は、その船舶の利用に関する事項については第三者に対して船舶所有者と同一の権利義務を有する(商703条1項)。たとえば、商法690条の「船舶所有者」も「船舶賃借人」に読み替えて適用されるので、船長その他の船員が職務上の行為により第三者に損害を生じさせたときは、船舶賃借人が直接に責任を負う。

　船舶賃借人も、船主責任制限法により、その責任を制限することができる。

3．船舶所有者と第三者との関係

　船舶の利用に関する事項については、船舶賃借人のみが権利・義務の主体たる地位にあり、賃貸人である船舶所有者（広義）と第三者との間に法律関係は発生しないのが原則である。

　商法は、とくに船舶債権者を保護するために、賃借人によるその船舶の利用について生じた先取特権は、船舶所有者に対しても効力を生じるものとしている（商703条2項本文）。ただし、船舶債権者が船舶賃借人による船舶の利用の態様が当事者間の契約に反していること（たとえば、約定航路外の航海であること）を知っていたときは、船舶所有者はその先取特権の行使を拒むことができる（商703条2項ただし書き）。債務者でない船舶所有者の所有物について成立するこの商法703条2項の対象となる先取特権は、船舶の利用によって生じる商法上の船舶先取特権と解するが、これには民法上の先取特権（民320条の動産保存の先取特権）も含まれるとした判例がある（最決平成14・2・5判時1787号157頁）。

Ⅲ　定期傭船者

　現在の海運では、他人の所有する船舶による海上活動が広く行われており、その態様も船舶賃貸借（裸傭船）ばかりでなく、多様化してきている。その中で、実際上、もっとも重要な形態が定期傭船である。定期傭船契約

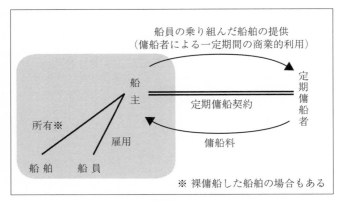

3-2　定期傭船契約

は、比較的新しく19世紀なかばのイギリスにおいて発生したものといわれており、わが国では2018年〔平30〕の商法改正によりはじめて商法に関連規定が設けられた。ここでは定期傭船契約の概略と、とくに定期傭船者の責任主体性に関する議論について述べることにする。海上物品運送契約を学習するに際しても、定期傭船契約ないし定期傭船者の基本的理解は不可欠である。

1.　定期傭船者および定期傭船契約の意義

(1)　定期傭船者

　一般に定期傭船者とは、定期傭船契約（time charter）として知られる特殊な契約書式にもとづく船舶の利用者をいう。

(2)　定期傭船契約

　定期傭船契約の基本的な態様は、船舶を所有し、船長その他の船員を雇用する船主（owner）が、傭船料の支払いを受けて、一定の期間（数年にわたることもある）について当該船舶を定期傭船者（time charterer）の自由な利用のために提供するものであり、船舶組織をもたない定期傭船者が本船をあたかも自己の船舶のように利用できる点に特徴がある。

● 定期傭船契約の標準書式 ●

　　定期傭船は、定型化された定期傭船契約書式によって行われているが、そのなかでも世界的に広く利用されているものに、1909年にバルト海・白海海運同盟により最初に制定され、1939年にボルチック国際海運協議会（BIMCO）により改定されたボルチック海運協議会統一定期傭船契約書（BALTIME）と、1913年にニューヨーク物産取引所（NYPE）が制定した、いわゆるプロデュース書式（Produce Form）があり、ともにその後の改定を経て今日なお利用されている。これらはいずれも英文書式であるが、和文書式として、社団法人日本海運集会所が制定した「定期傭船契約書」がある。また、専用船による定期傭船契約の書式として、タンカー用のSHELLTIME 書式、EXXONMOBILE TIME 書式、コンテナ船用の BOXTIME 書式などがある。

2．商法における定期傭船規定の新設

(1)　商法上の定期傭船契約

　商法も、あらたな商法上の典型契約として定期傭船規定を新設するにあたり、これを船舶賃貸借とならぶ船舶の利用に関する契約ととらえている。

　商法は、この点について、「定期傭船契約は、当事者の一方が艤装した船舶に船員を乗り組ませて当該船舶を一定の期間相手方の利用に供することを約し、相手方がこれに対してその傭船料を支払うことを約することによって、その効力を生ずる」（商704条）と定めている。これは定期傭船契約の成立要件を定める規定であるが、標準書式にもとづいて実際に行われている定期傭船契約を念頭に、当事者のもっとも基本的な契約上の義務を示すことによって定期傭船契約の意義および性質を明らかにしている。この規定には明示されていないが、一般に定期傭船契約は、船舶を所有する「船主」とこれを利用する「定期傭船者」を当事者とした契約として把握されており、商法も定期傭船者の用語を使用している（商705条参照）。もっとも、この場合の「船主」は船舶所有者にかぎられない。船舶賃借人（裸傭船者）が賃借（裸傭船）した船舶について、また定期傭船者が定期傭船した船舶について、さらに第三者と定期傭船契約を締結することができるし、実際にも広く行われて

いる。

(2)　定期傭船契約に関する商法規定

標準書式をもって行われる定期傭船契約は多岐にわたる複雑な内容を含んでいる。また、実際には、当事者の合意により、印刷された標準書式の条項を修正したり、標準書式に追加的な契約内容を含んだ文書を付属させたりすることも多い。商法は、一般に定期傭船契約が標準書式を利用して締結されることを考慮して、定期傭船契約の特徴を示すわずかな規定を設けるにとどめている。商法が定める具体的な内容は次の通りである。

①定期傭船者の指示権　「定期傭船者は、船長に対し、航路の決定その他の船舶の利用に関し必要な事項を指示することができる。ただし、発航前の検査その他の航海の安全に関する事項については、この限りでない」（商705条）。

定期傭船契約は、定期傭船者による船舶の利用を目的とするものであり、標準書式には、傭船者が、一定の制限のもとで、船舶を全面的に使用し、かつ、この目的のために船長が傭船者の命令および指示に従わなければならないとする条項が含まれている（使用約款：employment clause）。商法は、この点を定めるとともに、定期傭船者の指示権が船舶の利用に関する事項（商事事項）にかぎられ、海技に関する事項（海技事項）にはおよばないことを確認している。

②定期傭船期間中に生じる費用の負担　「船舶の燃料、水先料、入港料その他船舶の利用に関する通常の費用は、定期傭船者の負担とする」（商706条）。

標準書式には、一般に、船主と定期傭船者がそれぞれ負担すべき費用を明示した条項が含まれている。通常は、船舶の維持や船員に関する費用（船舶の保険料、船員の給料など）は船舶を提供する船主の負担とされ、これに対して船舶の利用に関する通常の費用は定期傭船者の負担とされており、商法は定期傭船者が負担すべき費用を明らかにすることによりこれを確認している。

③その他（準用規定）

(i)物品運送の場合の特例　定期傭船された船舶により物品を運送する場合、危険物に関する荷送人の通知義務を定めた商法572条、堪航能力に関す

る注意義務を定めた商法739条１項、違法な船積品の陸揚げなどについて定めた商法740条１項および３項は、定期傭船契約に準用される（商707条）。なお、堪航能力に関する注意義務につき特約禁止を定める商法739条２項は、定期傭船契約には準用されない。

　(ⅱ)船舶の利用について生じる先取特権　　賃借された船舶の利用について生じた先取特権は原則として船舶所有者に対しても効力を生じると定めた商法703条２項は、定期傭船者による船舶の利用について生じる先取特権に準用される（商707条）。

３．定期傭船者の責任主体性

(1)　定期傭船契約の法的性質論

　2018年〔平30〕の商法改正まで、定期傭船契約は法律に定めがなかったため、商法の一定の規定を定期傭船契約に類推適用すべきかどうかが問題となり、そのために定期傭船契約の法的性質の分析が試みられてきた。わが国における従来の議論の焦点は、定期傭船契約の外部関係において、船主と定期傭船者が第三者に対していかなる地位にたつかの点にあり、その船舶運航主体性をいずれの当事者にみとめるかにあった。これは、商法の規定との関係では、船舶賃借人が船舶の利用に関して第三者に対し船舶所有者と同一の権利義務を有すると定めた商法703条１項（2018年改正前商704条１項）が定期傭船者にも適用ないし類推適用されるかどうかという問題であった。この問題を、定期傭船契約の法的性質を明らかにすることによって演繹的に解決しようと試みられてきたのである。

　しかし、学説においても、定期傭船契約の法的性質から演繹的に解決を導くのではなく、具体的事案に応じて妥当な解決を直接に導くべきであるとの考え方が広まってきたし、判例でも、いわゆる船荷証券上の運送人の特定問題について、定期傭船契約の法的性質によらない判断が示されてきていた（第７章でみるジャスミン号事件を参照）。

● 定期傭船契約の法的性質に関する従来の学説 ●

　まず、定期傭船契約を純粋な運送契約に属する傭船契約とみれば（純運送契約説）、商法703条1項は問題とならず、定期傭船者が船舶所有者と同一の権利義務をもつことにはならない（海上活動の主体とはならない）。この説は、イギリス法の伝統的な立場であり、わが国の海運界においても広く支持されている。また、定期傭船契約を変態的な運送契約とみて（変態的運送契約説）、純運送契約説と同じ結論を示すものもある。さらに、定期傭船契約を運送契約とみる理解を前提としながら、定期傭船者が第三者と取引して、第三者が定期傭船者を海上運送人であると信じた場合には、禁反言則によって定期傭船者が責任を負う（したがって、不法行為の場合は問題とならない）とする説がある（禁反言説）。

　これらの学説に対して、商法703条1項の適用ないし類推適用を認める見解も有力に主張された。まず、定期傭船契約は、船舶賃貸借契約と船員の労務供給契約との混合契約であると解する立場であって（混合契約説）、定期傭船者に商法703条1項の適用ないし類推適用を肯定する。これは、1928年〔昭3〕の大審院判決（大判昭和3・6・28民集7巻519頁）いらい、わが国の判例が採用してきた立場である。次に、船舶の利用ないし管理を、海技（航海技術上の）事項と、商事（運送契約上の）事項とにわけ、定期傭船契約にあっては、海技事項は船舶所有者が負担し、商事事項は定期傭船者が管理するものとみて、定期傭船者は、商事事項にかぎり第三者に対して責任を負うとする説がある（海技商事区別説）。このほか、細部では見解が異なるものの、定期傭船契約を船舶賃貸借の要素を包含する特殊な契約と解しながら、結論として定期傭船契約の外部関係において商法703条1項の類推適用を認める諸学説がある（特殊契約説）。また、定期傭船契約を、企業の賃貸借とみたり、船舶と船員で構成される海上企業の有機的組織単位の賃貸借とみて、定期傭船者の企業主体性を認める見解も有力に主張されてきた（企業賃貸借説）。これらの説も、結論として、その多くが商法703条1項の適用ないし類推適用を認めている。

　さらに、定期傭船契約を「積荷指向型」の契約（傭船者が自貨を運送する場合）と「船舶指向型」の契約にわけ、前者を運送契約としながら、後者は船舶賃貸借と船員の労務供給を含む混合契約とみたうえで、船舶指向型の契約の場合には運送企業の主体である定期傭船者が責任を負担するとみる説もある（類型説）。

　このような学説の対立のなかで、商法703条1項の適用について議論する場合、この法的性質論によるのではなく、直截に定期傭船契約における外部的責任関係の処理方法を個別の問題ごとに契約内容の実態にそくして判断すれば十分であるとの主張もされていた。

(2)　2018年商法改正の影響

①法的性質論　　2018年〔平30〕改正商法の定期傭船規定は、広く行われている標準書式による定期傭船契約を念頭にわずかな規定を設けるにとどまり、一見すると法的性質論に決着をつけるものとはみられない。しかし、注意深く観察すると、商法はこの問題へのいくつかの手がかりを示していることがわかる。一方で、(i)定期傭船を、船舶賃貸借とならぶ船舶の利用に関する契約と整理している。これにより、商法が、定期傭船契約を純粋な運送契約とは明確に区別していることがわかる。定期傭船契約に商法703条2項を準用している点でも、船舶賃貸借との類似性を一定程度まで意識しているといえるだろう。他方、(ii)定期傭船契約をあらたな典型契約として規定しながら、商法703条1項のような規定を設けていない。この点においては、商法が、定期傭船契約を船舶賃貸借と同一には扱わないものとしていることがわかる。すなわち、商法は、定期傭船契約を、純粋な運送契約（航海傭船契約）とも、純粋な船舶賃貸借契約（裸傭船契約）とも異なったあらたな典型契約として規定しているのである。

　このように商法が定期傭船契約をあらたな典型契約として定めているのにくわえ、実質的にみても、定期傭船契約の利用実態は一様ではなく、むしろ相当に多様であるといえるから、「典型的な定期傭船契約」というものは想定しにくく、それゆえ法的性質論そのものに無理があるように思う。定期傭船契約はじつに柔軟であって、連続航海傭船契約から移行した定期傭船契約のように定期傭船者は明らかに荷主であり、それゆえ運送契約に準じるとみられる場合もあれば、船社が外国に設立したペーパー会社に船舶を所有させ、これを定期傭船する場合のように、船舶賃貸借に準じる（ないしはほとんど自己所有）とみられる場合もある。実務において存在する定期傭船の実態の多様性を考えれば、これを一律に性質決定できないことは自明というべきではないだろうか。次に述べる定期傭船者の第三者に対する責任の考察に照らしても、もはや定期傭船契約の法的性質論は、問題解決のためには決定的な意味をもちえない（昭和3年判例の意義は失われた）ものと思う。

　②定期傭船者の第三者に対する責任　　定期傭船者の第三者に対する責任は、上述のように定期傭船契約の法的性質論と密接に関連して論じられてき

た。しかし、ここにみた定期傭船契約の実態の多様性を前提とすれば、定期傭船者の第三者に対する責任を一律に定期傭船契約の法的性質から導くことは妥当でなく、また困難であろう。2018年改正商法も、とくに規定を設けていない。それゆえ、個々の事案にそくして、関連諸規定の適用ないし類推適用を判断すべきことになる。

(3)　船員の行為に関する定期傭船者の使用者責任

　定期傭船契約には、おおむね海技事項と商事事項といわれる区別を標準とした分担関係における、船主と定期傭船者のいわば共同事業としての性質をみいだすことができる。それゆえ、一般論としては、定期傭船契約の外部関係から発生する取引上の責任については定期傭船者に責任主体性がみとめられ、他方で船舶衝突などの海技における船員の行為により生じた損害については、基本的には船主がその責任を負うべきである（商690条）といえよう。2018年改正商法が、定期傭船者の指示権が海技事項におよばないことを明らかにしているのも、船舶衝突などの場合の使用者責任の所在を念頭においたものとみることができる。それゆえ、定期傭船者は船舶衝突責任を負わないのが通常であるといえるが、船舶の利用実態によっては、その責任が問題になる場合もありうる。

　この点、便宜置籍船のケースで、船舶の利用実態から定期傭船者の船長に対する指示命令権を「その範囲および実効性の面において、実質的には、使用者のそれに比肩しうる実体を備えている」と認定し、定期傭船者の第三者に対する地位は「商法704条1項〔現商703条1項〕の船舶賃借人に類似しているというべきである」として定期傭船者の責任を認めたフルムーン号事件東京地裁判決（東京地判昭和49・6・17判時748号77頁）がある。また、典型的な傭船契約ではないものの、同じく船舶の利用実態について、当該船舶は「専属的に上告人〔定期傭船者〕営業の運送に従事し、その煙突には、上告人のマークが表示されており、その運航については上告人が日常的に指揮命令を発していた」こと、それにより当該船舶を「上告人の企業組織の一部として、右契約の期間中日常的に指揮監督しながら、継続的かつ排他的、独占的に使用して、上告人の事業に従事させていた」という事実関係のもとで、定期傭船者は船舶所有者と同様の企業主体としての経済的実体を有していたとして、商

法703条1項（当時は商704条1項）の類推適用により定期傭船者の衝突責任（商690条）をみとめた最高裁判例（最判平4・4・28集民164号339頁）がある。すくなくとも、こうした船舶利用の実態のある場合には、定期傭船者の第三者に対する責任がみとめられることになるであろう。なお、この最高裁判例の原審判決は、商法703条1項の類推適用を介して定期傭船者について商法690条の責任をみとめており、最高裁判例も、このような理論構成を採用する原審の判断を是認している。しかし、船舶賃貸借に関する商法703条1項による場合には、船舶賃貸借の場合と同様に、船舶所有者と定期傭船者のいずれを海商法上の船舶所有者としてみるべきか、すなわち両者を択一的な関係に置くことになると思われ、妥当でない。前述のように、典型的な（商法上の）定期傭船契約では、一次的には船舶所有者が商法690条の責任を負うべきであり、それに加えて定期傭船者の責任が問題になるものと思われる。ここでは商法703条1項を介さずに、商法690条の適用ないし類推適用の問題として、定期傭船者の船舶賃借人性ではなく、その使用者性を直接にとらえた判断をすべきである。

IV　船員等

　ここでは船員等の船舶による海上活動（航海）を補助する者を考察する。海上活動を補助する者としては、海上活動の主体と継続的な雇用関係にたつ船長および海員を中心とした従属的補助者と、水先人、曳船業者、船舶代理店、港湾荷役業者などの独立的補助者の2つに大別することができる。ここでの考察の中心は従属的補助者であるが、独立的補助者のうち水先人は船舶に乗り込み直接に航海に従事するため、海上活動の主体および船長の責任との関係が問題となるので、これについても簡単にふれることにする。

1. 船員の概念

　船員については、船員法（昭和22年〔1947〕法100号）に定義がある。船員法における船員とは、日本船舶または日本船舶以外の国土交通省令で定める船

3-3　船員法による船員の分類

船員（船員1条1項）	船長		
	海員（船員2条1項）	職員（船員3条1項）	航海士
			機関長、機関士
			通信長、通信士
			国土交通省令で定めるその他の海員（運航士、事務長・事務員、医師、その他航海士・機関士・通信士と同等の待遇を受ける者（船員法施行規則2条））
		部員（船員3条2項）	
	予備船員（船員2条2項）		

舶に乗り組む船長および海員ならびに予備船員である（船員1条1項）。また、海員とは、船内で使用される船長以外の乗組員で労働の対償として給料その他の報酬を支払われる者であり（船員2条1項）、予備船員とは、船舶に乗り組むために雇用されている者で、船内で使用されていない者である（船員2条2項）。

　海商法は、船舶による海上活動（船舶運航）の補助者である船員の意義については規定を設けていないので、海商法上の船員概念は、解釈によってこれを定めなければならない。ここで、海商法上の船員とは、船舶による海上活動の主体たる船舶所有者または船舶賃借人などとの雇用契約にもとづき、その被用者として継続的に特定の船舶に乗り組んで航海その他の船舶上の労務に従事する者をいうものと解される。一時的に船舶の運航に従事する水先人や運送品の積卸し作業に従事する荷役業者の従業員などは船員ではない。また、船員法上の予備船員も海商法にいう船員ではない。

2．船長

(1)　船長の意義

　船長とは、特定船舶の乗組員で、その船舶の指揮権を有し、他方では、船舶所有者の代理人として法定された範囲の代理権を有する者をいう。

　船長となりうる者の資格は、「船舶職員及び小型船舶操縦者法」（昭和26年〔1951〕法149号、2002年〔平14〕に「船舶職員法」から題名変更）が、一定の海技従

事者の免許を受けた者、つまり海技免状を有する者に限定している（船舶職員２条２項、４条、18条）。

航海中の船舶は、常に海上の危険におびやかされ、しかも国家権力のおよびがたい特殊の船上社会を形成しているから、その社会の指揮者たる船長には種々の公法上の職務権限が与えられている。たとえば、船長は、海員を指揮監督し、かつ、船内にある者に対して、自己の職務を行うにつき必要な命令をする（指揮命令権）ことができる（船員７条）。また、船内の規律に違反した船員に対して懲戒権（上陸禁止および戒告の２種類）を行使することができる（船員22条、23条）。これらを船長の船舶権力とよんでいる。船舶権力の濫用に対しては罰則が定められている（船員122条）。また、船内に犯罪があったときは、船長が司法警察職員の職務（刑訴189条２項）を行うものとして（刑訴190条）、船長の犯罪捜査権が認められている。さらに、航海中に出生または死亡があったときは、船長は、一定の事項を航海日誌に記載し、かつ、その謄本を寄港した地の市町村長等に送付する（戸籍55条、93条）。

このほか、船員法は、船舶の安全な航行を確保し、海上危険を克服するために、船長の職務および権限について詳細な規定を設けている（船員法第２章を参照）。

（2）　船長の選任および終任

船長は、船舶所有者または船舶賃借人が選任する。船舶共有の場合は、船舶管理人が船長を選任する（商698条１項参照）。船長が病気などのやむをえない事由によってみずから船舶を指揮できない場合、船長は船長の職務を行うべき者を選任することができ（商709条前段）、これを代船長という。船長はこの選任について、船舶所有者に責任を負う（商709条後段）。

船長は、雇用期間の満了、船長の辞任（民627条、628条を参照）および死亡の一般原因によって終任するが、船舶所有者はいつでも船長を解任することができる（商715条１項）。ただし、解任に正当な理由がない場合は、船長は、船舶所有者に対して、解任によって生じた損害の賠償を請求することができる（商715条２項。船長が船舶共有者である場合につき、商715条３項・４項を参照）。

（3）　船長の代理権

船長の代理権は、その選任された特定の船舶による特定の航海に関して与

えられるが、代理権の範囲は、その船舶が船籍港内にあるか、船籍港外にあるかによって異なっている。

①船籍港外における代理権　　船籍港外においては、船長は、船舶所有者に代わって航海のために必要ないっさいの裁判上または裁判外の行為をする権限を有する（商708条1項柱書き）。ただし、船舶について抵当権を設定する行為および借財をする行為はこの権限から除外されている（商708条1項1号・2号）。船長の代理権に加えた制限は、これをもって善意の第三者に対抗することができない（商708条2項）。

航海のために必要な行為とは、船長として選任された船舶の特定の航海を標準として、各場合について決定される。たとえば、船舶の艤装・修繕、海員の雇入れおよび雇止め、必需品の購入、遭難の場合における救助契約の締結などが含まれる。また、航海とは、船舶が船籍港を出発してから再びその船籍港に帰着するまでの航海であって、ある港から他の港までの特定の運送航海ではない（大判明治45・2・17民録18輯201頁）。

船舶所有者であれ船長であれ、荷主の所有する運送品を自由に処分する権利をもっていないが、商法は、航海の継続のために必要があるときは、船長が積荷を航海のために用いることができるとしている（商712条1項）。積荷を航海のために用いるというのは、今日では考えにくいが、たとえば運送品である石炭や食料品を船舶の燃料や船員の食糧として使用することである。これによって荷主に生じた損害については、船舶所有者が荷主に対して賠償責任を負う。この償金の額の範囲は法定されており、商法はこの場合に運送人の損害賠償の額を定める商法576条1項および2項を準用している（商712条2項）。なお、この場合であっても、運送人は運送賃の全額を請求することができる（商746条）。

②船籍港内における代理権の範囲　　船長は、船籍港（本拠港）においては、とくに委任を受けた場合を除いて、特別な代理権をもたない。船籍港においては、陸上における船舶所有者またはその代理人が船舶の利用に関するすべての行為をすることができるので、船籍港外のような広範な代理権を船長に与える必要はないからである。

(4)　積荷利害関係人に対する船長の地位

　船長は、航海中に積荷利害関係人のために必要があるときは、利害関係人に代わり、もっとも利害関係人の利益に適する方法によって、その積荷の処分をしなければならない（商711条1項）。この積荷の処分は、利害関係人に対する船長の義務であると同時に権限でもあるが、船長はこれを積荷利害関係人の利益のために行使しなければならない。積荷が濡れたり、梱包が破損するなど、航海中の運送品に何らかの措置が必要となった場合に、船長がこれに対応する権利と義務を定めたものである。これにより、船長は、船舶所有者の代理人であると同時に、荷主の代理人という地位にもたつことになる。

　船長の処分行為の効果は積荷利害関係人に帰属し、積荷利害関係人が債務を負担することもあるが、これが積荷の価格以上にならないように、積荷利害関係人は、その積荷について有している権利を債権者に移転して責任を免れることができるとしている（商711条2項本文）。これを積荷委付という。ただし、積荷の処分が積荷利害関係人の過失によって生じた場合は、これによる免責は認められない（商711条2項ただし書き）。

(5)　船長の責任

　海員がその職務を行うについて故意または過失によって他人に損害を与えた場合には、船長は、損害賠償の責任を負う（商713条本文）。ただし、船長が、海員の監督について注意を怠らなかったことを証明したときは、この責任は負わない（商713条ただし書き）。これは、商法690条が船舶所有者の使用者責任の特則を定めて民法715条1項の適用を排除していることから、船長について民法715条2項（使用者に代わって事業を監督する代理監督者の責任）と同趣旨の規定を確認的に設けたものである。

　このほか、船長の特殊な地位や権限から、船長は契約関係にない傭船者、荷送人その他の利害関係人に対しても、その職務上の過失によって生じた損害を賠償する責任を負うものとされていたが（2018年改正前商705条1項参照）、多くは海運企業の使用人にすぎない船長の現代的な位置づけ（運送契約の履行補助者）からこうした厳しい責任は適当でないとの立法論的批判があり、2018年の改正商法はこの規定を削除した。

3．水先人

(1)　水先人の意義

　水先人とは、一定の水先区において、船舶に乗り込み、当該船舶を導く者であって、水先人としての免許を受けた者をいう（水先2条1項・2項）。

3-4　水先人　左：水先船、右：本船に乗り込む水先人

3-5　水先区

水先区	水先法33条 水先法施行令3条・別表第1	釧路水先区、苫小牧水先区、室蘭水先区、函館水先区、小樽水先区、留萌水先区、八戸水先区、釜石水先区、仙台湾水先区、秋田船川水先区、酒田水先区、小名浜水先区、鹿島水先区、東京湾水先区、新潟水先区、伏木水先区、七尾水先区、田子の浦水先区、清水水先区、伊勢三河湾水先区、舞鶴水先区、和歌山下津水先区、大阪湾水先区、内海水先区、境水先区、関門水先区、小松島水先区、博多水先区、佐世保水先区、長崎水先区、島原海湾水先区、細島水先区、鹿児島水先区、那覇水先区
強制水先区	水先法35条1項 水先法施行令4条・別表第2	〔総トン数300トン以上の外国船舶、総トン数300トン以上の日本船舶である外航船、総トン数1000トン以上の日本船舶〕 　横浜川崎区、横須賀区、東京湾、伊勢三河湾区、大阪湾区、備讃瀬戸区、来島区、関門区、佐世保区、那覇区
	水先法35条2項 水先法施行令5条・別表第2	〔総トン数3000トン以上の船舶、総トン数3000トン未満の危険物積載船〕 　横浜川崎区 〔総トン数10000トン以上の船舶〕 　東京湾区、伊勢三河湾区、大阪湾区、備讃瀬戸区、来島区 〔総トン数10000トン以上の船舶、関門区の区域を通過しない総トン数3000トン以上10000トン未満の船舶、総トン数3000トン未満の危険物積載船〕 　関門特例区域

　水先制度の目的は、座礁、衝突などの危険を防止し、船舶の安全をはかることにある。水先人の乗り込んだ船舶では、特定の航路・港湾を熟知する水先人が実際の操船を指示している。水先区の名称および区域は政令で定められることとされ（水先33条）、これは水先法施行令の別表（別表１）をもって定められている。水先区のうち政令で定める港または水域（水先法施行令４条、同別表２）において船舶を運航するときは、船長は、一定の場合を除いて水先人を乗り込ませなければならないとする強制水先の制度がある（水先35条１項）。

　水先人は本船からの要請をうけると、専用の小型船舶（パイロット・ボート）で本船に赴き、これに乗り込んで水先業務を行う。

(2)　水先人と船長との関係

　船長は、水先人を使用した場合であっても、船舶の航路や操船方法を決定するに際しては、船舶の最高責任者として責任を負うものと解される（水先41条２項を参照）。判例も、水先人の過失によって生じた船舶衝突の場合、水先人は船長の被用者というべき理由をもって、船長と水先人の双方の責任をみとめている（大判昭和10・6・3大審院判決全集１輯19号15頁を参照）。

(3)　水先人と船舶所有者との関係

　水先人と船舶所有者との間には広義の雇用関係がみとめられる。これを準委任とみる見解もあり、労務供給契約としての両者の限界は必ずしも明確ではないが、水先人は独立の補助者であってもその業務はなお船長の指揮下で航海に従事することにあるから、船舶所有者との関係としては民法上の雇用契約とみるべきであろう。水先人は、水先をしたときは、船舶所有者または船長に対し、水先料を請求することができる（水先46条１項）。水先人は、船員のように継続的に船内の労務に服する者ではないが、商法690条にいう船員に準じる者とみるべきことは前述の通りである。水先人の過失により第三者に加えた損害について、船舶所有者は商法690条によって責任を負うものと解される。水先人の行為について船舶所有者が責任を負う場合、船舶所有者および水先人の双方とも、その責任を制限することができる（船主責任制限３条１項、２条１項３号）。

第4章
船舶所有者等の責任制限

I　船主責任制限の態様と船主責任制限法

　船舶所有者（船主）は、海上活動から生じる取引上の債務および船長その他の船員の行為にもとづく損害賠償債務について、ほんらいは人的無限の責任を負うはずである。しかし、海商法の分野においては、古くから各国において船舶所有者の有限責任（船主責任制限）が認められてきた。この制度は、海上活動の特別な危険を考慮して船主を保護する趣旨で設けられたものであり、もっとも海商法らしい特殊的制度の1つである。現在、わが国は、条約にもとづく国内法として、「船舶の所有者等の責任の制限に関する法律」（船主責任制限法）を制定している。

1．条約の変遷

　船主責任制限制度の歴史は中世にまでさかのぼる。しかし、各国独自の制度として発展したため、その制度の態様はさまざまであった。1681年のフランス海事王令は、船主は原則として人的無限責任を負いながら、海産（船舶および運送賃）を債権者に委付（船主の意思表示により海産上の権利を債権者に移転させること）して、その責任を免れることができるものとしており（委付主義）、1807年のフランス商法典を経て、わが国の商法典もこれを採用していた（1975年〔昭50〕改正前商690条）。他方、1861年のドイツ旧商法典は、船主の責任がはじめから海産に制限される（債権者は海産についてだけ強制執行をすることができる）物的有限責任を認めており（執行主義）、これにならった立法もみら

れていた。さらに、イギリスは、1734年に船価責任主義といわれる制度を採
用したのち、1894年の商船法においては、船舶のトン数を基礎として責任限
度額が算定される金額責任主義を創設した。

　このような状況にあって、国際的な統一をはかる必要から、船主責任制限
制度についてはいくつかの条約が制定され、現在に至っている。この分野の
最初の条約は、ブリュッセル条約として誕生した1924年の「航海船の所有者
の責任の制限に関するある規則の統一のための国際条約」である（1931年発
効）。これは、船価責任主義と金額責任主義を併用する、いわば妥協的な方
法を採用したが、主要海運国の参加はえられなかった。

(1)　1957年船主責任制限条約

　第2次世界大戦後、新しい条約案が検討され、1957年に「海上航行船舶の
所有者の責任の制限に関する国際条約」が同じくブリュッセル条約として成
立した（1968年発効）。この条約は、現在においてもっとも合理的な制度と考
えられる金額責任主義を採用したもので、現行制度の原型となっている。

　この条約は、旅客の死亡・身体傷害や運送品の滅失または損傷をはじめと
する制限債権（責任を制限することのできる債権）を掲げて（1957年条約1条）、責
任制限金額（責任を制限することのできる金額）をその船舶のトン数に応じて算
出される金額で定めている（1957年条約3条）。ここでは、事故から生じた損
害が物損だけの場合と人損だけの場合とでは金額が異なり、後者は前者の3
倍強となっているほか、さらに両方の損害が同時に発生した場合（限度額は
人損のみの場合と同じ）について、それぞれの損害に対する弁済方法を規定し
ていた。

(2)　1976年船主責任制限条約

　1957年条約は成功した条約といえるが、早くから責任限度額の引き上げを
含めた条約改正の必要性が国際的に認識されるようになり、IMCO（政府間海
事協議機関、のちのIMO）が中心となって条約案を作成し、1976年に「海事債
権についての責任の制限に関する条約」が成立した（1986年発効）。この条約
は、1957年の船主責任制限条約の基本的枠組みを大きく変更することなく、
責任限度額の大幅な引上げを中心に、責任制限主体の拡張（条約1条）、制限
債権の整理（条約2条）、非制限債権の拡張（条約3条）、責任制限阻却事由の

厳格化（条約4条）、責任限度額の単位の変更（条約8条）などを実現した。

　その後、1976年条約は、1996年の改正議定書により改正されている（2004年発効）。この改正は、責任限度額を引き上げるとともに、旅客の人身損害については責任限度額を引き上げつつ、条約の定める限度額を下回らないかぎり、締約国に自国の法令によりこれと異なる規定を設けることを認めている（条約15条3の2）。また、条約の責任限度額は2012年のいわゆる簡易改正（2015年発効）によりさらに51％引き上げられた。

２．船主責任制限法の制定と改正

　1957年条約は金額責任主義を採用した合理的な制度を実現したが、第2次世界大戦後、海運再建の途上にあったわが国は、条約の国内法化への環境整備をまって、1975年〔昭50〕に「船舶の所有者等の責任の制限に関する法律」（法94号）を制定した。また、これと同時に、「油濁損害賠償保障法」（法95号）が制定されている（現在の船舶油濁等損害賠償保障法）。

　その後、1976年条約を摂取するための改正が1982年〔昭57〕に、1996年改正議定書を摂取するための改正が2005年〔平17〕に、さらに、2015年〔平27〕に条約の簡易改正をうけた責任限度額の引き上げが行われて現在に至っている。

◉ 船主責任制限法の合憲性 ◉ （最決昭和55・11・5民集34巻6号765頁）

　　船主責任制限法は財産権を保障した憲法29条に違反すると主張する訴訟が提起された。最高裁大法廷は、同法の責任制限制度は、(i)海運業が多額の資本を投下した船舶の運航という危険性の高い企業であることから、その適正な運営と発展のために必要であるとして、古くから各国において採用されてきたこと、(ii)条約にもとづいて定められたものであり、国際的性格の強い海運業界について、わが国だけが採用しないということは事実上困難であること、(iii)従来の委付制度を金額責任主義に改めたものであり、しかも、損害が船舶所有者の故意または過失〔当時〕によって発生した場合の債権などは制限債権とせず、また、1975年〔昭50〕改正後の商法690条が民法の使用者責任を加重して船舶所有者の無過失責任を認めていることを指摘して、その合憲性を認めた。

II　船主責任制限制度の概要

1．責任制限の主体

　船主責任制限法の規定にもとづき責任を制限することができる者は、船舶所有者等もしくは救助者またはその各被用者等である（船主責任制限 3 条 1 項・2 項）。救助者は、1976年条約をうけて、1982年〔昭57〕の船主責任制限法の改正においてこれに追加された。被用者が責任を制限できる者とされているのは、被用者に対する不法行為にもとづく全額の損害賠償請求が認められれば、結局は船舶所有者等が負担しなければならず、これでは責任制限が認められないのと同じことになるからである。以下では、これらの者のうち船舶所有者等の責任制限を中心にして概説する。

　船主責任制限法にいう船舶所有者等とは、船舶所有者、船舶賃借人および傭船者ならびに法人であるこれらの者の無限責任社員をいう（船主責任制限 2 条 1 項 2 号）。船舶所有者には、船舶共有者も含まれる。傭船者には、定期傭船、航海傭船、全部傭船または一部傭船におけるすべての傭船者が含まれると解されている。

2．制限債権

　制限債権とは、船舶所有者等の責任制限主体が、船主責任制限法の定めるところにより、その責任を制限することができる債権をいい（船主責任制限 2 条 1 項 4 号）、同法 3 条 1 項・2 項がこれをわけて規定している。

　このうち、中心的なものは、人身損害または物の滅失・損傷による損害にもとづく債権（船主責任制限 3 条 1 項 1 号）である。これは、船舶上でまたは船舶の運航に直接関連して生じる人身損害または当該船舶以外の物の滅失・損傷による損害にもとづく債権である。当該船舶上で生じる人身損害としては、船員または荷役作業に従事する者などの死傷があり、物的損害には、積荷などの損害がある。船舶外での損害には、船舶衝突の際の相手船舶の船員・旅客の死傷および船体や積荷・手荷物に生じた損害があり、また漁業施

設や陸上施設に加えた損害などが考えられる。船舶の利用と直接の関係をもって生じさせた損害であればよく、海上での事故による損害にかぎられない。なお、後述するように、（当該船舶上の）旅客の生命・身体の損害に関する債権については責任を制限できない（非制限債権）。

このほか、運送契約に関する、運送品、旅客または手荷物の運送の遅延による損害にもとづく債権（船主責任制限3条1項2号）、漁業権や衝突相手船の売店の営業権などを侵害するような、権利侵害による損害にもとづく債権（船主責任制限3条1項3号）、損害の防止・軽減措置によって生じる損害にもとづく債権（船主責任制限3条1項4号）、そのような措置により生じる費用などに関する債権（船主責任制限3条1項5号）が制限債権としてあげられている。

3．非制限債権

船舶所有者等その他一定の者が、その責任を制限することができない債権を非制限債権という。第1に、旅客の人身損害に関する債権がある（船主責任制限3条4項）。2005年〔平17〕の改正により旅客の人身損害については一般に責任制限の対象外とされた。ここでいう旅客は当該船舶所有者等の船舶上の旅客であり（船主責任制限2条1項6号の2、1996年改正1976年条約7条2項参照）、たとえば衝突相手船に旅客として乗船していた者は含まない。第2に、海難救助または共同海損の分担にもとづく債権がある（船主責任制限4条1号）。第3に、被用者の使用者に対する債権、および被用者の人身損害によって生じた第三者（家族・親族など）の有する債権がある（船主責任制限4条2号）。これらは、被用者またはその近親者を保護するという社会政策的理由により非制限債権とされている。

このほか、タンカー油濁損害にもとづく債権および原子力損害にもとづく債権も、それぞれ船舶油濁等損害賠償保障法（昭和50年〔1975〕法95号）、原子力損害の賠償に関する法律（昭和36年〔1961〕法147号）によって損害賠償責任が定められているため、船主責任制限法の非制限債権となる（油賠5条参照、原賠4条3項）。

4．責任制限の阻却事由

　船舶所有者等もしくは救助者または被用者等は、制限債権が、自己の故意により、または、損害の発生のおそれがあることを認識しながらした自己の無謀な行為によって生じた損害に関するものであるときは、その責任を制限することができない（船主責任制限3条3項）。これを責任制限阻却事由という。責任制限阻却事由の存在は、これを主張する者（制限債権者）が立証責任を負う（1976年条約4条を参照）。

(1)　条約および船主責任制限法の改正

　1982年〔昭57〕改正前の船主責任制限法は、1957年条約にもとづき、「損害の発生が船舶所有者等にあっては自己の故意または過失によるものであるとき、船長等にあっては自己の故意によるものであるときは」責任を制限することができないと規定していた（船主責任制限旧3条1項ただし書き）。1976年条約は、各国における理解の統一をはかるとともに、責任制限の利益が奪われる機会を狭くすることによって、責任限度額を高く設定しても責任保険によるカヴァーを可能とするため、責任制限阻却事由を改めた。これをうけて、1982年の船主責任制限法の改正により、わが国もこの責任制限阻却事由を採用した。

　改正前船主責任制限法の定めていた「故意または過失」に比べて、この新たな責任制限阻却事由はきわめて厳格なものとなっている。これは、前述のように、責任の限度額を引き上げつつ、責任制限が阻却される場合を限定しようとする政策的意図にもとづくものであり、実際上は、責任制限はほとんどの場合において阻却されることはないであろう。

(2)　無謀行為

　船主責任制限法は、船舶所有者等の(i)自己の故意、および、(ii)損害の発生のおそれがあることを認識しながらした自己の無謀な行為（本書では便宜的に「無謀行為」という）という2つの阻却事由をあげている。このうち、故意（不法行為の狭義の故意）については解釈上の疑義は生じないが、無謀行為については、その表現形式がわが国の商法のもとで伝統的に用いられている「運送人の故意または重大な過失」（商576条3項参照）と大きく異なっており、その

意味するところが問題となる。

　この概念の導入当初には、わが国の既成の法概念（故意、重過失、認識ある過失など）との関連において理解しようとする試みもみられたが、現在の学説は、条約の創設した新しい概念として、その文言通りに理解すべきであると解する点で一致している。

　法文は「損害の発生するおそれ」と規定しているが、この「おそれ」とは可能性ではなく蓋然性を意味しており、条約も "probability"（蓋然性）の問題ととらえていることは明らかである。これは、損害の発生がある程度は確実であるという認識をいい、著しく故意に近い認識を示すものといえる。また、「無謀な行為」とは、定義は難しいが、注意を著しく欠いた、通常人からすると常識的にはとうていありえないと考えられるような行為をいうものと解しておこう。

(3)　故意および無謀行為の主体

　故意および無謀行為は、責任を制限しようとする船舶所有者等自身についてのそれである。問題となるのは、船舶所有者等が会社（法人）である場合、いかなる者の故意や無謀行為が、会社のそれと同視されるかである。責任制限阻却事由は、代表権のある業務執行者についてみるべきことになるが、学説は、さらにこれらの者から船舶の管理・運航について授権された高級使用人についても阻却事由の有無が問題とされるべきとしている。基本的に正当な指摘であるが、船主責任制限制度が企業保護の観念にもとづくものであることから、その者の行為が個人的行為にとどまらず、会社そのものの行為（会社の主観的悪性のあらわれ）とみるべき事情のあることが前提となろう。

5．同一事故から生じた損害にもとづく債権の差引き

　船舶所有者等もしくは救助者または被用者等が、制限債権者に対して同一の事故から生じた債権を有する場合においては、船主責任制限法の規定は、その債権額を差し引いた残余の制限債権について適用される（船主責任制限5条）。

　たとえば、双方の船舶の過失によって船舶の衝突事故が生じた場合、双方の船舶所有者（船主）が損害賠償請求権を有することになるが（交叉責任説）、

双方の債権額を差引計算しないまま手続きへの参加を認めると、両船主のもつ債権額（とくに船体損傷などの損害）がきわめて大きくなることがあるため、これらを差引計算して残額のみを責任制限の対象として、他の債権者（船員・荷主などの被害者）の利益をはかったものである。また、もし一方の船主だけが責任を制限した場合、他方の船主は責任限度額の範囲内で債権額に比例した支払いしか受けられないが、みずからの債務については全額の支払いを強制されることになり、公平を害するからである。

6．責任制限のおよぶ範囲

　船舶所有者またはその被用者等がする責任制限は、船舶ごとに、同一の事故から生じたこれらの者に対するすべての人および物の損害に関する債権におよぶ（船主責任制限 6 条 1 項）。ここで責任限度額は、1 つの事故ごとに定まり、これを事故主義という。また、同一事故であっても 2 隻以上の船舶の過失が競合する場合には、船舶ごとに責任限度額が定められる。この場合、一方の船舶所有者等の責任制限は他方の船舶所有者等におよばないから、それぞれの船舶の船舶所有者等が独立して責任を制限する必要がある。

　船舶所有者と船長など、同一事故に関する債務者が複数ある場合は、各債務者の負担する債務の総額について責任限度額が定まる（救助者またはその被用者等の責任制限に関しては、船主責任制限 6 条 2 項・3 項を参照）。

　なお、物の損害と人の損害の双方が生じたときに、物の損害に関する債権だけを制限することができるものと解され（人の損害については責任限度額が高く設定されているため、人の損害を含めると限度額に達しないが、物の損害だけであれば責任限度額を超えて、責任を制限できる場合がありうる）、この場合には、当然ながらその責任制限は人の損害に関する債権にはおよばない（船主責任制限 6 条 4 項）。

7．責任の限度額

　責任限度額は、原則として、船舶のトン数に応じて所定の方法により導かれる。このトン数は、船舶のトン数の測度に関する法律（1980 年〔昭 55〕法 40 号）4 条 2 項の規定（国際総トン数の測度）の例によって算出される（船主責任

制限8条）。また、責任限度額の単位には国際通貨基金（IMF）の特別引出権
（SDR）が採用されている（船主責任制限2条1項7号）。

◉ SDR：特別引出権 ◉

　1969年の国際通貨基金（IMF）協定改正によって創設された特別引出権（Special
Drawing Rights）であり、1974年より標準バスケット方式が導入された。主要通貨
（現在は、米ドル、ユーロ、英ポンド、日本円、中国人民元）の相場の加重平均に結
びついており、変動が緩やかであるとされ、条約における責任限度額などの金額の
計算単位としての利用が広まっている。2023年9月現在の1SDRは約195円。

　1957年条約は、単純なトン数比例により限度額を示していたが、1976年条
約は基準となる金額（500トン以下の場合）を定め、船舶のトン数の増加に応じ
て加算される金額の増加を逓減させる方式を採用した。1996年の改正議定書
もこの方法を維持しているが、基準となる金額を2000トン以下の場合に設定
して、この金額および加算される金額を引き上げている。
　また、1976年条約は、旅客の損害についての責任制限を一般の場合（人損
を含む）とは別立ての（乗客定員数による）責任限度額によるものとして一定の
保護をはかったが、改正議定書は国内法による責任制限の排除も認めており、非制限債権について述べたように、わが国の船主責任制限法は旅客の人
身損害については責任を制限できないことにしている。
　具体的な責任限度額は、次の通りである（2015年〔平27〕改正後の金額）。
（1）　物損のみの場合
　責任を制限しようとする債権が物損に関する債権のみである場合において
は、船舶のトン数に応じて、次のように算出される金額が限度となる（船主
責任制限7条1項1号）。

　(a)　100トンに満たない木船：50万7360SDR
　(b)　2000トン以下の船舶：151万SDR
　(c)　2000トンを超え3万トンまでの船舶：上記の金額に、2000トンを超え

る 1 トンにつき604 SDR を加えた金額

(d)　3 万トンを超え 7 万トンまでの船舶：上記の金額に、 3 万トンを超える 1 トンにつき453 SDR を加えた金額

(e)　7 万トンを超える船舶：上記の金額に、 7 万トンを超える 1 トンにつき302 SDR を加えた金額

(2)　人損のみの場合

　責任を制限しようとする債権が人損に関する債権のみである場合においては、船舶のトン数に応じて、次のように算出される金額が限度となる（船主責任制限 7 条 1 項 2 号）。

(a)　2000トン以下の船舶：453万 SDR

(b)　2000トンを超え 3 万トンまでの船舶：上記の金額に、2000トンを超える 1 トンにつき1812 SDR を加えた金額

(c)　3 万トンを超え 7 万トンまでの船舶：上記の金額に、 3 万トンを超える 1 トンにつき1359 SDR を加えた金額

(d)　7 万トンを超える船舶：上記の金額に、 7 万トンを超える 1 トンにつき906 SDR を加えた金額

(3)　物損と人損の場合

　責任を制限しようとする債権が人損と物損に関する債権である場合も、上記(2)により算出された金額が限度となる（船主責任制限 7 条 1 項 2 号）。この場合、制限債権の弁済にあてられる金額のうち、この金額に上記(1)による金額（100トンに満たない木船も2000トン以下の船舶とみる）の上記(2)による金額に対する割合を乗じてえた金額に相当する部分は物損に関する債権の弁済にあてられ、残りが人損に関する債権の弁済にあてられる。ただし、これにより人損に関する債権を弁済するにたりない場合は、この不足額と物の損害に関する債権の額との割合に応じて、それぞれの債権の弁済にあてられる（船主責任制限 7 条 2 項）。

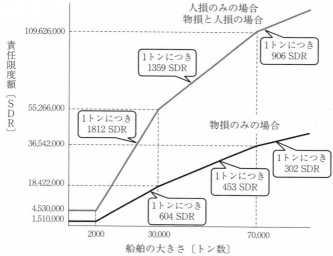

＊　物損のみの場合，100トンに満たない木船については507,360 SDR

4-1　船舶の大きさと責任限度額

(4)　船舶を使用しない救助者等

　これらの者の責任限度額は、船舶のトン数とは無関係に定められている（船主責任制限7条3項）。すなわち、責任を制限しようとする債権が物損のみの場合は151万 SDR、制限しようとする債権が人損を含む場合は453万 SDRが責任限度額である。なお、人損と物損による債権が併存する場合は、制限債権の弁済にあてられる金額は、上記(3)に示した方法によりそれぞれの債権の弁済にあてられる（船主責任制限7条4項）。

8．責任制限手続

　船主責任制限条約は、責任制限の対象となる債権や限度額など、主として責任制限に関する実体的規定を定めており、基金の形成および分配ならびにこれらに関連する手続きに関する規則については、基金が形成される締約国の法令に委ねている（1976年条約14条）。そこで、わが国は、諸外国の手続きを参考としながら、破産法および会社更生法における集団的債務処理の方法

を採用して、責任制限手続に関する具体的規定を定めた。

　船主責任制限法は、責任制限手続開始の申立て、責任制限手続開始の決定、責任制限手続への参加、制限債権の調査・確定、配当などといった手続きの流れに沿って詳細な規定を設けている。

◆ 責任制限手続の概要

　①責任制限手続開始の申立て、責任制限手続開始の決定　　船舶所有者等は、その責任を制限するため、管轄裁判所（船主責任制限9条）に対して、責任制限手続開始の申立てをすることができる（船主責任制限17条）。責任制限手続開始の申立てをするときは、制限債権にかかる事故を特定するために必要な事実および制限債権の額が法定の責任限度額を超えることを疎明し、かつ、知れている制限債権者の氏名または名称および住所を届け出なければならない（船主責任制限18条）。

　責任制限手続は、その開始決定の時から効力を生じる（船主責任制限26条）。裁判所は、開始決定と同時に、管理人を選任し、かつ、制限債権の届出期間・制限債権の調査期日を定め、また、一定の事項を公告する（船主責任制限27条、28条）。責任制限手続が開始されたときは、制限債権者は形成された基金から支払いを受けることができるが、基金以外の申立人の財産または受益債務者（船主責任制限2条1項8号）の財産に対してその権利を行使することができない（船主責任制限33条）。

　②制限債権の届出と調査　　制限債権者は、その有する制限債権をもって責任制限手続に参加することができるが（船主責任制限47条1項）、そのためには制限債権の届出期間内に（船主責任制限27条1号）、債権の届出をしなければならない（船主責任制限50条1項）。届出のあった債権については、制限債権の調査期日において、制限債権であるかどうか、制限債権であるときは、その内容および人の損害に関する債権と物の損害に関する債権との別を調査する（船主責任制限57条）。申立人、受益債務者および責任制限手続に参加した者は、制限債権の調査期日に出頭して、届出のあった債権について異議を述べることができる（船主責任制限58条）。届出のあった債権につき異議がなければ、制限債権であることおよびその内容等が確定する（船主責任制限60条）。

　③配　当　　基金は、一定の費用などを除き、配当にあてられる（船主責任制限68条）。管理人は、制限債権の調査期日が終了した後、遅滞なく配当を行わなければならない（船主責任制限69条1項）。管理人は、配当を行おうとするときは、配当表を作り、裁判所の認可を受けなければならない（船主責任制限70条1項）。配当が終了したときは、裁判所は、責任制限手続終結の決定をし、かつ、その旨を公告する（船主責任制限80条）。

　④制限債権者の船舶先取特権　　制限債権者は、その物損に関する制限債権（人損につき、商法842条１号を参照）につき、事故にかかる船舶およびその属具について船舶先取特権を有し（船主責任制限95条１項）、この先取特権の順位は、商法842条５号の先取特権に次ぐものとされている（船主責任制限95条２項）。しかし、責任制限手続が開始されると、この先取特権を行使することはできず（船主責任制限33条後段）、責任制限手続における債権者間の分配は、制限債権の額に応じて弁済を受けるので（船主責任制限７条５項）、制限債権者の優先弁済権は基金の分配に際しては考慮されない。

Ⅲ　油濁損害に関する責任制度

　タンカーの油または一般船舶もしくはタンカーの燃料油が船舶から流出したことによって生じる損害に関する責任制度が、やはり条約にもとづいて設けられている。これらについても、船主責任制限制度とあわせて本章においてふれておくことにする。

4-2　エクソン・バルディーズ号事故
左：座礁したエクソン・バルディーズ号、右：海岸の汚染除去作業

1.　条約の変遷

(1)　1969年民事責任条約・1971年国際基金条約

海上安全に関する多くの条約がこれまでの重大な海難事故を契機として制

4 - 3　主な油濁事故

発生年	船名	船籍	汚染被害国	原油流出量（トン）
1967	トリー・キャニオン号	リベリア	イギリス・フランス	119,000
1971	ジュリアナ号	リベリア	日本（新潟県）	6,500
1972	シー・スター号	韓国	オマーン	115,000
1976	ウルキオラ号	スペイン	スペイン	100,000
1977	ハワイアン・パトリオット号	リベリア	アメリカ合衆国	95,000
1978	アモコ・カディス号	リベリア	フランス	223,000
1979	アトランティック・エンプレス号	ギリシア	トリニダード・トバゴ	287,000
1979	インデペンデンタ号	ルーマニア	トルコ	95,000
1980	イレネス・セレナーデ号	ルーマニア	ギリシア	100,000
1983	カストロ・デ・ベルアー号	スペイン	南アフリカ	252,000
1988	オデッセイ号	ギリシア	カナダ	132,000
1989	エクソン・バルディーズ号	アメリカ	アメリカ	37,000
1991	ヘブン号	キプロス	イタリア	144,000
1991	ABTサマー号	リベリア	アンゴラ	260,000
1993	ブレア号	リベリア	イギリス	85,000
1996	シー・エンプレス号	リベリア	イギリス	72,000
1997	ナホトカ号	ロシア	日本（島根県など）	6,200
1999	エリカ号	マルタ	フランス	20,000
2002	プレスティージ号	バハマ	スペイン	63,000
2007	ヘーベイ・スピリット号	香港	韓国	11,000

定され、あるいは改正されてきている。油濁損害賠償責任に関する条約は、1967年に発生したトリー・キャニオン号の座礁による油濁事故を契機として制定された。リベリア船籍のタンカーであるトリー・キャニオン号（12万載荷重量トン）は、原油を積載して航行中、イギリス南西端シリー諸島の浅瀬に座礁し、船体破損によって最終的に11万トンを超える原油を流出させた。この原油がイギリス南西部およびフランス北部の沿岸を広範囲にわたって汚染するという重大な事故となった。この事故は、一方で、1973年に船舶による汚染防止条約（MARPOL）が成立する契機ともなったが、他方で、油濁損害賠償に関する国際的ルールの必要性についても強く認識させることになり、1969年に「油による汚染損害についての民事責任に関する国際条約（民

事責任条約、CLC 1969)」が成立した（1975年に発効）。また、1971年には、「油による汚染損害の補償のための国際基金の設立に関する国際条約（国際基金条約、FUND 1971)」が成立して（1978年に発効）、事故による被害者を国際的に補償する制度が整えられた。これらは、現在に至る油濁損害に関する民事責任条約の基礎となっている。

　この1969年条約の特色として、次の点を指摘することができる。第1に、責任をタンカー所有者に集中させるとともに、その責任を厳格責任（事故の発生に過失があったか否かを問わない無過失責任）としている。第2に、タンカー所有者の責任制限を定めている。そして、第3に、一定の量（2000トン）を超える油を貨物として運送するタンカー所有者に対して、油濁損害の責任を担保するための証明書の提出を求めている。

　国際基金とは、民事責任条約での責任限度額を超えた損害に対応するために、タンカー輸送の利益を享受する締約国の石油業界の拠出により設けられた基金である（油賠28条以下を参照。1992年基金（1992 Fund）への2021年の拠出割合は、インドが16％、日本が11％、韓国が10％、オランダ、イタリアとシンガポールが7％、スペインが5％などとなっている。アメリカや中国は参加していない）。年間の合計量が15万トンを超える油を受け取った者（油受取人）は、国土交通大臣に受取油量を報告して（油賠28条）、それに応じた年次拠出金を国際基金に納付することになっている（油賠30条）。

(2)　1992年改正条約

　1969年条約は、発効からまもなく改正の必要性が認識され、1976年には国際基金条約とともに、責任限度額の基準をSDRで示す技術的な改正が行われ（1976年改正議定書、1981年発効）、1984年には責任限度額の引き上げを含む改正が行われた。この1984年の改正はアメリカの参加をえられずに発効しなかったが、のちに発効要件を緩和した1992年改正議定書により改正が実現した。これが現在の1992年改正民事責任条約（CLC 1992）である（1996年に発効）。また、同年には国際基金条約も改正されている（FC 1992）（1996年に発効）。

　しかし、1999年のエリカ号事故により、1992年基金による補償が不十分であるという認識がEUを中心として広がり、また2002年のプレスティージ号事故も発生したことから、国際基金について、新たに追加基金議定書が成立

した。

2．船舶油濁等損害賠償保障法

(1)　国内法の制定と船舶油濁等損害の意義

①　国内法の制定

　わが国は、1969年の民事責任条約と1971年の国際基金条約をいずれも批准
して、1975年〔昭50〕に油濁損害賠償保障法（法95号）を制定した。同法は、
両条約の改正をうけ、まず1994年と2003年に責任限度額の引上げを主眼とす
る改正が行われた。その後、追加基金の国内措置と一般船舶の燃料油に起因
する油濁損害賠償への対象拡大のため、2004年〔平16〕に改正され、題名も
「船舶油濁損害賠償保障法」に変更された。この段階で、わが国は「2001年
の燃料油による汚染損害についての民事責任に関する国際条約」（いわゆるバ
ンカー条約）を批准していなかったが、この改正では同条約と類似した内容
で規定が新設された。さらに、2019年〔令1〕には、このバンカー条約と
「2007年の難破物の除去に関するナイロビ国際条約」（いわゆるナイロビ条約）
を批准するため、難破物除去損害を対象に加えて再度改正され、題名は「船
舶油濁等損害賠償保障法」とされた（両条約を批准し、2020年10月に施行）。同法
では、同法が対象とする「船舶油濁等損害」が生じた場合における船舶所有
者等の責任を明確にし、その船舶油濁等損害の賠償を保障する制度を確立す
ることにより、被害者の保護をはかり、あわせて海上輸送の健全な発達に資
するとの目的が示されている（油賠1条）。

②　「船舶油濁等損害」の意義

　船舶油濁等損害賠償保障法にいう「船舶油濁等損害」は、「タンカー油濁
損害」、「一般船舶等油濁損害」および「難破物除去損害」に区別される（油
賠2条13号）。以下に、それぞれの概要を示す。

　「タンカー油濁損害」とは、タンカー（ばら積みの原油等の海上輸送のための船
舟類）から流出し、または排出された原油等（油賠2条6号）による汚染によ
り生じる1992年民事責任条約締約国の領域内（領海を含む）またはわが国の排
他的経済水域内もしくは同条約締約国である外国の排他的経済水域内などに
おける損害と、その損害を防止し、または軽減するためにとられる相当の措

置に要する費用およびその措置により生じる損害である（油賠２条９号・14号）。

「一般船舶等油濁損害」とは、タンカーまたは一般船舶（旅客またはばら積みの原油等以外の貨物等の海上輸送のための船舟類）から流出し、または排出された燃料油等（油賠２条７号）による汚染により生じる、わが国の領域内もしくは排他的経済水域内またはバンカー条約締約国である外国の領域内もしくは排他的経済水域内などにおける損害と、その損害を防止し、または軽減するためにとられる相当の措置に要する費用およびその措置により生じる損害である（油賠２条10・16号）。

「難破物除去損害」とは、わが国の領域内もしくは排他的経済水域内または一定のナイロビ条約締約国である外国の領域内もしくは同条約締約国である外国の排他的経済水域内などにおける、難破物（海難による沈没船、乗揚げ船など）の除去その他の措置などに要する費用の負担により生じる損害である（油賠２条８号・17号）。

(2)　タンカー油濁損害に関する責任

①　タンカー所有者の損害賠償責任

タンカー所有者とは、船舶法５条１項の規定（日本船舶の所有者の登記・登録の義務）または外国の法令の規定により、タンカーの船舶所有者として登録をうけている者をいう（油賠２条11号）。このタンカー所有者は、そのタンカーに積載されていた原油等により生じたタンカー油濁損害について賠償する責任を負う（油賠３条１項本文）。

このように、タンカー油濁損害の賠償責任はタンカー所有者のみに集中してみとめられ、タンカー所有者の使用する者、ならびに船舶賃借人、傭船者、管理人、運航者など、およびこれらの者の使用する者は、原則として責任を負わない（油賠３条４項本文）。ただし、当該タンカー油濁損害が、これらの者の故意により、または損害の発生のおそれがあることを認識しながらしたこれらの者の無謀な行為により生じたものであるときは、責任を負わなければならない（油賠３条４項ただし書き）。

タンカー所有者の責任の性質は厳格責任であって、タンカー所有者はその過失の有無を問わずに損害賠償責任を負う。ただし、損害が戦争・内乱、異常な天災地変など法律の定める一定の事由によって生じたときは、免責され

る（油賠3条1項ただし書き）。

　なお、被害者に対して損害賠償の責任を負う者は原則としてタンカー所有者にかぎられるが、その損害を賠償したタンカー所有者は、有責である第三者に対して求償権を行使することができる（油賠3条5項）。また、被害者の故意または過失によりタンカー油濁損害が生じたときは、裁判所は、損害賠償の責任および額を定めるについて、これを参酌することができる（油賠4条）。

　② タンカー所有者の責任制限

　タンカー油濁損害の賠償責任を負うタンカー所有者は、その油濁損害にもとづく債権について、その責任を制限することができる（油賠5条本文）。その責任限度額は、船舶のトン数（油賠7条）に応じて、算出される（油賠6条）。すなわち、5000トン以下のタンカーでは451万SDR、5000トンを超えるタンカーでは、この金額に、5000トンを超える1トンにつき631 SDRを加えた金額（その金額が8977万SDRを超えるときは、8977万SDR）である。

　タンカー所有者がその責任を制限した場合には、制限債権者は、その制限債権の割合に応じて弁済を受ける（油賠9条）。ただし、そのタンカー油濁損害が、タンカー所有者の自己の故意により、または損害の発生のおそれがあることを認識しながらした自己の無謀な行為により生じたものであるときは、タンカー所有者は責任を制限することができない（油賠5条ただし書き）。

　③ タンカー油濁損害賠償保障契約と国際基金

　タンカー所有者のこうした損害賠償責任が確実に履行されて被害者の保護に資するように、タンカー油濁損害賠償保障契約の締結が法律上強制されている。この保障契約とは、タンカー所有者がタンカー油濁損害賠償責任を負う場合において、その賠償義務の履行によりタンカー所有者に生じる損害を塡補するための保険契約またはその賠償義務の履行を担保する契約をいう（油賠14条1項）。その保障契約の相手方は、船主相互保険組合、保険会社などにかぎられる（油賠14条2項）。日本国籍のタンカーは、保証契約を締結しなければ2000トンを超えるばら積みの原油等を輸送することができず、外国国籍のタンカーではこれらを積載して日本の港に入港できないなどの制限が課されている（油賠20条1項・2項）。タンカー所有者の損害賠償責任が発生した

ときは、被害者は、原則として保険者等に対して直接に損害賠償の支払いを請求すること（直接請求）ができる（油賠15条1項）。

　また、タンカー油濁損害の被害者は、1992年の改正議定書により改正された1971年の国際基金条約（Fund 1992）の定めるところにより、国際基金に対して、賠償を受けることができなかったタンカー油濁損害の金額について、補償を求めることができる（油賠22条）。なお、2003年追加基金議定書（2005年発効）の批准により、船舶油濁等損害賠償保障法に追加基金への請求に関する規定が設けられている（油賠30条の2、30条の3）。これにより、補償制度は、船舶所有者による賠償、1992年基金による補償および2003年追加基金による補償の三層構造となり、追加基金を含めた補償限度額は7億5000万SDR（1SDR＝195円として、約1463億円）となった。

(3)　一般船舶等油濁損害に関する責任

　油濁損害は、船舶の燃料油（バンカー・オイル）によっても生じることがある。この燃料油による汚染損害に関しては、2001年のバンカー条約（2008年発効）がある。前述したように、わが国は2004年〔平16〕に油濁損害賠償保障法を改正（船舶油濁損害賠償保障法へ題名変更）して、同条約と類似した内容で一般船舶油濁損害賠償に関する規定を新設していたが、バンカー条約およびナイロビ条約の批准に向けて2019年に同法が再度改正されている（船舶油濁損害等賠償保障法に題名変更）。

　一般船舶とは、タンカー以外の船舶（旅客またはばら積みの原油以外の貨物その他の物品の海上輸送のための船舟類）である（油賠2条10号）。ここで問題となる「一般船舶等油濁損害」は、前述のように一般船舶のみならずタンカーを含めて、これらから流出された船舶の（積荷ではなく）燃料油等による汚染によって生じる損害および費用である。タンカーから流出した積荷の原油等がある場合は、これはタンカー油濁損害の問題であるから、一般船舶等油濁損害からは除外される（油賠2条16号）。

　一般船舶等油濁損害が生じたときは、その燃料油等（油賠2条7号を参照）が積載されていた一般船舶またはタンカーの船舶所有者等（バンカー条約所定の船舶の管理人および運航者を含む点でタンカー油濁の場合とは責任主体が異なる）は、連帯してその損害を賠償する責任（厳格責任）を負う（油賠39条1項）。ただし、

この責任については、タンカー所有者の責任と同じ法定の免責が定められている（油賠39条 1 項ただし書き）。なお、ここにいう船舶所有者等には、船舶賃借人も含まれる（油賠 2 条12号）

　一般船舶等油濁損害についても船舶所有者等の責任の制限が認められているが、これは船舶油濁等損害賠償保障法が定める特別の責任制限制度ではなく、船主責任制限法に従って制限される（油賠40条）。

　また、一定の船舶には、タンカー油濁損害の場合に準じた一般船舶等油濁損害賠償保障契約の締結が強制されており、これが締結されていなければ所定の航海に従事することができず、またはわが国の港への出入港やわが国での係留施設を使用することができない（油賠41条 1 項・ 2 項）。さらに、この場合にも、被害者が保険者等に対して損害賠償額の支払いを請求（直接請求）することが認められている（油賠43条 1 項）

◆難破物除去損害賠償責任

　2019年改正の船舶油濁等損害賠償保障法は、ナイロビ条約（2007年）の批准を視野に入れて、難破物除去損害賠償責任に関する規定を新設した（第 8 章）。これは、海難によって沈没し、または座礁した船舶などの難破物（油賠 2 条 8 号を参照）の除去などによる費用負担によって生じた損害（難破物除去損害）について、一般船舶等油濁損害の場合に準じて、当該船舶の船舶所有者の厳格責任、難破物除去損害賠償保障契約などを定めている。

　なお、船主責任制限法は、難破物除去費用に基づく債権を制限債権としていない（船主責任制限 3 条 1 項参照）ので、船舶所有者等はその責任を制限することができない。

第5章
海上物品運送契約の意義と種類

I 海上物品運送契約の意義と法規整

1．海上物品運送契約の意義と性質

　2018年〔平30〕改正商法は、陸上運送、海上運送および航空運送の用語の意義を明らかにしており、これによれば「海上運送」とは、商法684条に規定する船舶（商747条に規定する非航海船を含む）による物品または旅客の運送を

5-1　運送の種類と主として適用される法規

		国内運送	国際運送
陸上運送・海上運送・航空運送に共通する規定	物品	商法第2編第8章第2節 ※1 （商570条～588条）	
	旅客	商法第2編第8章第3節 （商589条～594条）	
海上運送（商569条3号）に特有の規定	物品	商法第3編第3章 （商737条～770条）	国際海上物品運送法 ※2
	旅客	なし	なし
航空運送（商569条4号）に特有の規定	物品	なし	1929年 ワルソー条約 1999年 モントリオール条約
	旅客	なし	

※1　国際海上物品運送には、商法575条、576条、584条、587条、588条の規定は適用されない（国際海運15条）。

※2　国際海上物品運送にも、わずかな例外を除いて商法第3編第3章の規定が適用される（国際海運15条）

いう（商569条3号）。このうち、物品を運送するのが海上物品運送である。一般に、「海上物品運送契約」とは、海上運送人が、船舶による海上での物品の運送を引き受け、これに対して荷送人または傭船者が運送賃（傭船契約では傭船料という）を支払うことを約する契約である（商570条参照）。

　改正前の商法569条は、陸上運送人の意義を定めながら、湖川・港湾（その限界は平水区域の規定による）における物品または旅客の運送を陸上運送に含めていた。改正後の商法は、この陸上運送と海上運送の区分を上述のように大きく変更し（商569条3号）、非航海船を含めた船舶による物品運送について物品運送に関する総則的規定を適用している（商569条1号、570条）。また、海商編に定める個品運送および航海傭船に関する規定を、非航海船による物品運送に準用している（商747条、756条1項）。これにより、湖川・港湾での船舶による物品運送も、商法上は海上物品運送として扱われることになった。

　海上物品運送契約の目的となる「物品」（運送品）とは、運送することのできるすべての有体動産をいい、それが取引の目的となりうるものであるか、爆発性のある危険物であるかなどを問わない。しかし、法令によりその運送が禁止された禁制品は運送契約の目的とすることができないので、禁制品について海上物品運送契約は成立しない（民90条）。

　海上物品運送契約は、商法上の典型契約である物品運送契約の一種として、物品運送契約に共通の性質を有している。すなわち、A地点からB地点までの物の場所的移転という仕事の完成を目的としているから、この側面からみた契約の類型としては、民法が典型契約として定める請負契約（民632条）に属するものといえる。しかし、運送人の主要な義務には、物品の場所的移動だけでなく、他人の物品の保管（寄託）の要素も含まれており、運送人の運送品に関する責任については、むしろこちらの義務違反が問題となることが多い。また、諾成・不要式の契約であり、要物契約ではないから、運送人による運送品の受取りは契約の成立要件ではない。

2. 海上物品運送契約の当事者

　海上物品運送契約の当事者は、海上物品運送を引き受ける運送人と、この運送人に対して運送を委託する者である。

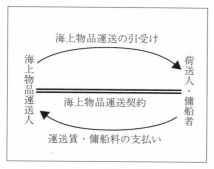

5-2　海上物品運送契約

2018年改正商法は、まず「運送人」の用語について、陸上運送、海上運送または航空運送の引受けをすることを業とする者と定義している（商569条1号）。したがって、「海上物品運送人」とは、上述した海上物品運送の引受けをすることを業とする者である。特別法である国際海上物品運送法は、国際運送（国際海上物品運送法1条の運送）を引き受ける者を運送人として定義している（国際海運2条2項）。

　海上物品運送契約において、運送人に対して運送を委託する一方の当事者は、荷送人（個品運送契約の場合）または傭船者（傭船契約の場合）とよばれる。商法は、海上物品運送を個品運送と航海傭船（貸切運送）に区別して規定しており、個品運送の場合の運送委託者を「荷送人」（商737条1項参照）、航海傭船の場合の運送委託者を「傭船者」（商748条1項参照）と用語を使いわけている。国際海上物品運送法は、国際運送を委託する者を「荷送人」と定義しており（国際海運2条3項）、これには国際運送である航海傭船における傭船者も含まれる。

3．海上物品運送契約に関する法規

(1)　商法典

　2018年改正前は、商法第2編「商行為」には陸上運送に関する諸規定が設けられおり、商法上の海上運送については、もっぱら商法第3編「海商」の運送規定がこれを規整対象としていた。改正商法は、これを改め、まず商法第2編第8章「運送営業」に、陸上運送、海上運送および航空運送に共通する総則的規定を設けている（商569条参照）。そして、海上物品運送についても、この商法第2編第8章の物品運送に関する規定（第2節：570条〜588条）が適用される（商569条1号・3号、570条）。これを前提に、海上物品運送に特有の規定が特則として商法第3編「海商」に定められている。なお、改正によ

り、海上旅客運送に関する特則としての海商編の規定はすべて削除された。

　商法第3編「海商」は、その第3章を「海上物品運送に関する特則」と題して、個品運送（第1節：商737条〜747条）、航海傭船（第2節：商748条〜756条）、船荷証券等（第3節：商757条〜769条）および海上運送状（第4節：商770条）に関する規定を設けている（この特則の準用につき、商747条、756条1項を参照）。

　海上物品運送契約については次に述べる国際海上物品運送法が制定されており、国際運送には同法が適用されるため、商法の海上物品運送契約に関する規定の適用対象は形式的には内航船による運送にかぎられている。もっとも、2018年の商法改正により、海上物品運送に関する商法の規定は、従前の国際海上物品運送法の定めていた船荷証券規定をすべて取り込むなど（これにより国際海上物品運送法の船荷証券規定は削除された）、国内海上物品運送と国際海上物品運送の規整内容をかなりの程度まで接近させている。そのため、国際海上物品運送については、これまで以上に商法規定の適用局面が拡大した結果（国際海運15条参照）、国際海上物品運送法は条文数の減少とあいまって特則としての意味合いをいっそう強めている。

(2)　国際海上物品運送法

　①船荷証券統一条約　　国際海上物品運送法は、1924年のいわゆる船荷証券統一条約にもとづいて制定された国内法である。海上物品運送に関する国際的統一の動きは、すでに19世紀の後半に国際法協会（International Law Association）の活動として始められている。当時、おおいに問題となっていたのは、海運界において利用されていた船荷証券中の免責約款の急増であった。契約自由の名のもとに、ほんらいは海上運送人が負担すべき責任を、安い運送賃と引き換えに、その相手方（荷送人または船荷証券所持人）に転嫁することが行われ、免責約款の増加は1880年頃に頂点に達したといわれている。

　こうした状況において、このような免責約款の濫用を制限しようとする運動が展開され、海上運送契約法の統一に向けた各種の国際会議に大きな影響をおよぼすことになった。その後の展開に決定的な影響を与えることになったのは、1893年にアメリカで制定されたハーター法（Harter Act）である。荷主国であるアメリカは、免責約款から自国民を保護するなどの目的から、免責約款を強行法的に厳しく制限する規定を設け、一方で航海上の過失による

運送品の損害については、運送人の免責を認めることにした。このハーター法は、同じく荷主国であるオーストラリア、ニュージーランド、カナダなどの立法にとりいれられ、海上運送契約に関する条約の制定に影響をもたらした。

　具体的な成果としては、まず国際法協会による1921年のハーグ規則（Hague Rules）がある。しかし、これは条約ではなく当事者の任意の採用を前提とするものであり、その条約化が望まれた。そこで、万国海法会（CMI）がハーグ規則をもとに作成した条約草案にもとづいて条約案が作成され、ブリュッセルにおける外交会議に提出された。これは外交会議により設けられた委員会による検討・修正などを経て、1923年に最終的な条約案となった。この条約案は、1924年8月25日にブリュッセルにおいて署名され、ブリュッセル条約としての「船荷証券に関するある規則の統一のための国際条約（船荷証券統一条約＝ハーグ・ルール）」が成立した。

　この1924年の船荷証券統一条約は、1968年の改正議定書（ヴィスビー・ルール）および1979年の改正議定書（SDR議定書）により改正されているが、前者が実質的な改正であるのに対して、後者は計算単位としてSDRを採用するための形式的な改正であった（1968年改正後のハーグ・ルールをハーグ・ヴィスビー・ルールといって区別することがある）。

　なお、国際海上物品運送の分野では、1978年の国際連合海上物品運送条約（ハンブルク・ルール）があり、この条約は1992年に発効しているが主要海運国は参加しておらず、船荷証券統一条約（ハーグ・ルールおよびハーグ・ヴィスビー・ルール）がいまなお実質的な世界的統一ルールといえる。さらに、このような不統一状態を是正する目的から、新しい条約制定の準備が続けられ、2008年に同じく国連を舞台にして、「その全部または一部が海上運送である国際物品運送契約に関する国際連合条約」（ロッテルダム・ルール）が成立している（未発効）。この条約は、ハーグ・ヴィスビー・ルールおよびハンブルク・ルールのいずれの成果をも評価することを出発点としているが、96か条を有する長大な条約となった。内容においても、現在の世界標準といえるハーグ・ヴィスビー・ルールの運送人責任体制を相当程度まで変更するものとなっている。したがって、今後の行方はなお不透明であるが、その展開次第では、この分野の国際的統一ルールが将来において大きく変わることも予想さ

れる。

● 国際連合海上物品運送条約（ハンブルク・ルール）●

　1924年の船荷証券統一条約の採用する運送人の責任体制に対しては、先進海運国に有利なものとして、とりわけ発展途上国からの批判があった。こうした批判は、1960年代から国連貿易開発会議（UNCTAD）においても展開され、同会議が主導するかたちで新しい条約の制定が提唱され、国連商取引法委員会（UNCITRAL）の作業を経て、1978年にこの国際連合海上物品運送条約が制定された。このような経緯から、条約の内容としては運送人の責任強化が最大の特色となっている。この条約は、1992年に発効したが、主要な先進海運国は参加しておらず、成功したものとはなっていない。

　②国際海上物品運送法の制定および改正　　わが国は第2次世界大戦後に船荷証券統一条約を批准して、1957年〔昭32〕に「国際海上物品運送法」（法172号）を制定した。また、1992年〔平4〕には、1968年の改正議定書および1979年の改正議定書を摂取（1979年改正議定書の批准により1968年改正議定書も実質的に批准）して国際海上物品運送法を改正しており、改正後の船荷証券統一条約（ハーグ・ヴィスビー・ルール）と同一の内容になっている。

　国際海上物品運送法は、船荷証券統一条約の精神をとりいれ、運送人の義務と責任の最小限度と権利および免責の最大限度を定め、法定の事項に反する特約で、荷送人、荷受人または船荷証券所持人という相手方（荷主）に不利益なものをすべて無効とする（国際海運11条）、強行法としての性質を有している。2018年の商法改正により、上述のように、国内海上物品運送と国際海上物品運送では、適用される法規の共通化がかなりの程度まで進行した。しかし、国際海上物品運送法に残された諸規定には、ここにみた特約禁止規定のほかにも、運送人の航海過失免責、運送人の責任制限など、国際海上物品運送の特殊的な法規整を特徴づける重要な規定がある。

　その内容については次章以下で詳しく述べるが、ここでは国際海上物品運送法の適用範囲を示しておこう。

　③適用範囲　　国際海上物品運送法は、船舶による物品運送で、船積港ま

たは陸揚港が日本国外にあるものに適用される（国際海運1条）。すなわち、
(ⅰ)船積港が日本国外にあり、陸揚港が日本国内にある物品運送（輸入船による
運送）、および(ⅱ)船積港が日本国内にあり、陸揚港が日本国外にある物品運
送（輸出船による運送）がおもな対象となる。このほか、当事者の合意などに
より、船積港および陸揚港がともに日本国外にある物品運送（第三国間運送）
に適用される場合も考えられる。したがって、前述のように、商法の規定だ
けが適用されるのは、船積港および陸揚港がともに日本国内にある物品運
送、つまり内航船による国内港間の運送ということになる。

Ⅱ　海上物品運送契約の種類

1．個品運送契約

　海上物品運送契約としての個品運送契約とは、海上運送人が個々の運送品
の運送を引き受け、その相手方である荷送人がこれに対して報酬（運送賃）
を支払うことを約する契約である（商737条1項カッコ書き参照）。
　航海傭船契約では、船主と傭船者が個別的な運送契約を締結するが、個品
運送契約の場合は、多数の荷送人との間で大量の運送契約を締結するため、
これを定型化する必要がある。そこで、あらかじめ作成された普通取引約款
である運送約款の記載された船荷証
券などを利用して、契約は画一的に
締結される（付合契約）。また、航海
傭船契約が不定期船による不特定の
航路における運送について行われる
のに対して、個品運送契約は定期船
（多くはコンテナ船）による一定の航
路における運送について行われる点
においても特徴がみとめられる。
　商法は、個品運送契約に関する特

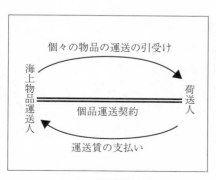

5-3　個品運送契約

則として、第3編第3章第1節に一連の規定（商737条〜747条）を定めている。

2. 航海傭船契約

　商法は、貸切形態の運送である航海傭船契約を、「船舶の全部又は一部を目的とする運送契約をいう」と定義している（商748条1項カッコ書き参照）。

　すなわち、ここでの航海傭船契約とは、海上運送人が、船舶（船腹）の全部または一部を提供して、これに船積みされた物品を運送すること（貸切運送）を約し、その相手方である傭船者がこれに対して運送賃（傭船料）を支払うことを約する契約である。このような航海傭船契約は、個品運送契約とともに典型的な海上物品運送契約の類型であるが、個品運送契約においては個々の運送品そのものが運送契約の目的とされるのに対して、航海傭船契約においては、船腹すなわち船内のスペース（の利用）が運送契約の目的とされ、したがって契約においては船舶の個性が重視されている。航海傭船契約において、船舶の全部を運送の目的とする場合を「全部航海傭船契約」（商753条1項カッコ書き参照）といい、船舶の一部を運送の目的とする場合を「一部航海傭船契約」（商755条参照）という。

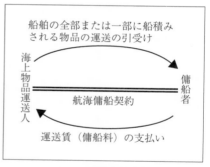

5-4　航海傭船契約

　なお、2018年改正商法が定期傭船に関する規定をはじめて商法にとりいれた結果、それまで商法上でたんに「傭船」といわれていた運送契約類型は「航海傭船」となり、あらたな「定期傭船」と商法に併存することになった。商法では、定期傭船は運送契約の一形態ではなく、船舶賃貸借とともに船舶の利用に関する契約として位置づけられているので、両者における「傭船」の性質が異なることに注意しなければならない（定期傭船契約は運送契約とは異なる典型契約である）。

● 海運実務における傭船契約 ●

海運実務界では、特定の船舶の広い意味での利用を目的とする船主と傭船者との間の契約という観点から傭船契約（charter party）をとらえている。その契約の内容は自由に約定されているが、典型的ないくつかの類型が知られており、それらは標準契約書式の利用などによって、契約内容もある程度まで画一化されている。傭船契約の典型的な類型として、「裸傭船契約」、「航海傭船契約」および「定期傭船契約」が知られている。

①裸傭船（bare boat charter）　裸傭船契約は、船主から提供された船舶を裸

---

① 裸傭船契約 → 商法上の船舶賃貸借（商701条以下）に相当

船主　━━━━━━━━━━　裸傭船者
（船舶賃貸人）　　　　　　　　（船舶賃借人）

② 航海傭船契約 → 商法上の航海傭船契約（運送契約）（商748条以下）に相当

船主　━━━━━━━━━━　航海傭船者
（運送人）　　　　　　　　　　（荷送人）

③ 定期傭船契約 → 商法上の定期傭船契約（商704条以下）に相当

船主　━━━━━━━━━━　定期傭船者

（船員つきの船舶を一定期間傭船者による利用のために提供）

	船舶の所有※1	船員の雇用	傭船者が第三者と締結できる 傭船契約または運送契約
① 裸傭船契約	船主	傭船者	裸傭船契約※2 定期傭船契約・運送契約※3
② 航海傭船契約	船主	船主	運送契約※3
③ 定期傭船契約	船主	船主	定期傭船契約・運送契約※3

※1　船主が契約当事者となる場合（再傭船契約の場合を含まない）

※2　実際は、契約により禁じられることが多い

※3　運送契約には航海傭船契約、個品運送契約のいずれをも含む

5-5　**海運実務における傭船契約**（標準的各契約書式の場合）

備船者が使用することを目的とした契約である。ここでは船舶の占有が船主から備船者に移され、かつ、船長その他の船員は備船者の被用者である点に特徴があり、これは商法上の船舶賃貸借契約（商701条以下）にあたるものといえる。この場合、船主は船舶賃貸人、裸備船者は船舶賃借人ということになる。

②航海備船（voyage charter）　航海備船契約は、船舶の利用期間を航海を標準として定めるものであり、「船舶の全部または一部を目的とする運送契約」に相当するものであって、これを運送契約とみることができる。すなわち、この航海備船契約は、商法上の航海備船契約（商748条以下）にあたるものといえる。この場合、船主は運送人である。航海備船者は、運送の委託者（一般的にいえば荷送人）であって、商法にいう備船者である。

③定期備船（time charter）　定期備船契約は、船舶の利用期間を一定の期間を標準として定めるものであり、定期備船者は船主から提供された船員つきの船舶を契約の範囲内で自由に利用することができる。商法上は、定期備船契約は船舶賃貸借契約とならぶ船舶の利用に関する契約と位置づけられ、船舶賃貸借とも純粋な運送契約とも異なるあらたな典型契約である（商704条以下）。

このように、海運実務界における備船契約は、その類型によって商法の規定の適用関係が区別されるが、詳細な備船契約書が作成されるのが通常であるから、備船契約当事者間において商法の任意規定が補充的に適用される場面はほとんどないといえる。また、実務にいう各種備船契約の法的性質は、具体的な契約内容によって判断しなければならず、契約書に使用されている名称は決定的な意味をもたない。ここに述べた商法との関係も、一般に知られる標準書式が用いられた場合に、そのようにいえるにすぎない。

3．通し運送契約

現代のように商取引の行われる地域的な範囲が拡大すると、1人の運送人が単独で運送品の発送地から到着地までの全区間の運送を実施することは困難となり、他の運送人の協力が必要となる。そこで、1つの運送に数人の運送人が関与する通し運送契約とよばれる形態の運送が行われている。これにより、荷送人は1人の運送人を相手に1回だけ契約を締結すればたり、中継地（積換地）において後続の運送を担当する運送人と別個に契約を締結する煩雑な手続きと費用を省くことができる。

(1)　通し運送契約の形態

　通し運送の形態は多様であるが、大きく次の３つの類型にわけることができる。

　①下請運送　　これは、数人の運送人（たとえば、甲と乙）のうち１人の運送人が全区間の運送を荷送人から引き受け、その全部または一部の区間の運送を他の運送人に委託する（下請けさせる）ものである（甲がＡ地からＣ地までの全区間の運送を引き受け、その全部または途中のＢ地からＣ地までの運送を乙に委託する場合など）。この場合、荷送人と契約を締結した運送人（元請運送人・契約運送人という）だけが全区間の運送について契約当事者としての責任を負う。実際に運送を担当した他の運送人は下請運送人（実際運送人）としての地位にあるが、この者は荷送人との運送契約の当事者ではなく、その間にはなんらの法律関係も生じない。

　②同一運送（共同運送）　　これは、数人の運送人（たとえば、甲と乙）が共同して全区間（たとえば、Ａ地からＣ地まで）の運送を荷送人から引き受けるものである。各運送人の分担区間は、運送人間で内部的に定められる（運送人甲がＡ地から途中のＢ地まで、運送人乙がＢ地からＣ地までの運送を行うなど）。この同一運送には、商行為による債務の連帯を定めた商法511条１項が適用され、各運送人は連帯して債務を負担することになる。

　③連帯運送（相次運送）　　これは、運送人（甲）が全区間（たとえば、Ａ地からＣ地まで）の運送を荷送人から引き受け、他の運送人（乙）が荷送人のためにする意思をもって当該運送を引き継ぎ、相次いで運送（たとえば、途中のＢ地からＣ地まで）を引き受けるものである。運送人乙が運送人甲のためにする意思をもって運送すれば①の下請運送となるが、ここでは運送人乙が荷送人のためにする意思をもって相次いで運送を行う場合をいう（大判明治45・2・8民録18輯93頁）。商法579条３項は、陸上運送について、相次運送の意義がこの趣旨であることを明確な文言で示している（海上運送・航空運送について準用されている（商579条４項））。

　商法は、相次運送の場合、「後の運送人は、前の運送人に代わってその権利を行使する義務を負う」こと（商579条１項）、またこの場合に「後の運送人が前の運送人に弁済をしたときは、後の運送人は、前の運送人の権利を取得

する」こと（商579条2項）を定めている。前の運送人の権利には留置権など
があり、後の運送人はこれを行使する義務を負う。前の運送人への弁済によ
る後の運送人の権利取得については、民法上の代位権（民499条以下）による
ことなく、当然にこの権利を取得することを定めたものである（国際運送への
適用につき、国際海運15条）。商法は、さらに相次運送について、滅失・損傷な
ど運送品に生じた損害に関する各運送人の連帯債務をみとめている（商579条
3項、国際海運15条）。

(2) 運送手段の異なる相次運送

　陸上運送または航空運送と海上運送とが引き続いて行われるような、運送
手段の異なる相次運送にいかなる法規が適用されるかが問題となる。2018年
の商法改正前は、陸上運送に関する商法579条（現579条3項）が相次運送にお
ける運送人の連帯債務を定めており、これが海上物品運送人に準用されてい
たため（改正前商766条）、海陸通し運送についてこの規定の適用の有無が問題
となった。判例は、海陸相次運送への同条の適用を否定しているが（大判明
治44・9・28民録17輯535頁は、同条の海上運送への準用につき、各運送人の運送はいずれ
も海上運送であることを要するとした）、学説では、運送契約の統一性を強調して
改正前商法579条または同766条（準用規定）を類推適用し、陸上運送人と海
上運送人とが荷受人または船荷証券所持人に対して連帯して責任を負うと解
する立場が有力であった。この点、2018年改正商法も、相次運送の場合の各
運送人は同一種類の運送手段（陸上運送・海上運送・航空運送）による運送人で
あることを前提としているから（商579条3項・4項）、問題状況は変わってい
ない。この場合に商法579条3項または4項の類推適用を説く学説の趣旨は
もっともであるが、各種運送人の責任制度は、責任の免除・制限などを中心
としてなお重要な相違があり、運送手段の異なる相次運送人に連帯責任をみ
とめることは、実際上はきわめて困難である。

4. 複合運送

(1) 複合運送の意義

　複合運送（combined transport; multimodal transport）とは、1人の運送人が異
なる運送手段（トラック・船舶・航空機・鉄道など）を組み合わせて、発送地か

ら引渡地までの全区間を１つの運送契約において引き受ける運送をいう（実際の運送を１人の運送人がすべて行うのは難しく、多くの場合は下請運送を用いている）。たとえば、日本国内の工場から港までの道路運送（トレーラー）、日本の港からアメリカの港までの海上運送、アメリカ国内の工場までの鉄道運送（スタック・トレイン）と道路運送などが連続して、１つの運送契約で行われている。

　商法は、2018年の改正により複合運送人の責任規定を新設し、そこでは複合運送を、「陸上運送、海上運送又は航空運送のうち二以上の運送を一の契約で引き受けた場合」としている（商578条１項）。

(2)　複合運送における運送人の責任

　①責任制度の考え方　　複合運送契約において問題となるのは、運送を引き受ける者（複合運送人）の責任の内容をいかに定めるかということである。陸上運送、海上運送、航空運送では運送人の責任について適用される法令が異なっており、責任制度の内容にも大きな相違があるが（いわゆる縦割りの法規制）、複合運送では運送手段が複数組み合わされているため、運送品が滅

5-6　複合運送

左上：①コンテナ船による海上運送、右上：②スタック・トレインによる鉄道運送、左下：③トレーラーによる道路運送へ

失・損傷した場合、いかなる法令によって運送人の責任を決めるのかが問題となる。この点について、基本的には、ネットワーク・システム（Network liability system）とユニフォーム・システム（Uniform liability system）とよばれる２つの方法が考えられている。ネットワーク・システムは、運送品の損害が発生した当該区間に適用のある法令の定める責任制度を複合運送人について適用するものであり（したがって、損害発生区間が不明の場合や、これが複数区間におよぶ場合については別に定めておく必要がある）、これに対してユニフォーム・システムは、損害発生区間のいかんを問わず、あらかじめ一定の責任制度を定めておくものである。いずれも純粋なかたちで徹底することは現実的ではないとされ、それぞれ修正が加えられることによって両者の相違は相対化してくることになる。

　②商法の規定　　商法は、運送品の滅失、損傷または延着による損害に関する複合運送人の責任について、１つの契約で引き受けた２つ以上の運送のそれぞれにおいて、その運送品の滅失等の原因が生じた場合に当該運送ごとに適用されることになるわが国の法令またはわが国が締結した条約の規定に従うとしている（商578条１項）。

　つまり、運送契約は１つであるが、区間ごとに異なる運送契約を引き受けていた場合を仮定して、その場合であれば適用される法令または条約を適用することになる。これは、基本的にはネットワーク・システムの考え方を採用するものといえる。また、損害原因が生じた区間が明らかでない場合について、直接の規定は設けていないが、陸上運送、海上運送および航空運送に共通する物品運送人の責任の一般規定（商法第２編８章２節）が適用されるものと解され、ネットワーク・システムに修正が加えられている。

　また、全部が陸上運送であっても、自動車運送や鉄道運送などを併用すれば適用される法令が異なりうるので、この場合には複合運送人の責任規定を準用している（商578条２項）。

　これらの商法の規定は、日本法が適用される運送であるかぎり国際運送にも適用される。また、これらは任意規定であり、当事者間に特約があればそれに従う。

　③複合運送証券　　商法は、あわせて複合運送証券に関する規定も新設し

ている。これは、陸上運送および海上運送を1つの契約で引き受けた場合に発行される、船荷証券に類似した運送証券であり（商769条1項）、船荷証券に関する規定の多くがこれに準用されている（商769条2項）。ところで、国際海上物品運送法はこの規定を適用除外としているが（国際海運15条参照）、複合運送証券が発行された国際複合運送に国際海上物品運送法が適用されないわけではなく、商法578条1項の適用または当事者間の特約により国際海上物品運送法の規定に従うことになれば、同法が適用される。

◉ 複合運送に関する国際規則と標準約款 ◉

　複合運送契約については法の空白が問題となり、国際的にも法の統一に向けた努力がなされてきた。1973年には国際商業会議所（ICC）が複合運送証券統一規則を制定しており（1975年修正）、この規則は広く受け入れられた。また、国連においても、国連貿易開発会議（UNCTAD）の主導による1980年の国際連合複合物品運送条約が成立している。この条約は、海上物品運送に関する国連条約である1978年のハンブルク・ルールを基礎とするものであり、複合運送人の責任の内容は物品の損害が発生した運送区間のいかんを問わないユニフォーム・システムを採用したが、未発効であり、発効する見込みもない。その後、方針を変えた国連貿易開発会議は、国際商業会議所と共同して、複合運送書類に関する規則を制定し、これは1992年に発効している。この規則には条約としての効力が認められないため、契約当事者が自主的に採用しなければ拘束力をもたないが、国際的に広く利用される複合運送証券に採用されるなど、実質的な重要性を有している。

　標準約款としては、1986年に日本海運集会所（JSE）および国際フレイトフォワーダーズ協会（JIFFA）が国際商業会議所規則に準拠した複合運送証券書式を作成している。いずれもネットワーク・システムを採用し、損害が海上または内水で発生した場合には国際海上物品運送法を適用するものとしている。また、国際的なものとしては、国際フレイト・フォワーダー協会（FIATA）、ボルチック国際海運協議会（BIMCO）などが作成した複合運送証券書式がある。

◉ NVOCC（非船舶運航業者）◉

　複合運送の発展とともに、みずからは運送手段をもたずに、運送手段を保有する運送人（実際運送人）を下請けとして利用して国際複合運送サーヴィスを提供する貨物利用運送業がひろがった。こうした利用運送事業者を NVOCC(Non Vessel

Operating Common Carrier) とよんでいる。NVOCC は、コンテナ単位に満た
ない LCL 貨物を扱うことが多く、荷主から受け取った運送品をコンテナに積み込ん
だうえで（ヴァンニング）、実際運送人である船会社に運送を委託する。ここでは
NVOCC を荷送人とする船荷証券（マスター B/L: Master bill of lading）が発行
され、NVOCC は、依頼主である各荷主に対してハウス B/L（House bill of lad-
ing）を発行する。この場合、実際の荷主との関係では、NVOCC だけが運送契約上
の運送人（契約運送人）としての地位にたつ。

5-7　ヴァンニング

左：フォークリフトによるパレット貨物の搬入、右：コンテナ内に積み付けられた貨物と荷崩れ防止の詰め物
（貨物上段中央）

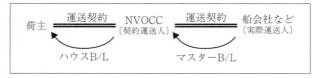

5-8　NVOCC によるハウス B/L の発行

第6章
船荷証券の意義と発行

I 船荷証券の意義

　船荷証券は、長い間、貿易取引の実務において重要な役割を担ってきている。現在では、とりわけ先進国との取引では船荷証券の利用が著しく減少しているが、なおもその重要性は否定できない。海上物品運送契約を理解するためには、船荷証券の意義や機能とともに、これが利用される背景（海上売買など）についても基本的な点を理解しておくことが有益である。船荷証券については、本章と次章で扱うが、まずはその意義を船荷証券の機能と性質を考察しながら述べることにする。

1．船荷証券の機能

　船荷証券（Bill of Lading: B/L）とは、(i)海上物品運送契約にもとづいて運送人が荷送人（または傭船者）に発行する有価証券である。船荷証券に表章されている権利は、目的港（荷揚港）で運送人から一定の運送品の引渡しを受ける権利であり、すなわち運送品引渡請求権（債権）である。船荷証券は、運送品の所有権（物権）そのものを表章するものではない。

　また、船荷証券は、(ii)運送人が荷送人（または傭船者）から一定の運送品を受け取り、または、それを特定の船舶に船積みしたことにより発行されるから、その受取りまたは船積みの事実を証明する証書でもある（受取船荷証券・船積船荷証券）。

　さらに、(iii)船荷証券の表面および裏面には、通常は運送約款が印刷されて

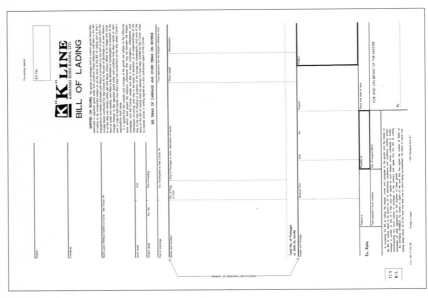

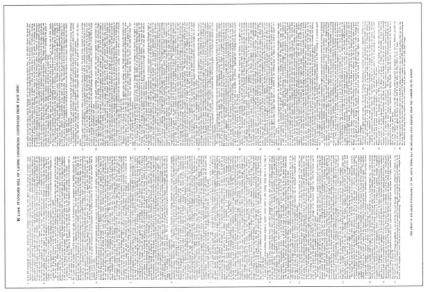

6-1　船荷証券（表面・裏面）

おり（船荷証券約款）、運送人と荷送人（または傭船者）との間で締結された運送契約を証する証書でもある。とりわけ個品運送では、大量の運送契約を定型的に締結する必要があるため、個別的な運送契約書は作成されずに普通取引約款（定型約款）としての船荷証券約款が利用されており、個品運送契約は付合契約の性質をもっている。船荷証券に記載された契約条項は、原則として、証券の譲受人（第三取得者）をも拘束する。

　船荷証券には、このように有価証券としての機能、運送品の受取りまたは船積みを証明する機能、運送契約を証明する機能という3つの主要な機能がみとめられる。

2．運送書類としての船荷証券

　海上物品運送を前提とした売買契約を海上売買という。売買契約の内容となる売買条件については、国際的な理解の統一が望ましく、古くから統一のための努力が行われてきた。現在では、国際商業会議所（ICC）が定める通称インコタームズとよばれる売買条件が広く知られている。ここには、典型的な類型といえる CIF および FOB をはじめとする各種の取引類型の定義が定められている。

　船荷証券は、代表的な運送書類として、現代の貿易取引（海上売買）における船積書類の中心的な書類として利用されている。今日の海運では、有価証券性のみとめられない海上運送状の利用も増えてきているが、なお船荷証券が実務においても重要な証券であることはいうまでもない。そこで、船荷証券に関する法律関係の理解のために、最低限として、典型的な貿易取引の形態である CIF 契約と FOB 契約の概略の理解が必要である。

● 海上運送状 ●

　海上運送状（Sea Waybill）とは、運送人が、運送品の受取りを証明し、かつ、運送条件を知らせるために、荷送人（または傭船者）に対して発行する運送書類であり、船荷証券に代えて利用される。有価証券性がみとめられない点で船荷証券とは異なるが、有価証券としての船荷証券を必要としない運送（たとえば多国籍企業の

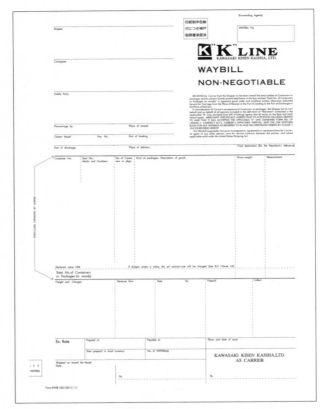

6-2　海上運送状（シー・ウェイビル）（表面）

　内部での運送など）において近時その利用が広まっている。また、受戻証券でない
ため、運送品の引渡しに際して、海上運送状を回収する必要はない。とくに、船舶
の高速化により運送品の到着が早くなり、船荷証券の到着が遅れた場合に行われる
保証渡しの慣行を回避するための手段としても注目されている。しかし、有価証券
性がみとめられないことから、その利用にはおのずから限界がある。海上運送状に
ついては、1990年に万国海法会（CMI）による「海上運送状に関するCMI統一規則」
が採択されている。
　2018年〔平30〕改正商法は、あらたに海上運送状に関する規定を設けている。荷

送人または傭船者から海上運送状発行の請求があったときは、運送人または船長は、海上運送状を交付しなければならない（商770条1項）。この海上運送状の記載事項としては、船荷証券とほぼ同様の記載事項（商770条2項）が定められている。さらに、海上運送状の交付に代えて、これに記載すべき事項を電磁的方法により提供できるものとして（商770条3項）、電子式の海上運送状に対応している。これらの海上運送状に関する規定は、運送品について現実に船荷証券が交付されているときには適用がない（商770条4項）。

● CIF 契約 ●

この売買類型では、売主（輸出者）が約定の仕向地に向けた運送を手配し、運送契約における荷送人（または傭船者）となって運送書類（たとえば船荷証券）を入手する。また、売主は、保険者と貨物海上保険契約を締結して保険証券を入手する。売主は、これらの運送書類や保険証券のほか、商業送り状（commercial invoice）など売買契約で要求された書類を船積書類として揃えて買主（輸入者）に提供する義務を負う。すなわち、ここでは売主が商品の原価（cost）に加えて、運送賃（freight）と保険料（insurance premium）を負担することになり、これを前提として売買代金が約定される（CIF とは、cost, insurance, freight の頭文字をとった名称である）。これに対して、買主は、船積書類と引き換えに売買代金を支払う義務を負う。買主は、船積書類の譲渡により運送中の運送品を転売することもできるから、CIF 契約は、あたかも書類の売買のようなかたちになっている。

● FOB 契約 ●

この売買類型では、売主（輸出者）は、商品を指定された船積港で、買主（輸入者）が手配した船舶（本船）に引き渡す義務を負担する（Free on Board: 本船渡し）。ここで運送契約は、買主が荷送人（または傭船者）となって締結されるのが原則である。すなわち、売主が負担するのは船積みまでの費用にかぎられ、運送賃、保険料など輸出に関する費用は買主が負担することになり、これを前提として売買代金が約定される。原則的な FOB 契約は、実務ではさまざまな特約により修正されることがあり、たとえば輸出 FOB 契約では運送書類による代金決済が約定されることが多く、売主が船荷証券の交付をうけて、これにより荷為替の取組みをする。

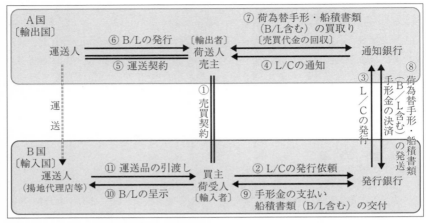

6-3 荷為替信用状取引 信用状（L/C）と船荷証券（B/L）の流れ

● 荷為替信用状 ●

　売買契約において売主の最大の関心は、売買代金を確実に回収することにある。貿易取引における代金決済を確実に行うために信用状（Letter of Credit: L/C）が利用されることがある。信用状と荷為替手形を組み合わせたものが荷為替信用状である。売買契約によりこの支払方法が定められた場合、買主はあらかじめ売買契約の条件に合致した信用状の発行（開設）をその取引銀行（発行銀行）に依頼しておく。発行銀行は信用状を発行し、売主の国の取引銀行（通知銀行）を通じてこれが売主に通知される。売主は、売買契約に従って運送契約や保険契約を手配し（CIFの場合）、商品の船積みを行い、船荷証券をはじめとする、信用状条件に定められた船積書類を取得する。これを取引銀行に持ち込み、信用状条件との一致が確認されれば、売買代金の支払いを受けることができる。

　ここで売主は、売買代金の取立てのために、買主または発行銀行を支払人、取引銀行（手形買取銀行）を受取人とする為替手形を振り出し、船荷証券を担保として取引銀行（手形買取銀行）から手形割引を受け、これによって実質的に代金相当額を回収することができる。この荷為替手形と船荷証券などの船積書類は発行銀行に送られ、信用状条件との一致を確認したうえで銀行間での決済がなされる。発行銀行は、買主から手形金の支払いを受けるのと引換えに船荷証券などの船積書類を交付し、買主はこの船荷証券によって運送人から物品を受け取ることができる。信用状に関する銀行業務は、実際上は信用状統一規則により統一的に行われている。そ

こで、売主が売買代金を回収するためには、信用状統一規則により銀行が受理可能とされる船積書類を揃えることが前提となる。

....

3．船荷証券に関する法規

　商法は、757条以下に船荷証券に関する規定を設けている。2018年〔平30〕の商法改正までは、商法の船荷証券規定は内航船による海上物品運送契約にもとづいて発行された船荷証券に関するものであり、国際海上物品運送（外航運送）の船荷証券については、特別法である国際海上物品運送法が、船荷証券統一条約にもとづく独自の規定を設けていた。しかし、この改正により国際海上物品運送法の船荷証券規定を摂取して商法のあらたな船荷証券規定が整備されたため、国際海上物品運送法の船荷証券規定（改正前国際海運6条〜10条）はすべて削除され、外航運送の場合にも商法の船荷証券に関する規定が適用されることになった（国際海運15条）。

　なお、船荷証券は運送品の引渡請求権を表章する商法上の有価証券であるから、善意取得（民520条の5）が認められ、証券喪失の場合に公示催告手続（指図証券につき民520条の11、非訟114条）の対象となるなど、有価証券一般に関する諸規定が適用される。

4．船荷証券の性質

　船荷証券には、有価証券として、次のような性質がみとめられる。

　①要式証券性　　船荷証券に記載すべき事項は法定されているから（商758条1項）、その意味で船荷証券は要式証券である。しかし、法定の記載事項の一部が欠けるとただちに証券が無効になる厳格な要式証券（手形・小切手など）とみるべきではなく、船荷証券としての本質を害さないかぎり証券としての有効性がみとめられる緩やかな要式証券である。

　②非設権証券性　　証券上の権利が証券の作成によって創設される証券（手形・小切手など）を設権証券というが、船荷証券に表章される運送品引渡請求権（返還請求権）は、運送契約にもとづいて運送品が荷送人から運送人に交付されたときに発生する権利であり、証券の作成によって創設されるもの

ではないから、船荷証券は非設権証券である。

　③要因証券性　　船荷証券は運送品の具体的な引渡請求権を表章する証券であるから、現実に運送契約があり、これにもとづく運送品の交付があったという原因関係の存否が証券の効力に影響をおよぼす要因証券である。

　④文言証券性　　運送人と船荷証券所持人との間の債権債務関係は、もっぱら船荷証券の記載によって定まる。商法は、船荷証券の記載が事実と異なることをもって運送人は善意の証券所持人に対抗できないとしているから（商760条）、商法上の船荷証券には文言証券性がみとめられる。

　⑤当然の指図証券性　　証券上の権利者が船荷証券に表示される態様として、記名式、指図式、無記名式および選択無記名式の各種があるが、船荷証券が記名式で発行されたときでも、譲渡を禁止する旨の記載がないかぎり、これを裏書きによって譲渡することができる（商762条）。そこで、船荷証券は法律上当然の指図証券といわれる。

　このほか、船荷証券には、引渡証券性（物権的効力：商763条）、処分証券性（商761条）、受戻証券性（商764条）などの性質がみとめられる。

Ⅱ　船荷証券の発行と記載事項

1．船荷証券の発行

(1)　発行権者（発行義務者）

　船荷証券は、運送契約上の債権を表章する有価証券であり、その発行権者（発行義務者）は運送債務の帰属主体（債務者）としての運送人である。

　商法は、運送人または船長が、荷送人または傭船者の請求により、運送品の船積み後遅滞なく、船積みがあった旨を記載した船荷証券の1通または数通を交付しなければならないと定めている（商757条1項前段）。なお、現実に海上運送状が交付されているときは、運送人等は船荷証券の交付義務を負わない（商757条3項）。また、海上運送状の場合（商770条3項参照）とは異なり、商法は、船荷証券について、証券発行に代えた電磁的方法による記載事項の

提供（いわゆる電子式船荷証券の発行）について定めていない。

(2)　数通発行

船荷証券は、同一の運送品について数通の発行が認められている（商757条1項参照）。これは、証券を送付する途中での紛失や延着に備えるためであり、3通程度を一組（いずれも正本）として発行されるのが慣行となっている。数通の船荷証券を作成したときは、その通数を各証券上に記載しなければならず（商758条1項11号）、船荷証券書式には通常その記載欄が設けられている。数通の船荷証券が発行された場合、その1通について権利が行使され、運送品の引渡しを受けたときは、他の証券は効力を失う（商766条参照）。

(3)　受取船荷証券

受取船荷証券とは、証券に「船積みのために受け取った」（received for shipment）旨の記載のある船荷証券であり、「本船に船積みした」（shipped on board）旨の記載のある船積船荷証券と区別される。

商法は、運送人または船長が、荷送人または傭船者の請求により、運送品の船積み前においても、その受取り後は、受取りがあった旨を記載した船荷証券（受取船荷証券）を交付すべきことを明文で定めている（商757条1項後段）。また、受取船荷証券と引換えに船積船荷証券の交付の請求があったときは、運送人は、その受取船荷証券に船積みがあった旨を記載して（on board notation）、かつ、署名または記名押印することにより、船積船荷証券の作成に代えることができる（商758条2項前段）。この場合には、船荷証券に船舶の名称（商758条1項7号）と、船積港および船積みの年月日（商758条1項8号）も記載しなければならない（商758条2項後段）。したがって、「船積みのために受け取った」旨の記載が印刷された船荷証券であっても、別途、船積みがあった旨の記載がなされていれば、これは船積船荷証券である。

◉ 船荷証券発行の実際 ◉

商品を輸出するには、運送人との運送契約の締結をはじめとして、通関、運送品の検数量、本船への積込みおよび必要な船積書類の作成など、一連の手続きが必要となる。荷主に代わってこれらの手続きを専門的に引き受けるのが海運貨物取扱業者（海貨業者）である（港湾運送事業法3条1号にいう、一般港湾運送事業を営む者）。

⑴　在来船の場合　　まず、荷送人または備船者（出荷者）は、海貨業者を通じて運送人に対して船積申込み（booking）を行う。海貨業者は、貨物を保税倉庫に搬入して税関に輸出申告（export declaration）をしてその許可を受け、さらに検数・検量業者から発行された証明書などを取得したのち、船積申込書（shipping application: S/A）を運送人に提出して、運送人から本船に宛てた船積指図書（shipping order: S/O）の交付を受ける。これとともに貨物を運送人の指定した上屋（warehouse）に運ぶか、艀によって停泊中の本船まで運ぶ。本船においては、船積指図書と運送品を照合しつつ船積みが行われ、一等航海士が本船受取証（mate's receipt: M/R）に署名してこれを海貨業者に交付する。この際、運送品の外観や個数に船積指図書に記載されたものと一致しない異常をみとめたときは検数員がタリー・シート（tally sheet）にその旨を記入し、これは本船受取証のリマーク欄に転記される。海貨業者は、これを海上運送人に提出して、その署名のある船荷証券の交付を受ける。リマーク欄になされた異常の記載は、船荷証券に留保文言として転記される。

なお、現在の実務では、船積申込書、船積指図書、本船受取証、船荷証券が1セットになった統一規格の用紙（A4判）が用いられており、荷主による船積申込書の記載がそのまま運送人の発行する船荷証券の記載の基礎となっている。

⑵　コンテナ船の場合　　コンテナ船は専用岸壁であるコンテナ・ターミナルに着岸するが、ここにはガントリー・クレーンをはじめ、コンテナ船専用の合理化された荷役施設が整えられている。海貨業者は、荷主の指示により、コンテナに詰められた運送品（full container load: FCL 貨物）を、コンテナ・ヤード（container yard: CY）に搬入し、運送人よりドック・レシート（dock receipt: D/R）の交付を受ける。コンテナ1個に満たない貨物 (less than container load: LCL 貨物) は、コンテナ・フレイト・ステーション（container freight station: CFS）に搬入され、ここでドック・レシートの交付を受け、運送人によりコンテナ詰めが行われる。本船への船積み、税関手続などののち、海貨業者は税関より輸出許可書の交付を受け、ドック・レシートとともに運送人に提出する。運送人はドック・レシートと引換えに船荷証券を発行する。ここでも、ドック・レシートと船荷証券が1セットになった統一規格の用紙が用いられている。もっとも、コンテナ荷役や通関手続の迅速化の必要から、近年ではコンテナ・ターミナルにおける貨物の受渡しや通関手続が官民共用の電算システム（わが国の NACCS システムなど）を利用してペーパーレスで行われるようになってきており、現在のコンテナ・ターミナルではドック・レシートの利用やコンテナ・ヤードでの船荷証券の発行がみられなくなってきている。

6-4　コンテナ・ターミナル

左：コンテナ・ヤード、右：埠頭に並ぶガントリー・クレーン（東京港）

2．船荷証券の記載事項

　船荷証券に記載すべき事項は、商法758条1項に法定されている。しかし、要式証券性について述べたように、運送契約における本質的記載さえあれば、船荷証券は有効と解される。すなわち、誰から（債務者＝運送人）、どこで（陸揚港）、何を（運送品）受け取ることができるかという運送債権の本質にかかわる記載がなければ船荷証券とはいえないが、それ以外の記載がなくても、取引の安全をはかるために、船荷証券はできるだけ有効なものとして扱うべきである。

(1)　船荷証券統一条約の定める記載事項

　船荷証券統一条約は、船荷証券の記載事項を次の3つしか掲げていない。

(a)　物品の識別のため必要な主要記号で物品の積込開始前に荷送人が書面で通告したもの。この記号は、包装していない物品の上に、または物品の容器もしくは包装の上に、通常航海の終了の時まで読みうるように、押印され、または他の方法により判然と表示されていなければならない（条約3条3項(a)）

(b)　荷送人が書面で通告した包もしくは個品の数、容積または重量（条約3条3項(b)）

(c)　外部からみとめられる運送品の状態（条約3条3項(c)）

(2) 商法の定める記載事項

　かつての国際海上物品運送法は、船荷証券統一条約を国内法とするに際して、商法の規定（2018年改正前商769条）を参考にしながら船荷証券の12の記載事項を定めていた（2018年改正前国際海運7条1項）。そのため、商法と国際海上物品運送法には、多くの記載事項が重なってはいるものの、船荷証券の記載事項に関する規定が併存していた。2018年〔平30〕の商法改正では、当時の国際海上物品運送法の規定をほぼそのまま商法758条1項としてとりいれ、国際海上物品運送にもとづく船荷証券にも同条項を適用することにした（国際海運15条）。これにより、国際海上物品運送法の規定は削除された。

　①運送品の種類（商758条1項1号）

　この運送品の種類とは、たとえば洗濯機であるとか、冷蔵庫であるといった運送品の一般的な種類（general nature）のことであり、どこまで詳細に記載すべきであるかは、実際の取引上の必要しだいである。船荷証券統一条約は、運送品の種類を記載事項としていない。

　学説は、この記載を運送品の同一性を識別するための重要な記載であり、絶対的記載事項（この記載を欠く証券は無効）と解しているが、一般的種類というこの記載が運送品の同一性を識別するための本質的な記載といえるかは疑問である。この記載に付された不知約款が多くの場合に有効とされるであろうことからも、絶対的記載事項とはいえないものと考える。

　②運送品の容積・重量または包・個品の数および運送品の記号（商758条1項2号）

　これは、運送品の数量（等）と記号の記載を求めるものである。数量については船荷証券統一条約3条3項(b)、記号については同項(a)の定めに従ったものである。運送品の同一性は、運送品の個性と数量によって特定されるから、これら運送品の数量および記号に関する記載はきわめて重要である。

　運送品の数量の記載をまったく欠いていれば、多くの場合においては同一性の識別が困難となるから、その場合には証券を無効とみるほかない。しかし、これらのすべてが記載されている必要はなく、運送品の性質に応じて、同一性の識別が可能な記載があればたりるものと解される。

　運送品の記号は、運送品を識別するために必要な荷印であって、一般に、

COMBINED TRANSPORT BILL OF LADING

Shipper	

Shipper
BAISHI ELECTORONIC CO.,LTD
123 LINGHAI HIGH-TECH PARK
DALIAN
CHINA 116000
TEL : +86-411-12345678　　FAX: +86-411-12345679

Consignee

NIPPON BREAKER CORPORATION
5-4-3 NISHI-WASDA, SHINJUKU-KU
TOKYO, JAPAN 1690000
TEL: +81-3-1234-5678　　FAX: +81-3-1234-5679

Notify party

WS WHITE SEAGULL
WHITE SEAGULL SHIPPING SERVICE CO.,LTD.
ACTING AS CARRIER

Received from the Shipper in apparent good order and condition unless otherwise indicated herein, Goods or Container(s) or package(s) said to contain the Goods herein mentioned, to be carried subject to all the terms and conditions provided for on the face and back of this Bill of Lading, from the place of receipt or port of loading to the port of discharge or place of delivery shown herein and there to be delivered. If required by Carrier, this Bill of Lading duly endorsed must be surrendered in exchange for Goods or delivery order.
In accepting this Bill of Lading, the Merchant (as defined by definition clause on the back hereof) agrees to be bound by all the stipulations, exceptions, terms and conditions on the face and back hereof, whether written, typed, stamped, data processed or printed, as fully as if signed by the Merchant, any local custom or privilege to the contrary notwithstanding, and agrees that all agreements or freight engagements for and in connection with the transportation of the Goods are superseded by this Bill of Lading.
In witness whereof, the undersigned, on behalf of White Seagull Shipping Service Co.,Ltd., Vessel, her owners, operators and charterers, has signed the number of Bill(s) of Lading stated below, all of this tenor and date, one of which being accomplished, the others to stand void.

Forwarding agents	B/L No. DTDC1234567

Pre-Carriage by	Place of receipt DALIAN, CHINA	Party to contact for cargo release WHITE SEAGULL SHIPPING SERVICE CO.,LTD. WHITE SEAGULL BUILDING 20F, 1-1-1 AOUMI KOTO-KU TOKYO, JAPAN 1350000 TEL 03-8765-4321　FAX 03-8765-4322
Ocean Vessel / Voy. No. PLUS ULTRA V.N020	Port of loading DALIAN, CHINA	
Port of discharge TOKYO, JAPAN	Place of delivery TOKYO, JAPAN	Final destination for the Merchant's reference

Container No.	Seal No. Marks and Numbers	Number of Containers or packages	Kind of packages ; Description of goods	Gross weight	Measurement
		1×40'CONTAINER(S) 26 PALLETS.(29,565PCS.)	"SHIPPERS LOAD & COUNT" "SAID TO CONTAIN"		
NIPPON BREAKER CORPORATION P/NO.1-26 TOKYO, JAPAN NB-2013-07-065			MC CIRCUIT BREAKER PARTS OF MC CIRCUIT BREAKER INV.NO.: NB-2013-07-065 DATE : July 29, 2013	G.W.: 12,765.43 KGS N.W.: 12,765.43 KGS 33.6320 M'3	
ABCU7654321/ABCA654321 40'			ORIGINAL B/L SURRENDERED		

Particulars furnished by shipper

* Total number of Containers or other packages or units received by the Company (in words)　　　SAY : ONE(1) CONTAINERS ONLY

Merchant's Declared Value (See Clauses 16, 27 & 37):　Note:
The Merchant's attention is called to the fact that according to Clause 16, 27 & 37 of this Bill of Lading the liability of the Company is, in most cases, limited in respect of loss of or damage to the Goods.

Freight and charges	Revenue tons	Prepaid	Collect
FREIGHT PREPAID			

Exchange rate	Prepaid at DALIAN	Payable at	Place and date of issue DALIAN, CHINA : August 1, 2013
	Total prepaid in Yen	Number of original B(s)/L THREE(3)	WHITE SEAGULL SHIPPING SERVICE CO.,LTD. ACTING AS CARRIER
LADEN ON BOARD THE VESSEL PLUS ULTRA V.N020 Date August 1, 2013　by	D-TECHNO DISTRIBUTION CENTER CO.,LTD. DALIAN, CHINA		D-TECHNO DISTRIBUTION CENTER CO.,LTD. by (AS AGENT FOR THE CARRIER)

6-5　船荷証券の記載例（サンプル）

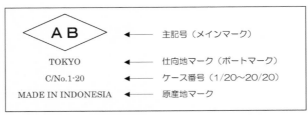

6-6　記号（荷印・シッピングマーク）の記載例

図形に文字・数字などを組み合わせて表示される。この記号は、通常、運送品の外装にも記載され（船荷証券統一条約3条3項(a)を参照）、それにより船荷証券の対象となる運送品の同一性が識別される。同一性の識別のための記載としてこの種の記載は絶対的に必要であるが、記号そのものの記載を欠いた場合であっても、他の同種の記載（たとえばコンテナ番号やタンク番号）により運送品の特定がなお可能であれば証券を無効とみる必要はない。船荷証券表面の運送の明細欄には、"Marks / Numbers"（記号・番号）の記載欄がある。コンテナの場合は、コンテナ番号・シール（封印）番号が記載される。

◉ 船荷証券の記載による運送品の特定 ◉

　船荷証券は特定の運送品の引渡請求権を表章する有価証券であるから、運送品に関する記載事項は船荷証券の記載事項としてはもっとも重要なものである。船荷証券は、運送品の同一性を個性の記載と数量の記載をもって示すことにより、証券取得者が運送人からいかなる運送品の引渡しを受けることができるかを明らかにしている。条約の定める記載事項のうち、主要記号と数量等は、運送品の特定に関する記載事項である。そして、前者が個性の記載、後者が数量の記載にあたる。

　主要記号について、条約は、「物品の識別のため必要な主要記号」としたうえで、この記号が船荷証券と物品外装に記載され、外装の記載は航海の終了まで判読できるように表示することを求めている。このことから、条約は物品の個性については主要記号を一次的な識別基準とみているものと考えられる。証券上と物品外装上の双方に記載された識別のための記号が一致すれば、同一性の識別は完全といえる。しかし、商法は、この点について、たんに「運送品の記号」を記載事項としているにすぎない（商758条1項2号参照）。また、記号が外装にも明瞭に記載されるべきとの要求については、航海の終了の時まで判読に堪える表示がされていない場合に、

運送人は荷送人または傭船者の通知に従ってこれを証券に記載する義務を負わないという規定になっている（商759条2項後段）。手形など抽象的な金銭債権を表章する場合と異なり、運送品の個性を証券の紙面上に表すことは容易でなく、条約は、これを主要記号をもってするとの原則を明らかにして、その国際的統一を意図したものと考えられるが、この趣旨をわが国の商法規定から読みとることはできない。

③外部からみとめられる運送品の状態（商758条1項3号）

　船荷証券統一条約にもとづいて（条約3条3項(C)）、商法は、外部からみとめられる物品の状態を記載事項として掲げている。これは、運送品の外観が良好な状態にあるか否かを運送人自身が確認して記載すべき事項である。たとえば、外観の異常には、梱包状態の異常、運送品の湿り、変色、錆などの視認できる異常のほか、包装などの外部から五感をもって感知される音や臭気などの異常も含まれる。

　この記載によって、船積み（または受取り）時点での運送品の外観状態が確認され、外観良好で船積みされた運送品が、荷揚げの時点で外観に異常があり、これと関連する運送品そのものの損傷などがみとめられれば、特別な事情のないかぎり、運送品そのものの損傷などが運送人の運送品取扱中に生じたものと推定される（最判昭和48・4・19民集27巻3号527頁）。運送品の損害について賠償を請求しようとする者は、損害が運送人の運送品保管中に生じたことを証明しなければならないが、このような記載の効果はその立証を助けるものとして役立つ。もっとも、この記載はあくまで運送品の外観に関するものであり、運送人が運送品そのものに異常がないことまでを確認する趣旨ではない（上掲昭和48年最判）。外観良好との記載がある場合（異常の記載がない場合）、後述するように、運送人は船積み（または受取り）の時点ですでに外観に異常があったことを善意の船荷証券所持人に対して主張できないため、この記載は重要な意味をもっている。外観状態は、わが国の商法はじめ主要国の従来の立法にみられなかった記載事項であるが、条約は、損害発生の時期を推定させる（荷主の立証を助ける）という記載の機能に着目して、こうした取扱いを国際的に統一しようとしたものと考えられる。

　船荷証券の表面約款には、「別段の記載がないかぎり外観良好な状態で船

積みした（または受け取った）」旨の文言があらかじめ印刷されているのが通常であるが、このような記載がなくても、外観の異常に関する記載（留保文言）がとくになければ、外観良好な状態での船積み（または受取り）を運送人が承認した（外観良好の記載がある場合と同じ）ものと解すべきである。

④荷送人または傭船者の氏名または名称（商758条1項4号）

運送契約の一方の当事者を明らかにする趣旨の記載であるが、この記載は運送契約にとってかならずしも本質的なものではなく、この記載を欠いても証券の効力は害されない。船荷証券書式には、通常、荷送人（shipper）の記載欄が設けられている。

⑤荷受人の氏名または名称（商758条1項5号）

荷受人とは、船荷証券により最初に権利を行使することができる者をいう。

船荷証券書式には、通常、荷受人（consignee）の記載欄が設けられていれるが、船荷証券を担保とする銀行名などが記載されることもあるので、この場合に実際の受荷主を記載するために着荷通知先（notify party）の欄が用意されている。荷受人の記載も、これを欠いても船荷証券の効力は害されない。

⑥運送人の氏名または名称（商758条1項6号）

船荷証券を発行する運送人（証券上の債務者）が誰であるかについての記載は絶対的に必要である。商法は、運送人の氏名または名称をこのように記載事項とするほか、船荷証券には、運送人または船長が署名し、または記名押印しなければならないと定めている（商758条1項柱書き）。運送人が誰であるかは、通常、船荷証券の頭書（ヘディング、レターヘッド）または署名欄に記載された会社名によって示されている。

⑦船舶の名称（商758条1項7号）

船荷証券は、ほんらい一定の運送品を特定の船舶に船積みしたことを証するものであるから、その意味で船舶の名称は船積みした運送品を特定する手がかりとなるべき記載といえる。しかし、他の記載により運送品の同一性が識別できるかぎり、船舶の名称を船荷証券の効力を左右する本質的な記載事項と解する必要はない。受取船荷証券の場合は、この記載と⑧の記載がない

のが通常である（商758条柱書き・カッコ書き参照）。

　⑧船積港および船積みの年月日（商758条1項8号）

　この記載には、船積みの事実を確認するほかにも、運送品の産地を推定さ
せ、または到着日を予測させるなどの意味がみとめられるが、この記載を欠
いていても船荷証券の効力には影響をおよぼさない。

　⑨陸揚港（商758条1項9号）

　この陸揚港とは、運送人が証券所持人に運送品の引渡しを約している港で
ある。陸揚港の記載は、運送契約において債務の履行地を示す本質的な記載
といえるので、この記載がない場合には、特別の商慣習がないかぎり、証券
は無効になるものと解される。

　⑩運送賃（商578条1項10号）

　運送賃の記載のない船荷証券を無効とした古い判例もあるが（大判明治
37・5・28民録10輯763頁）、その後、判例はこれを改めて、運送賃の記載の欠缺
は船荷証券の本質を害さないものとしている（大判昭和7・5・13民集11巻943頁、
大判昭和12・12・11民集16巻1793頁）。

　⑪数通の船荷証券を作成したときは、その数（商758条1項11号）

　これは発行された船荷証券の通数を明らかにする記載である。陸揚港以外
で運送品の引渡しを受けるために船荷証券全通の返還を要する場合（商765条
2項）などに、この記載によりその通数が確認される。

　⑫作成地および作成の年月日（商758条1項12号）

　作成地とは、船荷証券に署名をした地である。作成地は証券の発行行為に
つき国際私法上の問題が生じた場合、その準拠法の決定と関連して意味をも
つことがある（法適用7条～10条）。

(3)　荷送人の通知による記載

　商法758条1項1号および2号の記載事項、すなわち(i)運送品の種類、(ii)
運送品の容積・重量、包み・個品の数、(iii)運送品の記号は、その事項につい
て荷送人または傭船者の書面（または電磁的方法）による通知があったときは、
原則として、その通知に従って記載しなければならない（商759条1項）。信用
状取引が行われる場合、船積書類の中心としての船荷証券になされる運送品
に関する記載は信用状条件と厳格に一致している必要があり、運送人が荷送

人または傭船者の通知に従った記載を原則として拒めないことを定めたものである。

　運送人は、荷送人または傭船者の通知が正確であるかどうかを相当の注意を尽くして確認したうえで証券に記載しなければならない。また、運送品について不実の記載がされた場合には、後述するように、善意の船荷証券所持人に対する運送人の責任を生じさせることがある。そこで、商法は、(i)荷送人または傭船者の通知が正確でないと信じるべき正当な理由があるとき、(ii)荷送人または傭船者の通知が正確であることを確認する適当な方法がないときは、運送人は荷送人または傭船者の通知に従って記載する義務を負わないものとしている（商759条2項）。海運の実際では、荷送人または傭船者の通知が正確であることを確認できないような場合、その事項をまったく記載しないのではなく、ひとまず通知に従って記載したうえで、「内容不知」などのいわゆる不知約款を付すという実務が行われている。

　運送人が荷送人または傭船者の通知に従って記載する義務を負うからには、その通知が正確でなければならず、荷送人または傭船者は、その通知の正確性につき担保責任を負う（商759条3項）。通知の不正確により船荷証券に不実の記載がされた結果として善意の船荷証券所持人に対して責任を負うことになった運送人は、荷送人または傭船者に対して求償することができる。

第7章
船荷証券の効力

I　船荷証券の債権的効力

　船荷証券の債権的効力とは、船荷証券が海上運送人と証券所持人との間の債権的関係を定める効力である。

　船荷証券にみとめられるこの効力について、2018年〔平30〕の商法改正前は、商法（改正前商572条、同776条）と国際海上物品運送法（改正前国際海運9条）とで異なる規定を設けていたが、商法が国際海上物品運送法の規定を摂取するかたちで改正され（改正前国際海運9条は削除）、これを国際海上物品運送にも適用することとして（国際海運15条）、規定の統一がはかられた。船荷証券の債権的効力をめぐっては、国際海上物品運送法の制定前から、商法上の船荷証券を対象とした議論があり、現在まで長く論じられてきている。以下では、この点の学説・判例を検討したのち、とくに国際海上物品運送における船荷証券について実務で生じているいくつかの典型的な問題を考察する。

1．船荷証券の文言証券性

　船荷証券の性質として、文言証券性がみとめられることはすでにみた。商法は、これについて、「運送人は、船荷証券の記載が事実と異なることをもって善意の所持人に対抗することができない」と定めている（商760条）。

　運送人が、荷送人（または傭船者）から受け取った運送品を目的地まで運送して、これをそのまま荷受人に引き渡せば、ほんらいその債務は履行されたはずであり、運送人は何らの責任も負わない。しかし、船荷証券が発行さ

れ、これに事実と異なる記載がされた場合には、善意（記載が事実と異なることを知らない）の証券所持人との関係では船荷証券の債権的効力が問題となる。たとえば、運送人が運送品を90個しか受け取っていないにもかかわらず、何らかの理由により100個を受け取ったと船荷証券に記載してこれを発行したときは、運送人は、善意の証券所持人に対して90個しか受け取っていないという事実を主張して不足分についての引渡義務を免れることはできない（損害賠償責任を負う）。このように、船荷証券に記載された文言が運送人と証券所持人との間の法律関係を定めることから、これを船荷証券の文言証券性という。商法は、船荷証券の債権的効力として文言証券性をみとめているということができる。

　証券所持人が悪意であれば、運送人は事実（上述の例であれば、90個の受取り）を立証して、証券所持人に対抗することができる。

● 船荷証券統一条約の摂取 ●

　1924年の船荷証券統一条約（ハーグ・ルール）は、条約の定める3つの記載事項（主要記号、数量等、外観状態）について、反証がないかぎり、その記載通りの物品を運送人が受け取ったことを推定する証拠となると規定して（条約3条4項）、イギリス法における "prima facie evidence"（一応の証拠力）の原則を採用した。この規定を文字通りに解釈すると、運送人の過失によって船荷証券に事実と異なる記載がされた場合、運送人は、善意の船荷証券所持人に対しても、反証をあげてその記載が事実と異なることを主張できることになり、証券所持人の地位は不安定なものとなる。わが国では、国際海上物品運送法の制定に際してこの点を考慮し、船荷証券に事実と異なる記載がされた場合には、運送人は、その記載につき注意が尽くされたことを証明しなければ、その記載が事実と異なることをもって善意の船荷証券所持人に対抗することができないと規定した（1992年改正前国際海運9条）。

　1968年の改正議定書（ヴィスビー・ルール）は、条約3条4項にただし書きを設け、反対の証明は、船荷証券が善意の第三者に譲渡されたときは認められないと規定した。これにより、船荷証券の記載の効力が著しく強化された（絶対的証拠力）。このため、わが国も、この1968年の改正議定書および1979年の改正議定書（SDR議定書）を摂取した1992年〔平4〕の国際海上物品運送法改正に際して、9条を改め、運送人は、船荷証券の記載が事実と異なることをもって善意の証券所持人に対抗す

ることができないと規定した（2018年改正前国際海運9条）。

・・・

　2018年の商法改正まで、国際海上物品運送法が適用されない場合の船荷証券について、商法は、陸上運送（商法第2編）の貨物引換証に関する商法572条の規定を船荷証券に準用し、船荷証券を作成したときは、運送に関する事項は、運送人と証券所持人との間においては船荷証券の定めるところによると規定していた（2018年改正前商776条による同商572条の準用）。これは、船荷証券の文言証券性を認めたものと解され、1992年改正後の国際海上物品運送法と同内容であると理解されていた。2018年の商法改正では、貨物引換証に関する規定をすべて削除しており、船荷証券について準用していた諸規定はあらたに船荷証券規定として整備された。この改正に際して、商法は、それまでの国際海上物品運送法9条の文言をほぼそのまま商法760条として規定した。前述のように、改正後は国際海上物品運送法の船荷証券規定は9条を含めてすべて削除されており、国際運送の船荷証券についても商法の船荷証券規定が適用される（国際海運15条）。

2．文言証券性と要因証券性の関係

　船荷証券は、このように文言証券性がみとめられる一方、運送契約にもとづく運送品の受取りを原因として発行される証券（運送品引渡請求権を表章する有価証券）であり、要因証券と解されているので、その関係が問題となる。すなわち、海上運送人が船荷証券を発行するには、運送契約にもとづいて荷送人から運送品の引渡しを受けていることが必要であるが、(i)なんらかの事情により運送品の受取りがないにもかかわらず証券が発行された場合（空券）、運送人は善意の証券所持人に対していかなる責任を負うか、また、(ii)運送人が実際に受け取った運送品と証券に記載された運送品とがその種類について相違する場合（品違い）、運送人は実際に受け取った物品を証券所持人に引き渡すことによって債務の履行とできるのか、それとも記載通りの運送品の引渡義務またはこれに代わる損害賠償義務を負うものと解すべきなのかが問題となり、貨物引換証や倉庫証券の場合とあわせて古くから議論されて

きた。

(1)　判例の立場

　この点に関するわが国の判例は、いずれも古いものであるが、商法上の物品証券に関するものがいくつか存在している。まず、空券の場合、かつての貨物引換証の効力につきリーディング・ケースとされる1913年の大審院判決（大判大正 2 ・ 7 ・28民録19輯668頁）は、運送人の貨物引渡しの債務は、たとえ運送契約を締結しても運送品を受け取らないかぎり発生せず、受取りなく作成された貨物引換証は原因を具備しないと同時に目的物の欠缺するものであって無効と判示しており、要因証券性を重視することを明らかにしている。さらに、1938年の大審院判決（大判昭和13・12・27民集17巻2848頁）もこの立場を徹底させている。また、船荷証券についても、物品の受取り、船積みなく発行された船荷証券を、要因証券性をみたさないものとして無効としている（大判大正15・ 2 ・ 2 民集 5 巻335頁）。これに対して、品違いの場合には、倉庫証券について証券の文言証券性を強調する立場をとっている（大判昭和11・ 2 ・12民集15巻357頁、大判昭和14・ 6 ・30民集18巻729頁）。議論はあるが、判例は、一般的に空券の場合は証券の要因証券性を重視して無効とするが、品違いの場合には証券の有効性を認めたうえで文言証券性を重視しているとみることができるであろう。

(2)　学説の対立状況

　船荷証券の要因証券性と文言証券性との関係について、これまで主張されてきた主要な見解として次のようなものがある。

　まず、運送契約の不存在や、運送品の受取りを欠く空券の場合には、証券上の権利が発生する原因を欠いているので、素直に解せば、要因証券である船荷証券は無効と考えられるであろう。これを肯定するのが要因説という立場であり、この立場では、運送人は受け取っていない「運送品」の引渡義務を負うことはない。また、証券に記載されている運送品と現実の運送品とが一致しない場合にも、要因性をみたさず証券は無効であり、運送人は（記載された運送品ではなく）実際に受け取った運送品を引き渡せば、運送契約上の義務の履行としてはたりることになる。そして、いずれの場合も、空券や品違いの証券の発行について運送人に故意または過失がある場合には、民法上

の不法行為責任（民709条、715条）を負うことがあるとする。

　この要因説の結論は、船荷証券を要因証券とみるかぎり、むしろ当然の論理的帰結といえるものの、対立する諸学説は、いずれもその結論の妥当性を問題としている。すなわち、証券上の権利が行使できず、ただ不法行為責任の追及しか認めない（その立証責任を負担させる）とすれば、証券所持人の保護に欠けるというのである。諸学説を概観しよう。

　第1に、証券の文言証券性を重視する証券権利説がある。この説は、要因証券性とは、証券の効力が運送契約の存在とか運送品の受取りという証券外の事実に依存するのではなく、証券上の文言にその原因が記載されていればたりるとして、運送品を受け取らずに発行した空券であっても、証券面に運送品を受け取った旨の記載があれば要因証券性をみたした有効な船荷証券であるという。また、品違いの場合も、運送人は証券に記載したところに従って運送品を引き渡すべき義務（またはこれに代わる損害賠償義務）を負うとする。この見解は、善意の所持人保護という意図はともかく、実質的には船荷証券を無因証券とみるものというべきであろう。同じように文言証券性を重視する立場には、船荷証券を部分的に無因証券化された証券とみたり、完全な無因証券と解するものもある。

　また、要因説と証券権利説の折衷的な見解として、空券の場合は要因証券性をみたさないから証券は無効であるが、品違いの場合は要因証券性をみたしているとみて有効と解するものもある（折衷説）。

　第2に、要因説と同様に、空券は原因を欠いているので無効とみながら、禁反言の法理を援用して証券所持人の保護をはかろうとする見解がある（禁反言説）。すなわち、空券は無効であっても、証券作成者は善意の第三者に対してはみずからその無効を主張できず、証券記載の通りの責任を負うべきであるとして、その根拠を禁反言則の適用であるという。また、品違いの場合も、運送人の債務は禁反言則によって補完され、善意の取得者に対しては証券の記載通りの責任を負うとする。

　第3に、近時の見解として、空券・品違いなどの不実の証券を発行した場合の運送人の責任について、これまでの要因証券性・文言証券性に関する抽象的な議論から離れ、証券の不実記載発行そのものを責任の基礎として法的

構成をはかる見解がある。この見解は、不実記載発行の責任は一般民事法の責任原則である契約締結上の過失法理にもとづいて構成され、船荷証券所持人は、運送人の不法行為責任、証券責任（債務不履行責任）に加えて、この証券不実記載発行責任を追及することができると主張する。

● 空券・品違い再論 ●

　船荷証券は要因証券であり、商法760条は、善意の所持人を保護して船荷証券の流通性を確保するために技術的に抗弁制限の法則を法定したものであると解される（抗弁制限説）。この見解の論者も、空券発行の場合または運送契約が無効もしくは取り消された場合、原因関係不存在の抗弁は法律がこれを許していないと解されることから運送人は記載に従った履行の責任を負い、品違いの場合にも当然にその抗弁は制限されると説く。しかし、空券や品違いの場合に、証券の記載があるにせよ、受け取っていない運送品を引き渡す運送人の義務というものをみとめることができるのか、疑問がある。

　①空券の場合　　船荷証券が要因証券であることを前提とするかぎり、運送契約が存在せず、また運送品の受取りなくして発行された船荷証券は、これを無効と解するほかあるまい。ところで、船荷証券の運送品に関する記載としては、その同一性を識別するための記載が要求されているにすぎず、これは船荷証券に対応する運送品が存在することを当然の前提としているものと思われる（だからこそ、同一性の確認が可能となる最低限の記載があれば証券は有効である）。ところが、空券の場合には現実の運送品が存在しないので、同一性の識別機能を担うべき記号・番号などの記載はまったく意味をもたないし、抽象的な金銭債権と異なり、具体的な運送品引渡請求権について、たとえば一般的な運送品の種類の記載でその権利の内容を確定することはできない。空券の場合には、たとえこれを有効とみたところで、証券上の記載から引渡請求権の内容を確定することは困難であり、ここでは不実記載証券を発行したことについて、一般法にもとづく責任を負うものと解すべきではないか。

　②品違いの場合　　「品違い」の典型例とされるのは、運送品の種類の記載に関するものである（米と麦、絹織物と綿織物などの相違）。これまでの学説は、この種類の記載を、運送品を特定するための重要な記載と解していたが、一般的種類の記載でたりるこの記載に運送品識別のための決定的な意義をみとめえないことはすでに指摘した。それゆえ、品違いとされる場合の多くでは、なお記号（荷印）・番号などにより船荷証券と対応した運送品の同一性識別は可能であろうし、これに従った引渡しであれば、これは船荷証券の記載に従った引渡しと評価すべきであろう。この

ように解すると、通常、船荷証券について品違いとされるケースにおいては、現実の運送品の受取りがあり、かつ、この運送品の同一性を識別するための記載があるといえるので、船荷証券の要因証券性については問題とならず、これらの記載通りの引渡しがあれば、証券上の債務の履行とみることができよう。品違いの結果についても運送人は船荷証券上の責任を何ら負わないことになるのではないか。そもそも、運送品の種類について、「記載通りの履行」といっても、証券に記載された（受け取っていない）「運送品」の引渡しというものを観念できるのかという疑問が、空券の場合と同様に生じてくる。

　この場合も、不実記載発行に関する運送人の責任が問題となりうる。すなわち、証券取得者が証券上の運送品の種類に関する不実の記載を信じて証券を取得したために被った損害があれば、運送人は、その不実記載行為そのものについて、債務不履行ないし不法行為にもとづく責任を負うものと解される。もっとも、実際には一般的種類の記載にとどまる船荷証券のこの記載だけを信頼して証券を取得するとは考えにくい。船荷証券は、通常、単体では流通しないから、船荷証券によって特定された運送品が具体的に何であるかの詳細は、添付された商業送り状（commercial invoice）や梱包明細（packing list）によって知ることになろうが、これは運送人には関係がない。それゆえ、運送人の責任としては、一般法による不実記載責任を問題とすればたりるであろう。

　このように解した場合、結果は空券について要因説に近い結論となるから、証券所持人の保護に欠けるとの批判もありえるだろう。しかし、証券に不実の記載がなされた場合、そもそもすべてが文言証券性を強化することによって所持人の保護がはかられるわけでないことを認識すべきである。たとえば、船荷証券に実際とは異なる船積年月日が記載されたことにより損害を被った証券所持人は、記載が事実と異なることを理由に損害賠償を請求するのであって、船積年月日の記載に文言的効力がみとめられていても、ここでは意味をもたない。このような場合には、虚偽の証券発行行為そのものを問題とするほかない。

　運送人は船荷証券に虚偽の記載をしてはならないという義務を当然に負っているものと解され、不実の証券発行により損害を被った者は、契約関係の有無により運送人に対して債務不履行または不法行為にもとづき損害賠償を請求することができる。なお、この船荷証券の不実記載責任については、定額賠償の規定（商576条、国際海運8条）や国際海上物品運送法の責任制限に関する規定（国際海運9条1項）など、運送品に生じた損害に関する規定は適用されないものと解する。

II 証券記載をめぐる実務上の諸問題

1. 不知約款

運送人は、短時間に多種多量の運送品を荷送人（または傭船者）から受け取り、これを迅速に船積みする必要がある。そのため、運送品の種類、容積または重量などについて時間をかけて正確に検査することは実際上も難しく、さらに海上運送のために厳重に梱包された運送品を開梱してその種類・数量などを確認するのは不可能である。そこで、運送人は、このような事情による船荷証券の不正確記載についての責任追及を避けるために、早くから「内容不知」または「重量不知」などの文言を記載したいわゆる不知約款・不知文言（unknown clause）を使用してきた。

運送品の種類・数量・記号などに関する記載（商758条1項1号・2号の記載）は原則として荷送人または傭船者の書面等による通知に従って運送人が記載すべきであるが（商759条1項）、すでにみたように、商法は運送人がこの義務を免れる例外的場合について定めている。すなわち、(i)荷送人または傭船者の通知が正確でないと信じるべき正当な理由がある場合、(ii)荷送人または傭船者の通知が正確であることを確認する適当な方法がない場合には、運送人は荷送人または傭船者の通知通りに記載する義務を負わない（商759条2項）。これらの場合にも、運送人はたんに通知された事項を記載しないのではなく、通知された事項を記載したうえで、これに不知約款を付加するという実務が行われている。そして、この2つの例外的な場合にかぎり、不知約款はその効力を認められるものと解されている（東京地判平成10・7・13判タ1014号247頁）。もっとも、上記(i)の場合に、通知との明らかな相違がみとめられれば、運送人はこれを証券に明記すべきである。それにもかかわらず、運送人がたんに不知約款を付しただけで船荷証券を発行したのであれば、これにより損害を被る船荷証券所持人に対する運送人の責任が問題となりうる。

一般に、包装された運送品については、その内容に関する通知の正確性を確認するのが困難であるから、上記(ii)の場合に該当するであろう。とくに、

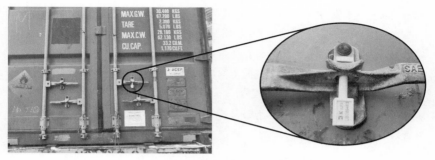

7-1　コンテナ・シール（封印）

荷主詰め（シッパーズ・パック）のコンテナ（荷主（または混載業者）が貨物をコンテナに詰めて封印（シール）をしたうえで運送人に引き渡される）は、通常これに該当すると解されている。

　不知約款が有効であれば、運送人はこれをもって記載の効力を争うことができる。梱包の中品に数量不足などがあっても、実際に受け取った数量を証明することにより、記載通りの数量の引渡義務を免れる。

2．補償状と引換えにする無留保船荷証券の発行

(1)　補償状慣行

　運送品の外観の異常や数量不足などについて特記のない船荷証券を無留保（無故障）船荷証券（clean B/L）というのに対して、外観良好な状態であるとはみとめられず、その異常について、たとえば「錆あり」などの摘要（remarks）が記載された船荷証券を留保付（故障付）船荷証券（foul B/L）という。このような留保付船荷証券をもって取り組まれた荷為替手形は銀行による割引きをうけられない（船荷証券が受理されない）。また、運送品の外観状態や個数などにつき、運送人と荷送人との間で意見がわかれることも少なくない。そこで、このような場合、一方で運送人が無留保船荷証券を発行して証券所持人に損害賠償責任を負うリスクを回避（転嫁）し、他方で荷送人の取引上の必要にこたえるため、荷送人が運送人からの求償に応じることを約する補償状（letter of indemnity: L/I）が差し入れられ、これと引換えに運送人が無留

保船荷証券を発行するという慣行が世界的に行われてきている（補償状慣行）。

　もともと誠実な商業上の必要から生じたとされるこの補償状は、その普及にともない、詐欺的に利用される場合も現れた。不誠実な荷送人が実際には数量が不足した物品または瑕疵ある物品を船積みしながら、補償状と引換えに "clean B/L" を発行させ、これを他に譲渡または質入れして善意の船荷証券所持人に不測の損害を与えるという弊害を生じたのである。とくに、保険者は船積み前の運送品の瑕疵について保険金を支払わされることになりかねない。このため、国際的にも早くから論議をよび、適切な解決策をめぐって1920年代から活発に検討が重ねられてきた。

(2)　補償状メカニズムと補償状の効力

　運送人は、たとえ補償状の差入れを受けても、これにより善意の船荷証券所持人に対する責任を免れることはできないが、補償状慣行は、その責任を荷送人に転嫁することを可能にして、運送人に "clean B/L" 発行のリスクを免れさせるというメカニズムを有している。そこで、こうしたメカニズムを成立させる原因となる補償状の効力が問題とされてきた。

　この点については、当然無効説をはじめ各種の見解があるが、いわゆる誠実な補償状慣行の必要性がみとめられ、これを一律に禁止しようという考え方はもはや世界的にもとられていない。議論の局面は、いわゆる詐欺的または濫用的な補償状をいかに排除するかにシフトしている。わが国の現在の通説も、補償状を原則として有効とみて、ただ荷送人と運送人との間での詐欺的な通謀により "clean B/L" が発行された場合は公序良俗に反するものとして無効（民90条）と解している。運送品の状態から明らかに留保を必要とするにもかかわらず補償状と引換えに留保が濫用的に省略された場合には、とくに詐欺的な通謀が立証されなくても、取引的公序に反するものとして、この場合の補償状を民法90条により無効と解すべきであろう。

3．運送人の特定問題

　商法は、運送人の氏名または名称を、船荷証券の記載事項として掲げている（商758条1項6号）。しかし、船荷証券の書式には、運送人の名称の記載欄は設けられていないのが通常である。多くの場合は、船荷証券の署名欄の記

載や頭書の記載によって運送人が明らかとなるが、これが不明確な場合があり、とくに定期傭船された船舶による運送において発行される船荷証券について次のような典型的な問題が世界的に提起されてきている。

定期傭船された船舶につき、さらに運送契約（個品運送契約または航海傭船契約）が締結され、これにもとづいて船荷証券が発行されることが多い。この場合、船荷証券の署名欄に、船主または傭船者が運送人として（as carrier）署名していれば、これにより運送人を特定することができるので問題はない。しかし、船荷証券表面の署名欄に「船長のために」（for the Master）との記載が印刷されており、裏面にいわゆるデマイズ条項または運送人特定条項（identity of carrier clause）が挿入されている船荷証券が用いられることがあり、その場合に、運送人として船荷証券上の義務を負うべき者が船主かそれとも定期傭船者かという運送人の特定（identity of carrier）の問題が生じることがある。

このような船荷証券が用いられるのは、定期傭船契約においては、一般に船主を運送人とする船荷証券を発行する権限が船主から傭船者に授権されているからである。

◉ デマイズ条項（demise clause）◉

一般にデマイズ条項とは、本船が証券記載上の "Carrier" の所有する船舶か、この者が裸傭船（賃貸借）した船舶である場合には "Carrier" が契約上の運送人となるものの、それ以外の場合（定期傭船はこれにあたる）には、運送契約は本船の船主（または裸傭船者）を当事者として締結され、"Carrier" は代理人にすぎず運送人ではないとする趣旨のものである。

◉ ジャスミン号事件（最判平成10・3・27民集52巻2号527頁）◉

わが国でも、1990年代に、この問題に関する裁判例が現れ、学説においてもおおいに議論された。いわゆるジャスミン号事件として知られる東京地裁判決（東京地判平成3・3・19民集52巻2号632頁）は、「船長のために」との表示は一般に船主が運送契約の当事者本人（運送人）であることの表示と理解されていること、定期傭

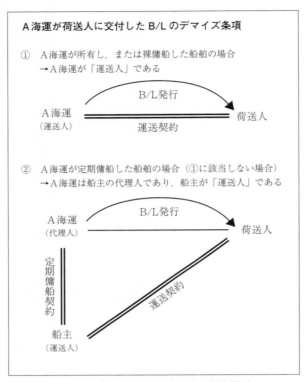

A海運が荷送人に交付したB/Lのデマイズ条項

① A海運が所有し，または裸傭船した船舶の場合
→A海運が「運送人」である

② A海運が定期傭船した船舶の場合（①に該当しない場合）
→A海運は船主の代理人であり，船主が「運送人」である

7-2　デマイズ条項が意図する契約関係

船契約により船長のために船荷証券に署名する権限が傭船者等に与えられていること、船荷証券にデマイズ条項があること、などの事実を認定したうえで、船荷証券上部の傭船者名の表示は（定期傭船者の船荷証券書式が用いられていた）、当該船荷証券の記載からみて傭船者を示すものであるにとどまり、当該船荷証券上で運送人として責任を負うべき者として表示されているのは、船主であって定期傭船者ではないとした。そして、船荷証券における運送人は、船荷証券の解釈により定まるとの判断を示して、上述の「結論」を維持するとともに、デマイズ条項はその内容通りの効力を有するとした。この結論は、控訴審（東京高判平成 5・2・24民集52巻 2号651頁）および上告審でも維持されている。

　ジャスミン号事件判決が従来のような定期傭船契約の法的性質論から結論
を導くのではなく、運送人は船荷証券の記載の解釈によって決するとしてい
る点は、学説もほぼ一致して支持している。しかし、証券の記載からは本船
が定期傭船されていることもわからないし、船主の名称はどこにも記載され
ていない（本船名の表示はある）ので、いかなる記載をもって解釈するのかが
決定的な問題となる。判旨は、具体的な社名の記載された頭書の存在を考慮
せずに、「船長のために」の記載やデマイズ条項の存在を重視しているが、
この「解釈」には疑問が残る。結論を含めて学説はわかれているが、有価証
券である船荷証券の記載の解釈により運送人を特定するからには、証券外の
事実を捨象した証券所持人の視点にたった解釈が原則とされるべきである。

　運送人の特定とは、船荷証券上で運送人として責任を負うべき者の特定で
あればよく、定期傭船契約の存在やその内容（とくに船荷証券発行の授権）にと
らわれるべきではない。その意味では、総合的な判断であるとしても、少な
くとも定期傭船者の書式が用いられていれば唯一の名称記載である頭書の記
載は重視されるべきものと考える。他方、証券所持人が証券外の事実を主張
することは妨げられないから、所持人がこうした定期傭船契約書などの証券
外の事実を援用して、運送人は船主であると主張することも可能であろう。
この問題は不明確な船荷証券を発行する運送人側にこそ原因があるというべ
きであり、このような証券の利用から証券所持人を保護する解決が求められ
る。なお、デマイズ条項により運送人が決まるとみるべきではないから、運
送人としての責任を負うべき者がその責任を回避するために同条項を援用す
るときは特約禁止規定（国際海運11条１項）により無効と解する。他方、証券
所持人がデマイズ条項を援用する場合には、無効とはならない。

Ⅲ　船荷証券の物権的効力

１．物権的効力の意義

　船荷証券の物権的効力とは、船荷証券の引渡しが証券に記載された運送品

の引渡しと同じ効力（占有移転の効力）をもつことをいう（商763条）。

　民法の原則によれば、物権の設定および移転は当事者の意思表示だけで効力が生じるが（民176条）、動産に関する物権の譲渡は、その動産の引渡しがなければ第三者に対抗することができない（民178条）。そうすると、海上運送中の物品についても譲渡の当事者間の合意により所有権は移転するが、運送品の所有権取得を譲受人が第三者に対抗するためには、その運送品の引渡しを受けることが必要となる。この場合、その運送品について船荷証券が発行されているときは、運送品の譲受人が譲渡人から船荷証券の交付を受けることによって運送品自体の引渡しを受けたのと同一の効力を生じることにしたのである。

　また、運送品のうえに質権を設定するには、債権者にその運送品を引き渡すことを要するが（民344条）、たとえば、債権者としての荷為替手形の割引銀行は、荷送人から船荷証券の交付を受けることによって運送品上の質権を取得することができる。

2．物権的効力の法律構成

　船荷証券の引渡しが運送品の引渡しと同一の効力を有するということは、民法の定める占有移転の原則との関係においてどのように説明すべきか、つまり物権的効力の法律構成が問題として提起される。これには、相対説と絶対説とが対立している。

(1)　相対説

　この説によれば、運送品の直接占有は運送人が有し、運送品の間接占有が船荷証券の引渡しによって移転すると考える。つまり、商法は証券の引渡しを民法との関係で相対的な占有移転原因としているものと解する。従来の通説は、この相対説のうち、代表説といわれるものであり、証券は貨物を代表する力をもっており、運送品が運送人の直接占有のもとにあるかぎり、指図による占有移転（民184条）の手続きを必要とせず、証券の引渡しによって運送品の間接占有が移転すると説いている。判例もまた代表説によっていたものとみられる（大判明治41・6・4民録14輯658頁、大判大正 4・5・14民録21輯764頁、大判大正 9・10・14民録26輯1485頁）。

(2)　絶対説

　絶対説は、船荷証券の引渡しは、民法の定める占有移転の原因以外に認められた商法独自の占有移転原因であり、運送人が運送品を占有しているか否かとは無関係に、証券の引渡しが運送品の占有を移転するものであるとする。これは、代表説によると運送人が一時的に運送品の占有を失った場合に、その間になされた証券の引渡しに運送品の引渡しと同一の効力を認めることができなくなると考えられたからである。

　この点、代表説からは、運送人が運送品の占有を失っても占有回収の訴権（民200条）を有するかぎり、証券は運送品の間接占有を代表する効力をもつと説かれており、そうすると絶対説と代表説との実質的相違はほとんどなくなる。たとえ絶対説のように考えても、運送人の占有する運送品が滅失したり、第三者によって即時取得されたときは（民192条）、結局はその後の証券の引渡しに物権的効力は認められない。このようにみると、あえて絶対説にたつ必要もないであろうから、物権的効力の理解としては代表説（相対説）によるのが妥当であると思う。

第8章
海上物品運送契約の履行

I　船舶の堪航能力

1．堪航能力の意義とその内容

　堪航能力とは、契約に予定された航海を安全に行うことができる船舶の能力であり、海上運送人にはこの能力を備えた船舶を提供する契約上の義務が伝統的にみとめられてきている。商法も、国際海上物品運送法も、これについて規定を設けているが、2018年〔平30〕の商法改正により、商法の規定が国際海上物品運送法の規定にならって改正されたため、現在では両者はほぼ同一の文言となっている。

　運送人が備えるべき船舶の堪航能力については、商法739条1項および国際海上物品運送法5条が具体的に列挙しているように、その内容として次の3つがあげられる。第1に、船舶を航海に堪える状態に置くことである（商739条1項1号、国際海運5条1号）。船舶自体の設計、構造および性能から船舶が当該契約航海における通常の海上危険に堪える能力を具備していなければならず、これがほんらいの意味での（狭義の）堪航能力であって、これを「船体能力」という。第2に、船員の乗組み、船舶の艤装および需品の補給を適切に行うことである（商739条1項2号、国際海運5条2号）。資格と能力を有する、十分な員数の船員を乗り組ませ、当該契約航海に必要な船舶の設備・装備を整え、水や食料などの物資を適切に補給することで、これを「運航能力」という。船舶国籍証書など航海に必要な書類の備え置きも、これを欠く

と適法な運航ができないので、運航能力に含まれる。第 3 に、船倉、冷蔵室その他運送品を積み込む場所を、運送品の受入れ、運送および保存に適する状態に置くことである（商739条 1 項 3 号、国際海運 5 条 3 号）。これは、船倉の洗浄、冷蔵装置の保守など、運送契約の目的である具体的な運送品について、その運送・保存に適した状態を整えることをいい、これを「堪貨（荷）能力」という。

2．堪航能力を備えるべき時期

　船舶が堪航能力を備えるべき時期について、商法および国際海上物品運送法は「発航の当時」と規定している（商739条 1 項柱書き、国際海運 5 条柱書き）。ここにいう「発航の当時」とは、船積みの開始の時から発航の時までをいうものと解されている。

　また、「発航の当時」というのは、運送契約を標準として、その積荷について船積港を出発する時を指すから、積荷ごとに堪航能力を備えるべき時期は異なってくる。たとえば、A港からB港を経由して目的港まで運送する場合、A港で積み込んだ積荷についてはA港を出発する時が「発航の当時」であるが、途中で寄港したB港で積み込んだ積荷についてはB港を出発する時がこれにあたる。

3．堪航能力に関する責任の性質と立証責任

　商法および国際海上物品運送法は、堪航能力を欠いたことにより生じた運送品の損害について運送人が損害賠償責任を負うと定めている（商739条 1 項柱書き本文、国際海運 5 条柱書き本文）。また、運送人が発航の当時、堪航能力について注意を怠らなかったことを証明したときは、この責任を負わないものとしている（商739条 1 項柱書き・ただし書き、国際海運 5 条柱書き・ただし書き）。

　このように、堪航能力に関する運送人の責任は過失責任であり、注意を尽くしたこと（無過失）の免責のための立証責任は運送人が負担する。2018年改正前の商法738条について、かつての通説は運送人の無過失責任を定めたものと解しており、1957年〔昭32〕に国際海上物品運送法が制定されたのちの学説も、無過失責任説と過失責任説が対立していた。もっとも、無過失責

任説でも立法論としては過失責任とする考え方が支配的であり、改正に際して明文上もこれが過失責任であることが明らかにされた。

4．適用範囲と特約禁止

①適用範囲　　商法739条1項は、海上物品運送のうち個品運送に関する規定であるが、航海傭船について準用されている（商756条1項前段）。また、定期傭船された船舶により物品を運送する場合についても準用されている（商707条前段）。他方、国際海上物品運送法は、個品運送と傭船契約を一般的に区別していないので、国際運送であるかぎり同法5条が適用される。

②特約禁止　　商法は、739条1項に規定する運送人の損害賠償責任を免除し、または軽減する特約を無効と定め（商739条2項）、これを強行規定としている。もっとも、航海傭船および定期傭船には、この商法739条2項は準用されていない（商756条1項参照）。ただし、航海傭船のもとで船荷証券が発行された場合、運送人はこのような特約をもって船荷証券の所持人に対抗することができない（商756条2項）。

同じく、国際海上物品運送法5条は、同法11条1項が規定する特約禁止の対象となっており、この場合の運送人の責任を減免する特約は無効となる。国際運送である航海傭船契約については、原則としてこの特約禁止の適用対象外とされているが（国際海運12条本文）、やはり船荷証券が発行されているときは、運送人と証券所持人との関係ではこうした特約は無効となる（国際海運12条ただし書き）。

5．堪航能力に関する義務違反の効果

運送人が堪航能力につき注意を怠ったことにより生じた運送品の滅失、損傷または延着の損害について、運送人は損害賠償の責任を負うが（商739条1項柱書き、国際海運5条柱書き）、運送人のこの責任は運送契約の債務不履行にもとづく責任である。したがって、荷送人または傭船者は、損害賠償請求のほか、堪航能力を具備した船舶の提供を求め、または契約を解除することができる（民541条）。

また、国際海上物品運送の場合、運送人の一般的責任（国際海運3条1項）

について免責事由とされる航海上の過失または船舶における火災（国際海運3条2項）によって運送品に損害が生じたときであっても、これが堪航能力に関する注意を欠いた結果として生じたものである場合には、運送人はその責任の免除を受けることができないと解される。形式的にも、この場合の責任の根拠規定となる国際海上物品運送法5条には、同法3条2項のような免責事由は定められていない。なお、船舶の不堪航は、船舶保険契約における保険者の免責事由（保険契約者または被保険者が堪航能力につき注意を怠らなかったことを証明した場合を除く）とされている（商826条4号、同条柱書き・ただし書き）。

Ⅱ　運送品の船積み

1．個品運送における運送品の受取り

海上運送人は、個品運送契約にもとづき荷送人から運送品を受け取る。荷送人は、このように運送品を引き渡す契約上の義務を負っており、商法は、荷送人が運送品の引渡しを怠ったときは、船長はただちに発航することができ、荷送人は運送賃の全額（運送人が当該運送品に代わる運送品について運送賃をえた場合は、この運送賃を控除する）を支払わなければならないと定めている（商737条2項、国際海運15条）。しかし、今日の個品運送は、あらかじめスケジュ

8-1　船積み

左：コンテナの船積み、右：木材の船積み

ールの定められた定期船によって行われており、もし船積準備を怠った結果として予定の便に運送品が船積みされなかったとしても、その場合は次便船による運送が約定されたものと解されるから、商法737条2項が適用されることは、現実には考えにくい。

2. 運送品の船積みおよび積付け

(1) 船積みおよび積付けの作業

　個品運送の場合、海上運送人は、運送契約にもとづいて荷送人から運送品を受け取ると、これを船内に積み込み、積付けを行う（商737条1項参照）。航海備船契約の場合は、後述のように、商法は備船者が船積みを行うことを原則としていくつかの規定を設けているが、通常は備船契約書により船積みに関する約定がなされている。

　運送品の積付けとは、海上運送中の運送品を保護するとともに、船舶の安全をはかるために、運送品を船内に計画的に配置する作業をいう。積付けの具体的な方法は運送品の品目ごとに異なるが、航海中の船舶の縦揺れや横揺れに堪えるよう、適切に行わなければならない。固縛（ラッシング）の不十分など、積付けが適切でなければ、荷崩れを起こして運送品を損傷させるばかりか、崩れた積荷の片寄りによって復原性を失った船舶の転覆などを生じさせることもある。港湾において、実際に船積みや積付けの作業を行うのは、専門の港湾荷役業者（ステヴェドア）であるが、多くの場合は海上運送人との請負契約によって船積作業に従事しており、これらの者が海上運送人の履行補助者とみとめられるときは、ステヴェドアの過失による運送品の損傷などについて海上運送人が運送契約上の責任を負う。

8-2　固縛（ラッシング）
船倉内で固縛されたスチール・コイル

◆ 航海傭船の場合

　航海傭船の場合については、商法がいくつかの規定を設けている。個品運送と異なり、あらかじめ当事者間で傭船契約書が作成されるのが通常であるから、これらの商法の規定は補充的な意味をもつにすぎない。なお、以下に示す商法の規定はすべて国際運送である航海傭船にも適用される（国際海運15条。以下、この注記は省略する）。

　運送品の船積みのために必要な準備が完了したときは、船長は遅滞なく傭船者に対してその旨の通知を発しなければならない（商748条 1 項）。契約に船積期間が定められており、始期の定めのないときは、この通知があった時が船積期間の起算点となり（商748条 2 項前段）、期間経過後の船積みに対しては、特約がなくても運送人は相当の滞船料を請求することができる（商748条 3 項）。なお、期間中であっても、不可抗力により船積みができない期間は、船積期間に算入されない（商748条 2 項後段）。

　傭船者に代わって第三者から運送品を受け取るべき場合で、この第三者を確知することができないとき、またはこの者が船積みをしないときは、船長はただちに傭船者に対してその旨の通知をしなければならず（商749条 1 項）、この場合、傭船者は船積期間内にかぎり運送品の船積みをすることができる（商749条 2 項）。

　傭船者は、運送品の全部の船積みをしていないときでも、船長に対して発航の請求をすることができる（商750条 1 項）。この場合、傭船者は、運送人に対して、運送賃の全額のほか、運送品の全部の船積みをしないことによって生じた費用を支払わなければならず、かつ、運送人の請求により、費用の支払いについて相当の担保を提供しなければならない（商750条 2 項）。

　船積期間が経過したのちは、傭船者が運送品の全部の船積みをしていないときでも、船長はただちに発航することができる（商751条前段）。この場合も、運送賃および費用について、傭船者の請求による発航に関する商法750条 2 項が準用される（商751条後段）。

　なお、傭船者が船積期間内に運送品の船積みをしなかったときは、運送人は、傭船者が契約を解除したものとみなすことができる（全部航海傭船につき商753条 3 項。一部航海傭船への準用につき商755条前段）。

● FIO ●

　傭船契約や大口貨物の場合、貨物の性質などにより、荷主側の委託したステヴェドアによる荷役・積付けまたは荷揚げが必要になることもある。荷主が船積み・荷

揚げのいずれも負担する場合を FIO（free in and out）といい、船積みのみを負担する FI(free in)、または荷揚げのみを負担する FO（free out）もある。荷主（荷送人または備船者）の委託した荷役業者による積付けにおける過失によって運送品に損害が生じたときは、通常、運送人は責任を負わないはずであるが、この場合の免責特約がある場合に、運送人が船荷証券所持人または荷受人に対して損害賠償責任を負うか否かが国際海上物品運送法の特約禁止規定（国際海運11条1項）との関係で問題となりうる。結論としては、これを役務提供範囲の合意とみて、その実態があるかぎり、運送人が負うべき責任を免れるような特約とはならないと解すべきであろう。

(2)　船長に対する必要書類の交付

　荷送人または備船者は、船積期間内に、運送に必要な書類を運送人（船長）に提出しなければならない（商738条、756条1項、国際海運15条）。

(3)　危険物の船積み等

　①危険物の通知　　運送品が引火性、爆発性その他の危険性を有するものであるときは、荷送人は、その引渡しのまえに、運送人に対して、運送品が危険物であること、および品名、性質その他の危険物の安全な運送に必要な情報を通知しなければならない（商572条、国際海運15条）。荷送人がこの通知義務に違反した場合、これによって損害が生じたときは、荷送人は運送人およびその他の被害者に対して、一般法にもとづいて責任を負う。なお、2018年の商法改正に際しては、通知のなかった危険物による損害に対する荷送人の責任の性質についておおいに議論されたが、これを無過失責任とする規定の新設は見送られた。

　②危険物の処分　　国際海上物品運送法は危険物の処分に関する規定を設けており、引火性、爆発性その他の危険性を有する運送品で、船積みの際、運送人、船長および運送人の代理人がその性質を知らなかったものは、いつでも、陸揚げし、破壊し、または無害にすることができるとしている（国際海運6条1項）。この場合、危険物により運送人に損害が生じれば、荷送人の損害賠償責任が別途問題となりうる（国際海運6条2項参照）。また、これらの者がその性質を知っていた場合であっても、船舶または積荷に危害をおよぼすおそれが生じたときは、危険物を陸揚げし、破壊し、または無害にするこ

とができる（国際海運6条3項）。このいずれの場合にも、運送人は、これらの処分によって当該運送品に生じた損害について賠償責任を負わない（国際海運6条4項）。

(3) 違法船積品等

法令に違反して、または契約によらないで船積みされた運送品については、運送人は、いつでもこれを陸揚げすることができ、これらの運送品が船舶または積荷に危害をおよぼすおそれがあるときは、これを放棄することができる（商740条1項、756条1項、国際海運15条）。運送人がこの運送品を運送したときは、その船積みされた地および時における同種の運送品にかかる運送賃の最高額を請求することができる（商740条2項、756条1項、国際海運15条）。また、このような運送品を船積みしたことによって運送人またはその他の利害関係人に対して損害を与えたときは、荷送人または傭船者は損害賠償の責任を負う（商740条3項参照、756条1項、国際海運15条）。

Ⅲ 航海および運送品の荷揚げ

1. 発航と直航義務

運送品の船積みが完了すると、運送人は船舶を発航させなければならないが、通常、発航の時期は契約に定めるところによる。個品運送の場合、発航の時期は、あらかじめ公表されており、航海傭船の場合は、傭船契約によって定められる。

運送人は、正当な理由のある場合を除き、予定の航路を変更することなく、かつ、相当の速力をもって目的港まで航行しなければならない。船舶の航路は、契約または慣習によって予定されており、船舶がこの予定航路から逸脱することを離路という。海上運送人は、正当な理由による場合でなければ離路をしてはならないという義務を負っており、これを直航義務という。船荷証券には、航海の範囲を広く定めた約款（離路約款）が用いられているが、これにより運送人が離路につき完全な自由を享受すると解すべきではな

く、合理的な離路のみが許容される。

2．運送品の保管

　海上運送人は、運送品の受取りから引渡しまでの間、善良な管理者の注意をもって、運送品を保管しなければならない（商575条、国際海運3条1項参照）。具体的にどのように保管をすべきかは、運送品の種類など具体的事情により異なるが、運送中の運送品に滅失または損傷のおそれが生じたような場合に、荷主に通知をして指図を求めたり、応急的な措置を講じることなどを含む。なお、船長の義務（権利でもある）としての積荷処分権（商711条1項）については、すでに述べた。

3．荷送人等の指図に従う義務（荷送人等の処分権）

　海上運送人は、荷送人または船荷証券の所持人が運送の中止、荷受人の変更その他の処分を指示した場合は、その指図に従わなければならない（商580条前段、768条、国際海運15条）。当初の契約内容を、事後的かつ一方的に変更する権利であり、荷送人または船荷証券の所持人に認められたこの指図権を、運送品の処分権という。運送の途中で市況が変わったり、買主（荷受人）の信用状態が悪化して代金の支払いや荷為替の支払いが期待できないような場合に備えて認められた権利である。

　運送品の処分権を有する者は、船荷証券が発行されていないときは荷送人であり、船荷証券が発行されているときはその正当な所持人である（商580条の読み替えにつき商768条参照）。

　この処分権の内容は、運送の中止、荷受人の変更その他の処分であり、当該運送契約における運送人の義務の範囲内でなければならない。すなわち、運送人にあらたな義務を課し、またはその義務を合理的範囲を超えて加重するようなものは認められない。運送品が現に存在する場所での返還を求めることや、目的地の荷受人を変更することは、運送人が対応可能であるかぎり処分権の範囲に含まれるが、運送途中の運送品を発送地まで返送するというのは処分権の範囲外である。

　運送人が荷送人等の指図に従って処分をしたときは、運送人は、すでに実

施した運送の割合に応じた運送賃（割合運送賃）・付随費用・立替金、および運送品の処分によって生じた費用（たとえば、積替費用、保管費用）の弁済を請求することができる（商580条後段、国際海運15条）。

　なお、船荷証券が発行されていない場合（商768条参照）、荷送人の処分権は、運送品が到達地に到着し、荷受人がその引渡しを請求したときは行使することができない（商581条2項、国際海運15条）。

4．運送品の荷揚げ

　海上運送人は契約によって予定された荷揚港に本船を入港させなければならない。個品運送契約においては、この荷揚港は契約の締結に際して定められている。

　運送品の荷揚げは、船積みの場合と同様に、専門の荷役業者であるステヴェドアによって行われる。ステヴェドアの過失による運送品の損傷等について運送人が責任を負うべきことなども、船積みの場合と同じである。

◆ 航海傭船の場合

　航海傭船の場合、運送品の陸揚げのために必要な準備を完了したときは、船長は遅滞なく荷受人に対してその旨の通知を発しなければならない（商752条1項）。契約に陸揚期間が定められており、始期の定めのないときは、この通知があった時が陸揚期間の起算点となり（商752条2項前段）、期間経過後の陸揚げに対しては、特約がなくても運送人は相当な滞船料を請求することができる（商752条3項）。また、

8－3　荷揚げ

左：石炭の荷揚げ、右：荷揚中のオイル・タンカーとオイル・フェンス

期間中であっても、不可抗力により陸揚げができない期間は、陸揚期間に算入されない（商752条 2 項後段）。これらの規定は、国際運送である航海傭船にも適用される（国際海運15条）。

Ⅳ　運送品の引渡しおよび運送契約の終了

　海上運送人は、荷受人に運送品を引き渡すことにより、運送契約上の債務を最終的に履行することになる。運送品の引渡しは、運送が終了したのち、海上運送人がその運送品の占有を荷受人に移転し、荷受人がその占有を取得する行為である。

　大量の貨物を短時間に荷揚げする必要があるため、まず一括して運送品を陸揚げしたのち（総揚げ）、代理店、埠頭業者、倉庫業者または運送取扱人などによって引渡しが行われることが多い。海上運送人は、船荷証券と引換えに、証券所持人に対して、運送品を保管するこれらの者に宛てた荷渡指図書を交付することにより引渡しが行われる。

1．荷受人

　運送品の引渡しは運送人によって荷受人に対してなされるが、誰が荷受人であるかは、船荷証券が発行されている場合と、そうでない場合とでは異なってくる。

(1)　船荷証券が発行されている場合

　この場合の荷受人、すなわち運送人に対して運送品の引渡しを求めることができる者は、船荷証券の正当な所持人である。

　船荷証券が記名証券（裏書きが禁止されていない記名式船荷証券は指図証券である）であるときは証券に荷受人として記載された者、指図証券であるときは連続した裏書きの最終被裏書人（民520条の 4 参照）、無記名証券のときはその所持人が、いずれも荷受人である（民520条の20、520条の14参照）。海上運送人がこのような資格のある者に運送品を引き渡したときは、たとえその者が真の権利者でなかったとしても、運送人に悪意または重大な過失がないかぎり免責

される（指図証券につき民520条の10参照）。

　船荷証券は、1つの運送品について数通が発行されるのが通常であるが、運送品の引渡地として予定された陸揚港以外の地において運送品の引渡請求を受けた場合は、運送人は船荷証券の全通の返還を受けなければ、運送品の引渡しをすることができない（商765条2項、国際海運15条）。

　これに対して、陸揚港においては、数通の船荷証券のうち1通の所持人から運送品の引渡請求があれば、運送人は引渡しを拒むことはできない（商765条1項、国際海運15条）。この場合、もし他に証券所持人がいたとしても、その船荷証券は効力を失うから（商766条、国際海運15条）、運送人には二重払いの危険は生じない。

　仮に2人以上の所持人から同時に運送品の引渡請求を受けたときは、運送人としてはいずれが権利者であるかがわからないので、この場合には、運送人はその運送品を供託することができる（商767条1項前段、国際海運15条）。運送人が運送品を供託したときは、遅滞なくその旨の通知を各証券所持人に発しなければならない（商767条2項、国際海運15条）。そうしても各証券所持人間の問題が残るが、これについては、元の所持人がもっとも先に発送し、または引き渡した証券を所持する者が他の証券所持人に優先してその権利を行使することができるものとされる（商767条3項、国際海運15条）。ここにいう元の所持人とは、かならずしも荷送人ではなく、数通の船荷証券を別々に譲渡した者をいう。

(2)　船荷証券が発行されていない場合

　船荷証券が発行されていない場合には、荷受人は、海上運送人と荷送人との間の運送契約において荷受人として指定された者である。運送品が陸揚港に到着したのちは、荷受人は運送契約によって生じた荷送人の権利と同一の権利を取得するので（商581条1項、国際海運15条）、運送品の引渡しを請求することができる。

● 荷受人の地位 ●

　運送品が到達地（陸揚港）に到着したのちは荷受人が運送契約によって生じた荷

送人の権利を取得するというこの商法
581条1項の規定を法律上どのように説
明するかについては、古くからさまざ
まな法律構成が試みられてきたが、現
在では、これを第三者のためにする契
約（民537条）とみる見解と、法律の特
別の規定にもとづくものとする見解と
にわかれている。

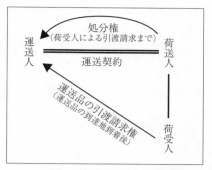

　第三者のためにする契約とみる見解
によれば、運送契約当事者の意思にも
とづいて荷受人たる地位を取得するこ
とになるが、契約上の利益を享受する
第三者の意思表示（民537条3項）を不

8-4　荷受人の地位（商581条）と荷送人の処分権（商580条）

要とするほか、とくに荷受人が運送賃、付随費用および立替金を支払う義務をも負
担する点については（商581条3項）、これをとくに法律の規定にもとづくものであ
ると解しており理論的に矛盾がみられる。そこで、荷受人の地位を法律の特別の規
定（商581条1項）にもとづくものと解する立場を支持すべきであろう。すなわち、
運送契約では、目的地で荷送人の身代わりとなって運送品を受け取る資格を有する
者が不可欠であって、荷受人はそのために法律によって定められた特殊な地位を有
するものと解せばたりる。

2．仮渡し・保証渡し

　船荷証券が発行されたときは、証券の正当な所持人だけが運送品の引渡し
を求めることができるから、証券を所持することなく運送品の引渡しを求め
る者に対しては、運送人はその引渡しを拒むことができる（商764条、国際海
運15条）。このような船荷証券の受戻証券性からすれば、運送品の引渡しは船
荷証券と引換えになされるべきであり、運送人が船荷証券と引き換えずに運
送品を引き渡したのちに証券所持人が現れて運送品の引渡請求をうければ、
引渡済みの運送品を取り戻せないかぎり、運送人は債務不履行にもとづく損
害賠償責任を免れない。

　しかし、海運の実際では、運送品が目的港に到着していても、荷受人であ
る買主がまだ船荷証券を入手していないということがある。この場合、運送

品を引き渡せないとすると、買主は転売などの機会を逸するおそれがあり、運送人としても保管費がかさんでしまうなどの不都合が生じる。ときには、買主がその運送品をあらかじめ転売して代金の支払いを受けなければ荷為替の支払資金を調達できないような場合さえある。そこで、海上運送人は、荷受人の便宜をはかるため、船荷証券と引き換えずに運送品を引き渡す慣習があり、このような運送品の引渡しを一般に仮渡しという。しかし、仮渡しを行うときは、のちに証券の正当な所持人が現れて運送人が損害賠償責任を負う危険があるため、仮渡しを受けようとする者から、海上運送人が負担することになるすべての損害を賠償する旨を約した保証状（letter of guarantee: L/G）ないし補償状（letter of indemnity: L/I）を差し入れさせるのが通常であり、この場合をとくに保証渡しという。また、求償を確実にするため銀行を連帯保証人とする保証状（バンク L/G）が用いられる場合、これをダブル L/G、銀行の保証のない L/G をシングル L/G とよんで区別することがある。

　この保証渡しの慣行（保証状による合意）は、かつては商法764条を強行法規とみて、民法90条に違反するため無効であると判示されたこともあるが（貨物引換証について、大阪地判大正14・3・23新聞2414号7頁）、現在では、判例上、商慣習としてその適法性が承認されている。学説も多くは保証渡しの適法性をみとめ、商法764条は、運送人に対して船荷証券と引換えでのみ運送品を引き渡すべき義務を定めたものではなく、証券と引換えでない引渡請求を運送人が拒絶できることを定めたにすぎないと説く。しかし、仮渡しまたは保証渡しの行為のなかに証券所持人の正当な権利を害するおそれのあることを運送人は認識すべきであって、その意味で、保証渡しは証券所持人に対する関係ではなお違法性を免れない行為というべきである。

● 仮渡し・保証渡しと運送人の責任 (国際運送) ●

　　仮渡し・保証渡しを行った運送人は、保証状・補償状をもって正当な証券所持人に対抗できないから、そのような所持人が現れた場合には損害賠償責任を負う。この損害賠償責任については、とりわけ実務で問題となる国際海上物品運送に関して、運送契約法の諸規定（とくに責任制限、損害賠償の範囲および出訴期間について問

題となる）の適用がどうなるかをめぐり議論がなされてきている。運送人が運送品を引き渡せないという点では滅失の場合に準じて処理できるようにみえるが、船荷証券統一条約もこれにもとづく国内法も、このような船荷証券と引換えでない引渡しの場合を想定していなかったものと思われ、また、運送人としては証券所持人の権利を害するおそれを認識して引渡しを行ったものと評価されることから、この場合の責任を単純な滅失の場合と同様に扱うことは妥当でないとも考えられる。

　まず、責任制限規定（国際海運９条１項）については、保証渡しは責任制限が予定していない逸脱行為であるとして、この場合の責任制限を否定する見解がある。しかし、ほとんど阻却されない設計（国際海運10条参照）の責任制限を解釈によって排除することが可能であるか、また妥当であるかについては、さらなる検討を要するように思う。これに対して、定額賠償（国際海運８条１項）および１年の除斥期間（商585条１項、国際海運15条）については、証券所持人による運送契約にもとづく損害賠償請求であれば、これらを適用してもとくに不合理ではないから、この場合にも適用があるものと解する。

　そうした場合、除斥期間の起算点については、異論もあるが、全部滅失の場合に準じて運送品が引き渡されるべきであった日と解すべきである（最判平成９・10・14海事法研究会誌145号59頁）。たしかに、まだ保証渡しがなされずに損害が発生していないうちから期間が進行することもありうるが、ほんらい引き渡されるべき日を超えて受け取りがなく、運送人の保管中に運送品が全部滅失したような場合もやはりこの期間の起算点は引き渡されるべき日になるのと同じことと思う。法律は画一的に起算点を定めているので、これと異なる起算点を仮渡し・保証渡しについてのみ解釈により設けることは妥当でない。

3．運送品の供託

　荷受人を確知することができないとき、または荷受人が運送品の受取りを拒み、もしくは運送品を受け取ることができないときは、運送人は、運送品を供託することができる（商582条１項、583条前段、国際海運15条）。この供託は債権者のための弁済の目的物の供託（民494条）と解されるから、供託により運送人は運送債務を免れる。

　荷受人を確知することができない場合は、運送人が荷送人または傭船者に対して相当の期間を定めて運送品の処分につき指図をするよう催告し、荷送人がこれをしないときは、運送人は運送品を競売に付すことができる（商582

条 2 項、国際海運15条）。船荷証券が発行されているときは、荷送人は運送品の処分権をもたないので、商法582条 2 項の適用はない（商768条）。荷受人が運送品の受取りを拒み、または運送品を受け取ることができない場合も同様（商583条前段、国際海運15条）であるが、この場合の荷送人または傭船者への催告は、運送人が荷受人に対して相当の期間を定めて運送品の受取りを催告したのち、その期間経過後にすることができる（商583条後段、国際海運15条）。ただし、損傷などにより価格低落のおそれのある運送品については、この催告を要しない（商582条 3 項、国際海運15条）。運送品を競売に付したときは、その対価を運送人が供託するのが原則であるが、運送人は対価の全部または一部を運送賃に充当することができる（商582条 4 項）。

　運送人が、これらの規定により運送品を供託し、または競売に付したときは、遅滞なく荷送人または傭船者に対して（荷受人が運送品の受取りを拒絶した場合等には荷受人に対しても）その旨の通知を発しなければならない（商582条 5 項、583条、国際海運15条）。

4.　荷受人等の損害概況通知義務

　外航船（国際海上物品運送）の場合、荷受人または船荷証券所持人は、運送品の一部滅失または損傷があったときは、受取りの際、運送人に対してその滅失または損傷の概況について書面による通知を発しなければならない（国際海運 7 条 1 項本文）。この通知がなかったときは、運送品は滅失または損傷なく引き渡されたものと推定される（国際海運 7 条 2 項）。

　内航船の場合は、後述するように、これとは異なる運送人の責任の特別消滅事由を定めた商法の規定が適用される（商584条）。国際海上物品運送法の規定は、このような損害賠償請求権の消滅を定める免責約款から荷受人等を保護する（商法584条のような内容の約款は、国際運送であれば国際海上物品運送法11条 1 項の特約禁止規定により無効になる）とともに、荷受人等から損害について通知を受けることによって、運送人が速やかに証拠保全などの対応がとれるように、船荷証券統一条約にもとづいて定められたものである（最判昭和48・4・19民集27巻 3 号527頁）。また、その滅失または損傷がただちに発見することのできないものであるときは、受取りの日から 3 日以内にその通知を発す

ればよい（国際海運7条1項ただし書き）。

　この通知は、以上のような趣旨から、運送品の一部滅失または損傷の概況を通知するものであればたりると解される。

　運送品の状態が、引渡しの際に当事者の立会いによって確認されていれば、このような通知を受ける必要がないから、荷受人等は通知義務を負わない（国際海運7条3項）。運送品が全部滅失した場合も、同様に損害が明らかであるから、国際海上物品運送法7条1項は一部滅失または損傷の場合だけを対象として、全部滅失の場合を除外している。

　また、運送品に滅失または損傷が生じている疑いがあるときは、運送人と荷受人等は相互に運送品の点検のため必要な便宜を与えるべきものとされている（国際海運7条4項）。

5．運送賃の支払い

(1)　運送賃請求権

　運送人は、引き受けた運送の報酬として、運送契約にもとづき運送賃を請求する権利を有しており、これは運送人の契約相手方（荷送人または傭船者）に対するもっとも基本的な権利である。商法は、運送契約が請負契約の性質を有していることから、運送賃は到着地における運送品の引渡しと同時に支払う（後払い）べきものと定めている（商573条1項、国際海運15条）。しかし、運送の実務では契約により支払時期が約定されており、むしろ前払いの特約がされることが多い。

　運送品が不可抗力により滅失し、または損傷したときは、運送人は運送賃を請求することができない（民536条1項）。これに対して、運送品がそれ自体の性質や瑕疵、または荷送人の過失によって滅失または損傷したきは、運送人は運送賃の全額を請求することができる（商573条2項、国際海運15条）。

(2)　荷受人の運送賃支払義務

　運送契約により運送賃の支払い義務を負うのは、運送契約の当事者である荷送人または傭船者であるが、荷受人も、運送品を受け取ったときは、運送契約または船荷証券の趣旨に従い、運送人に対して運送賃、付随費用および立替金（荷主が支払うべき救助料および共同海損分担金があれば、これらを含めた合計

額）を支払う義務を負う（商741条1項1号・2号、756条、国際海運15条）。荷受人がこの義務を負っても、荷送人または傭船者の運送賃債務が消滅するわけではなく、連帯債務として荷受人の債務と併存する。

(3)　**運送人の債権の担保**

①留置権　　運送人は、上述した運送賃等（商741条1項1・2号参照）の支払いを受けるまで、運送品を留置することができる（商741条2項、756条、国際海運15条）。

②運送品の競売権　　運送人は、荷受人に運送品を引き渡したのちであっても、第三者がその占有を取得するまでは、運送賃・付随費用などの支払いを受けるために、その運送品を競売に付すことができる（商742条、756条、国際海運15条）。この権利は、民法上の運輸の先取特権（民311条3号）と異なり（民318条参照）、運送人による運送品の占有を要件としてないので、運送品を引き渡したのちでも行使することができる。

(4)　**運送人の債権の消滅時効**

運送人の、荷送人、傭船者または荷受人に対する債権は、これを行使することができる時から1年間行使しないときは、時効によって消滅する（商586条、国際海運15条）。

6．海上物品運送契約の終了

海上物品運送契約は、運送人が荷揚港において荷受人に運送品を引き渡したときに完了するが、このほか、当事者によって契約が解除された場合にも終了する。

◆ 当事者による解除（任意解除）

①船舶の発航前　　荷送人または傭船者は、運送賃（航海傭船の場合は滞船料を含む）の全額を支払って、契約を解除することができる（商743条1項本文、753条1項本文、755条）。この場合、解除によって運送人に生じる損害額が運送賃額（航海傭船の場合は滞船料を含む）を下回るときは、その損害を賠償すればたりる（商743条1項ただし書き、753条1項ただし書き、755条）。ただし、全部傭船契約の場合を除き（個品運送契約または一部傭船契約の場合）、発航前であってもすでに運送

品の全部または一部を船積みしたときは、荷受人または一部備船者は、他の荷送人および備船者の全員の同意をえたときにかぎり、契約を解除することができる（商743条2項前段、755条）。また、契約を解除したときでも、荷送人または備船者は、付随費用および立替金を支払う義務を免れない（商744条、756条）。運送品の全部または一部を船積みしたのちに契約を解除するときは、荷送人または備船者は、その運送品の船積みおよび陸揚げに要する費用を負担しなければならない（商743条2項後段、753条2項、755条）。

　②船舶の発航後　　荷送人または一部備船者は、他の荷送人および備船者の全員の同意をえて、かつ、運送賃等（商741条参照）および運送品の陸揚げによって生じる損害の合計額（一部備船契約の場合は滞船料を含む）を支払うか、または相当の担保を提供しなければ、契約を解除できない（商745条、755条）。全部備船の場合も同様であるが、他の荷送人や備船者は存在しないので、ここでもその同意は問題とならない（商754条参照）。

　なお、①および②に示した規定は、国際運送にも適用される（国際海運15条）。

第9章
海上物品運送人の責任

　運送人は、船積港で運送品を受け取ってから、これを目的港で引き渡すまで、運送契約の本旨に従って善良なる管理者の注意をもって運送品を保管、運送すべき基本的な義務を負っている（商575条、国際海運3条1項参照）。このほか、海上物品運送の特殊性にもとづく運送人の責任制度が設けられている

9-1　海上物品運送人の責任制度の概要

	商法（内航船）	国際海上物品運送法（外航船）
責任原因	運送人は、自己（またはその使用する者）が運送品の受取り・運送・保管・引渡し（・船積み・積付け・荷揚げ）について注意を怠ったことにより生じた運送品の滅失・損傷・延着について損害賠償の責任を負う（商575条本文、国際海運3条1項）	
法定免責	なし	航海上の過失免責・船舶における火災免責（国際海運3条2項）
証明責任	運送人の過失が推定され、運送人は無過失（運送等につき注意を怠らなかったこと）を立証すれば免責される（商575条ただし書き、国際海運4条1項）	
証明責任の軽減	なし	海の危険等による証明責任の軽減（国際海運4条2項）
異議をとどめない運送品の受取り	原則として運送人の責任は消滅する（特別消滅事由）（商584条）	運送品は滅失・損傷がなく引き渡されたものと推定される（国際海運7条）
賠償額	引渡し（荷揚げ）がされるべき地・時における運送品の市場価格等による定額賠償（商576条、国際海運8条）	
責任制限制度	なし	1包・1単位または重量による責任制限（国際海運9条）
期間の経過による責任の消滅	運送人の責任は、運送品の引渡しがされた日（引渡しがされるべき日）から1年以内に裁判上の請求がされないときは消滅する（除斥期間）（商585条、国際海運15条）	
免責特約等の禁止	個品運送の場合における不堪航による損害について運送人の責任を免除・軽減する特約の禁止（商739条2項）	運送人の権利義務に関する一定の規定に反する、荷送人・荷受人・船荷証券所持人に不利益な特約の禁止（国際海運11条1項）
高価品の特則	高価品については荷送人が運送を委託するにあたりその種類・価額を通知しなければ、運送人はその滅失・損傷・延着について損害賠償の責任を負わない（商577条、国際海運15条）	

が、これは外航船に適用される国際海上物品運送法の規定によるものと、内航船に適用される商法の規定によるものに大別される。

　国際海上物品運送法上の運送人の責任については、1968年および1979年の改正議定書による改正後の1924年船荷証券統一条約（ハーグ・ヴィスビー・ルール）をとりいれて、いくつかの特徴ある独自の規定が定められているので、内航運送の場合と外航運送の場合とでは、海上運送人の責任制度に基本的な相違がみとめられる。ここでは、運送人の責任制度の概要を述べるが、とくに国際海上物品運送法が規定する運送人の責任制限および免責に関する制度については次章（第10章）で考察する。

I　運送人の責任原因

1．運送人の責任の原則

(1)　運送品の滅失等に関する責任の原則

　商法は、運送人の責任原則を物品運送に関する総則的な規定として定めており、これが海上物品運送にも適用される。すなわち、運送人は、運送品の受取りから引渡しまでの間に、その運送品が滅失し、もしくは損傷し、もしくはこれらの原因が生じ、または運送品が延着したときは、これによって生じた損害を賠償する責任を負う（商575条本文）。ただし、運送人がその運送品の受取り、運送、保管および引渡しについて注意を怠らなかったことを証明したときは、この責任を免れる（商575条ただし書き）。

　国際海上物品運送法は、この商法の規定とは別に独自の規定を設けている。まず、3条1項において、運送人は、自己またはその使用する者が、運送品の受取り、船積み、積付け、運送、保管、荷揚げおよび引渡しにつき注意を怠ったことにより生じた運送品の滅失、損傷または延着について損害賠償責任を負うと規定しており、また、4条1項において、運送人は前条（3条）の注意が尽くされたことを証明しなければ、同条の責任を免れることができないと規定している。これらを合わせ読めば、国際海上物品運送法の定

める運送人の責任原則は商法のそれと同じであるといえる。

　いずれにおいても、運送中の運送品に滅失等の損害が生じた場合には、運送債務の不履行となり、損害賠償を請求する荷主側は、運送人が注意を怠ったこと（過失）を証明する必要はない（過失推定責任といわれる）。運送人は、免責事由として、運送品の運送・保管等に注意を怠らなかったこと（無過失）の立証責任を負担している。ここで、国際海上物品運送法が、3条1項および4条1項にわけて規定しているのは、責任原因および証明責任の双方について、それぞれ3条2項および4条2項で例外規定を置いているためである。

　これらの商法および国際海上物品運送法の規定は、いずれも運送人の債務不履行にもとづく損害賠償責任の原則を明らかにしたものであるが、民法の一般原則（民415条）を運送の場面について具体的に規定したものであって、これらの規定に特則としての特別な意味はみとめられない（通説）。運送人の免責のための立証責任はこのように運送人に課されているが、損害が運送人の運送品保管のもとで生じた事実および損害額は、損害賠償を請求する荷主側が立証責任を負う。

　国際海上物品運送法3条1項にいう運送人の「使用する者」とは、船員や水先人ばかりでなく、運送人と雇用関係にない港湾荷役業者、下請運送人などを含め、広く運送のために運送人が使用する者（履行補助者）をいう。商法がこれに言及していないのは、履行補助者が生じさせた損害について運送人が責任を負うことは当然だからであって、ここに商法と国際海上物品運送法の実質的な相違はみとめられない。

● レケプツム責任 ●

　運送人の責任についてはローマ法以来、厳格な結果責任がみとめられ、運送人は運送品の滅失および毀損についてたんに無過失を立証しただけではたりず、損害が不可抗力によって生じたものであることを立証しなければ、その賠償責任を免れることができないものとされていた。これをレケプツム（receptum）責任という。しかし、近代法はこのような運送人の厳格な責任を緩和する傾向をたどり、わが国の商法575条も無過失を免責事由としている。レケプツム責任は、運送人のほか宿屋

の主人の責任についてもみとめられ、わが国の場屋営業主の責任規定（商596条1項）にその名残がみられる。なお、各種運送約款にあらわれた近時の傾向として、運送人の責任の厳格化と賠償額の制限を指摘することができる。

(2) 責任の期間

　国際海上物品運送法も商法も、運送人の責任期間は、いずれも運送品の受取りから引渡しまでとしている。これに対して、1924年の船荷証券統一条約は、条約の対象となる「物品運送」の定義（条約1条）において、これを運送品の船積みから荷揚げまでの期間（固有の海上運送区間）に限定している。ここでは、運送品の受取りから船積みまで（船積み前）および荷揚げから引渡しまで（荷揚げ後）の期間が含まれていない。これは、港湾荷役の形態などが国や港により多様であることから、条約の強行法的な責任制度をこの期間について適用することに一致できなかったといういわば当時の妥協の結果である。そこで、国際海上物品運送法は、条約との整合性を確保するために、後述するように船積み前・荷揚げ後の区間を免責特約禁止規定の対象外としている（国際海運11条3項）。

(3) 滅失・損傷・延着の意義

　運送品の滅失とは、かならずしも物理的な滅失にかぎらず、盗難や紛失などによって運送人が事実上または法律上その運送品の占有を回復することのできないすべての場合を含む。損傷とは、運送品の価額が減少するような状

9-2　運送品の損傷
左：船倉で荷崩れしたコイル、右：コンテナの冠水により損傷した運送品

態になったすべての場合をいい、運送品が破損、変質した場合が一般的であるが、組立品の一部パーツを紛失したような場合も含まれる。延着とは、契約をもって定められた日時または通常到達すべき日時に運送品が到着しないことをいう。

(4)　損害賠償請求権者

運送人に対して運送品に関する損害賠償を請求することができるのは、船荷証券が発行されている場合には、船荷証券の正当な所持人である。船荷証券が発行されていない場合は、運送契約の当事者である荷送人が損害賠償を請求することができるが、運送品が陸揚港（到達地）に到着し、または運送途中で運送品の全部が滅失したときは、荷受人は物品運送契約にもとづく荷送人の権利と同一の権利を取得するので（商581条1項、国際海運15条）、これにより荷受人も損害賠償を請求することができる。荷受人が運送品の引渡しを請求したとき、または運送品に関する損害賠償の請求をしたときは、荷送人の損害賠償請求権は消滅する（商581条2項、国際海運15条）。

この、全部滅失の場合の荷受人の権利の取得は、とくに国際海上売買での不都合（売買代金を支払ったＣＩＦ買主である荷受人が（海上運送状の利用など）船荷証券を所持していない場合に、みずから運送人の契約責任を問えないなど）を考慮して、2018年〔平30〕改正により商法にあらたに定められたものである。一部の売買契約における必要から運送人責任の基本的かつ原則的規定を変更したもので、今後の実務における運用に注目したい。

2．不法行為責任との関係

(1)　請求権の競合問題

国際海上物品運送法および商法の定める運送人の責任は運送契約の債務不履行にもとづく損害賠償責任（契約責任）であるが、運送人が自己またはその使用する者の過失によって運送品に損害を与えた場合、これは同時に運送品の所有権侵害などとして、民法の定める不法行為の要件をみたすことがある（民709条、715条）。そこで、いわゆる請求権の競合の問題が生じることになる。この問題については、次のような有力な学説の対立がある。

①学説の対立　　まず、契約責任と不法行為責任とは、それぞれ要件と効

果が異なっているので（立証責任、過失相殺、時効など）、債権者（被害者）には
２つの権利のいずれも認められ、これを選択して行使することができるとする
る請求権競合説がある。また、基本的にはこの請求権競合説の立場をとりな
がら、契約の存在は行為の違法性を阻却するものであるから、契約で予想さ
れた程度を逸脱する行為（実質的には故意・重過失に相当）があった場合にのみ
不法行為にもとづく損害賠償請求権が発生すると主張する説（折衷説）もあ
る。

　これに対して、法条競合説（請求権非競合説）によれば、債務不履行責任は
契約上の特殊な義務にもとづく責任であり、不法行為責任はこれとは異なる
一般的場合の責任であって、契約法と不法行為法はいわば特別法と一般法と
の関係にあり、債務不履行にもとづく損害賠償責任が発生する場合には、不
法行為責任は生じないとする。

　②判例の立場　　このような学説の基本的な対立がみられるなかで、わが
国の判例は伝統的に請求権の競合を認める立場をとっており、強固に確立し
ている（最判昭和44・10・17集民97号35頁）。しかし、不法行為責任が追及された
場合に、自由な請求権の競合を認め、免責や責任制限などの契約法の諸規定
が適用されないと解すると、運送契約法が定める責任制度のバランスを著し
く害する結果となるから妥当でない。そこで、基本的には請求権の競合を認
めながら、運送人の責任に関する契約法上の特別規定は、不法行為にもとづ
く損害賠償責任にも類推適用されるという考え方（修正請求権競合説）が示さ
れており、陸上運送人の責任や場屋営業主の責任（いずれも高価品特則に関する
事例）に関する下級審裁判例に散見されるほか、基本的にはこうした修正請
求権競合説の考え方を肯定するとみられる最高裁判決も現れていた（最判平
成10・4・30判時1646号162頁を参照）。

　なお、船荷証券の約款では、運送人の責任に関する条項が不法行為責任を
含むいかなる場合においても適用されることが定められている。少なくとも
運送人またはその使用人に故意・重過失がない場合には、このような約款上
の条項も有効なものと解される。

(2)　不法行為責任への運送契約法規定の準用

　①立法の経緯　　運送人の不法行為責任に関する特則は、商法にも、また

制定時の国際海上物品運送法にも存在しなかった。1968年の議定書（ヴィスビー・ルール）による改正後の船荷証券統一条約は、訴訟が契約にもとづくものか不法行為にもとづくものかを問わず、条約の定める抗弁および責任制限が、運送品の損害に関する運送人に対するすべての訴訟に適用されるものと規定した（条約4条の2第1項）。そこで、わが国も、1992年〔平4〕の国際海上物品運送法の改正によりこれをとりいれ、運送人の責任を免除し、または軽減することを目的とする同法の一定の規定を、運送人の不法行為にもとづく損害賠償責任に準用することにした（2018年改正前国際海運20条の2第1項）。

　また、このように運送人に対する不法行為にもとづく損害賠償請求について解決がはかられても、実際に運送品を滅失・損傷させた運送人の被用者などに対する不法行為にもとづく損害賠償請求が認められて、事実上、運送人が最終的にこれを負担しなければならないとすれば、こうした解決は意味がなくなってしまう。そこで、ヴィスビー・ルールによる改正後の条約はこの場合についても規定を設け、訴訟が運送人の使用人または代理人（独立契約者でないものに限る）に対して提起されたときは、その使用人または代理人は、運送人が条約にもとづいて援用することができる抗弁および責任制限を援用することができると定めている（条約4条の2第2項）。国際海上物品運送法も、これをうけて、同じく1992年の改正により同旨の規定を設けることにした（2018年改正前国際海運20条の2第2項）。

　2018年の商法改正に際して、これらの国際海上物品運送法の規定をモデルとした新規定の導入がはかられ、これにともない国際海上物品運送法にも若干の変更がくわえられた。なお、運送人の責任に関する特則の内容が異なるので、商法と国際海上物品運送法でそれぞれ別個に規定が設けられている。

　②運送人の不法行為責任　　商法は、同法576条（定額賠償）、577条（高価品の特則）、584条（責任の特別消滅）および585条（除斥期間）の規定を、運送品の滅失・損傷・延着についての運送人の荷送人または荷受人に対する不法行為による損害賠償の責任について準用している（商587条本文）。ただし、運送契約の当事者ではない荷受人については、これらの責任減免規定等の対象となる運送自体を容認していない荷受人まで含めるのは妥当でないと考えられ、荷受人が当該運送をあらかじめ拒んでいた場合には準用の対象外とされ

ている（商587条ただし書き）。この場合、運送を拒んでいたことの立証責任は、これを主張する荷受人が負担する。

　同じく、国際海上物品運送法は、同法3条2項（航海過失免責・火災免責）、6条4項（危険物処分の免責）、8条（定額賠償）、9条（責任制限）、10条（責任制限阻却事由等）、ならびに15条により適用される商法577条（高価品特則）および585条（除斥期間）の規定を、運送品に関する運送人の荷送人、荷受人または船荷証券所持人に対する不法行為による損害賠償責任に準用している（国際海運16条1項前段）。この規定の対象となる荷受人からは、商法と同じく、当該運送をあらかじめ拒んでいた荷受人が除外されている（国際海運16条2項）。なお、航海過失免責および火災免責については、運送人の使用者責任が問題となることから、民法715条および商法690条の使用者責任が免責されることになる（国際海運16条1項後段による読替え）。

　③運送人の被用者の不法行為責任（ヒマラヤ条項）　　商法は、上記②でみた準用規定により、運送品の滅失・損傷・延着についての運送人の責任が免除・軽減される場合には、その責任が免除・軽減される限度において、その運送品の滅失等についての運送人の被用者の荷送人または荷受人に対する不法行為による損害賠償の責任も、免除・軽減されるものとした（商588条1項）。国際海上物品運送も、運送人の被用者の荷送人、荷受人または船荷証券所持人に対する不法行為による損害賠償の責任について同様の定めを設けている（国際海運16条3項）。

　ここで「運送人の被用者」とは、船荷証券統一条約が明文で「独立の契約者」を除外していることから、国際海上物品運送法の解釈としては、運送人と雇用契約関係があるか、またはこれと同視される指揮監督をうける者にかぎられるものと解されている（国際海運3条1項にいう「運送人の使用する者」より狭い）。商法についても、これと異なった解釈をすべき理由はないものと思う。もっとも、船荷証券約款などの実際では、通常はその対象を相当に広く定めている。

　また、商法は、運送品の滅失等が被用者の故意または重過失によって生じたときには、ここにみた責任減免規定が適用されないと定めている（商588条2項）。この点について、国際海上物品運送法は、運送品の損害が被用者の

故意により、または損害を発生させるおそれがあることを認識しながらしたその者の無謀な行為により生じたものであるときを適用除外としている（国際海運16条5項）。商法にこの「無謀行為」の概念が採用されなかったため、定額賠償に関する商法576条3項とともに、同一内容の規定の適用排除要件について商法と国際海上物品運送法とでこのように相違する結果となった。国際海上物品運送法が条約に基づく立法であるという事情はあるが、これにならった改正部分でもあり、この相違の合理性については疑問が残る。

● ヒマラヤ条項 ●

　　客船ヒマラヤ号の乗客が舷梯の傾斜により埠頭に落ちて負傷したため、被害者が運送人の使用人である船長と甲板長に対して損害賠償を請求した事件で、イギリスの裁判所は、船長と甲板長は、運送契約上の運送人の利益を援用することができないと判示した。この事件を契機として、運送人の使用人も運送契約上の利益を援用することができるとする条項が船荷証券などの運送約款に広く挿入されることになり、この種の条項は同船の名称からヒマラヤ条項（ヒマラヤ・クローズ）といわれている。

Ⅱ　賠償額の定型化と高価品特則

1．定額賠償

　運送品が滅失・損傷または延着した場合、その損害額は事情によりさまざまなものとなりうるが、商法および国際海上物品運送法は、運送人の損害賠償の額について特則を定めている。この点についても、2018年改正商法は、国際海上物品運送法の規定をモデルとして商法を改正しているので、商法と国際海上物品運送法のそれぞれの規定はかなり類似したものとなっている。

(1)　商法の特則

　商法は、運送品の滅失または損傷の場合における損害賠償の額を、その引

渡しがされるべき地および時における運送品の市場価格によって定めるものとしている（商576条1項本文）。ここで、市場価格とは、当該運送品について取引所の相場がある場合にはその相場であり（商576条1項本文カッコ書き）、これがないときは、その地および時における同種類で同一の品質の物品の正常な価格によって定める（商576条1項ただし書き）。

　民法は、債務不履行によって通常生じるであろう損害を賠償すべきものとして、特別の事情によって生じた損害であっても、当事者がその事情を予見すべきであったときは、債権者がその賠償を請求することができると定めている（民416条1項・2項）。商法は、この民法の一般原則を修正する特則を定めたのであり、このように定型的に賠償額が定められる損害賠償を「定額賠償」とよんでいる。

　商法がこの特則を設けた理由としては、物品運送が国民生活と密接な関係をもち、大量の運送品をできるかぎり安く運送するという社会的要請にこたえるために、運送人の責任を通常損害の範囲にとどめて、その負担の軽減を認める必要があること、また、法律関係を画一的かつ迅速に処理する必要があることが指摘されている。

　①基準となる地および時　　運送は、運送品の場所的移動を当然の前提とするから、損害賠償額を算定するにあたり、いつの時点のどの地点での運送品価格を基準とするのかが問題となる（積地と揚地では金額が異なることが多い）。商法は、これを、「引渡しがされるべき地および時」であると明らかにしている（商576条1項本文）。引渡しがされるべき地および時とは、運送契約によって引渡しが予定された地および時であり、実際に引渡しがされた地および時とは異なる。

　②損害賠償額の基準　　運送品の市場価格または正常価格によって定めるのが原則である（商576条）。全部滅失の場合には、この市場価格または正常価格が損害賠償額の基準となる。一部滅失または損傷の場合には、一部滅失または損傷した状態における価格と、完全であったなら有していたであろうと評価される市場価格または正常価格との差額である。

　③運送賃・費用等の控除　　運送品の滅失または損傷のために支払う必要のなくなった運送賃その他の費用は、損害賠償額から控除する（商576条2項）。

上述のように定められた賠償額（到着予定地における運送品の価格）には、通常は運送賃その他の費用（たとえば、陸揚費用・通関手数料など）が含まれていると考えられるため、その分が損害賠償請求者の利得とならないように調整するものである。

　④延着損害　　商法576条は、運送品の滅失または損傷の場合における損害賠償額を定めるものであり、延着損害については規定していない。そこで、この場合には民法の一般原則により、運送人はいっさいの損害を賠償すべきものと解することになろう。しかし、この点については2018年改正前から、延着損害のみをこのように区別して取り扱う合理的理由はないとする批判もみられている。運送品価格が基準となる滅失・損傷の場合と異なり、延着の場合は、損害額がときに莫大なものとなりうるが、商法は特約禁止規定を設けていないので、この場合の賠償額を一定金額に限定する契約条項を用いることもできるし、実際にも約款によって対応されている。

　⑤運送人の故意または重過失　　運送品が運送人の故意または重大な過失によって滅失または損傷したときは、この定額賠償の規定は適用されない（商576条3項）。この場合、運送人は、一般法にもとづきいっさいの損害を賠償する責任を負う（民416条2項参照）。このような損害賠償額の定型化（限定）は、前述のような政策的理由にもとづくものであり、運送人を保護するにあたいしない事由によって損害が発生したときは、一般原則にもどり全額を賠償させる趣旨である。

　ここにいう運送人とは、運送人自身にかぎらず、運送人がその事業において使用する履行補助者を含むものと解される。また、運送人に故意または重過失があったことの立証責任は、荷受人など損害賠償を請求する側が負担する。

(2)　国際海上物品運送法の特則

　船荷証券統一条約には定額賠償に関する規定は設けられていなかった。しかし、国際海上物品運送法は、当初から当時の商法規定を準用することにより、商法と同じ定額賠償の制度を外航船についても採用していた（1992年改正前国際海運20条2項）。ところが、船荷証券統一条約を改正する1968年の議定書（ヴィスビー・ルール）により、運送人の支払うべき損害賠償の額について

新しい規定が設けられたため（改正条約4条5項）、この改正をとりいれた1992年〔平4〕の改正により、国際海上物品運送法にも新しい規定が設けられている（2018年改正前国際海運12条の2、現8条）。

　運送品に関する損害賠償の額は、荷揚げされるべき地および時における運送品の市場価格（商品取引所の相場がある物品については、その相場）によって定め、市場価格がないときは、その地および時における同種類で同一の品質の物品の正常な価格によって定める（国際海運8条1項）。また、この場合に、運送賃・費用の控除に関する商法576条2項の規定を準用している（国際海運8条2項）。このように、定額賠償規定の基本的な構造は、2018年の商法改正後は、商法および国際海上物品運送法で共通しており、その範囲では商法についての上述の説明がここでもあてはまる。

　国際海上物品運送法は、商法と異なり、対象となる運送品に関する損害を滅失・損傷に限定してないので、この規定は、運送品がたんに延着した場合の損害についても適用があるものと解されている。ここで運送人が賠償責任を負うべき延着損害とは、引渡しがされるべき地における物品価格の下落による損害である。また、この定額賠償規定が適用されない場合について、商法は運送人に故意または重過失がある場合としているが（商576条3項）、国際海上物品運送法は、ここでも責任制限の阻却事由としてあらたに採用された要件（無謀行為）に統一している（国際海運10条）。

　もっとも、海運の実際においては、運送品の到達地の正常な価格を算定することは容易でなく、時間と費用もかかるので、その算定基準をCIF価格（インヴォイス価格）や保険価額（インヴォイス価格に10%程度上乗せしたもの）などとする条項（インヴォイス価格条項）が用いられている。特約禁止規定（国際海運11条1項）にてらしてこうした条項の有効性が問題となるが、多くの船荷証券では損害額を推定する補助的な基準として約定されているといわれ、荷主側による立証がない場合の基準を定めたものであるならば、無効とみられることはないであろう。

2．高価品に関する特則

(1)　特則の意義

　貨幣、有価証券その他の高価品については、荷送人（航海備船契約の場合の備船者を含む）が運送を委託するにあたり、その種類および価額を運送人に通知した場合を除き、運送人は運送品の滅失・損傷または延着について損害賠償の責任を負わない（商577条1項、国際海運15条）。

　高価品とは、一般に、その容積または重量と比較して著しく高価な物品をいう（最判昭和45・4・21集民99号129頁）。この特則が設けられたのは、とりわけ高価品の滅失・損傷の場合（2018年改正商法は、上述のように延着による損害についても明示的に言及している）に、運送人が予想できない高額な損害賠償責任を負担することを避けるためである。通常の運送契約においては、運送品の価額は問題とならず、運送賃も容積・重量などを基準とする従量運送賃が用いられる。こうした普通品の運送に対して、高価品の運送では、あらかじめ種類と価額が運送人に通知されることにより、運送人は、従価運送賃の支払いを請求するとともに、特別の準備や注意をもって運送品の滅失または損傷等の事故を防止し、また保険により高額の損害賠償責任に備えることができる。普通品運送と高価品運送ではこのように契約内容の本質的な相違がみとめられ、それゆえ高価品の通知は荷送人の義務であるといえる。

(2)　特則の適用除外

　①運送人が悪意である場合　　高価品の通知がないにもかかわらず、たまたま運送人が高価品であることを知っていた場合について、2018年改正前の商法には明文規定がなく、議論があった。改正商法は、物品運送契約の締結時に、運送品が高価品であることを運送人が知っていたときは、商法577条1項の適用が排除され、運送人が運送品に生じた損害につき責任を負うことを明文で規定した（商577条2項1号）。もし、契約締結時ではなく、荷送人からの運送品の受取りの際に運送人が高価品であることを知った場合はどうであろうか。この場合、通告があった場合に可能となる措置を講じることはできない。なお普通品としての発送を運送人が拒絶すべきであったと考える余地がないではないが、規定の文言にくわえ、この場合のリスクは通知をしな

かった荷主に負担させるべきであり、運送人の免責を認めるべきであろう。

　②運送人に故意・重過失がある場合　　高価品に関する通知がなくても、運送人の故意または重過失により高価品の滅失、損傷または延着が生じたときは、商法577条1項による免責は認められない（商577条2項2号）。

　2018年の商法改正前は、この点についての明文規定がなく、学説では、通知があれば上述のような措置を講じることにより重過失は避けられたであろうという実質に着目し、また高価品の通知を怠り従価運送賃の支払いを免れている荷主との公平の見地などから、故意の場合は別として、重過失の場合には運送人の免責を認める見解が有力に主張されていた。これに対して、陸上運送に関する下級審裁判例では、定額賠償の排除を定めた改正前商法581条（現商576条3項）の趣旨を斟酌するなどの理由により、運送人の免責を否定するものが散見された（東京地判平成2・3・28判時1353号119頁など）。こうした解決方法は、高価品特則の適用を認めると運送人はいっさいの責任を負わないことになるため、この適用を否定しながら過失相殺により適当な結果を導こうとしたものとみられている。

　しかし、高価品特則は運送人の知らない運送品価格にもとづく賠償を原則とする運送人責任制度が成り立つ大前提といえるものであり、前述のように高価品運送と普通品運送とは契約内容の本質的相違がみとめられ、定額賠償のようないわば恩恵的な規定とはまったく異っているから、結論として有力学説の説くところが妥当だったのではないか。運送人に重過失があった場合に、高価品に生じた損害について運送人がなお責任を負うことを明文化した商法577条2項2号のもとでは、荷送人に高価品の通知義務があることをみとめ、従来の裁判例にみられたように通知懈怠にもとづく大幅な過失相殺を前提とした運用になると考えられる。もっとも、通知があっても損害は発生したといえるケースで過失相殺が可能であるか疑問であるし、そもそも大幅な過失相殺を前提にしなければ妥当しない規定というのは問題であろう。なお、外航船による運送であれば、多くの場合に責任制限規定（国際海運9条1項）が適用されるであろうから、実際に運送人が不測の損害を被るおそれは少ないものと思う。

Ⅲ　運送人の責任の消滅

1．期間の経過による責任の消滅

(1)　1年の除斥期間

　運送品の滅失、損傷または延着についての運送人の責任は、運送品の引渡しがされた日（全部滅失の場合には、その引渡しがされるべき日）から1年以内に裁判上の請求がされないときは、消滅する（商585条1項、国際海運15条）。

　この規定は、船荷証券統一条約を摂取して国際海上物品運送法に設けられたものであるが（改正前国際海運14条1項）、2018年改正商法は、運送取扱人に関する規定を準用して陸上物品運送人の責任の短期消滅時効（1年）を規定していたのを改め、この国際海上物品運送人の規定を物品運送人の責任一般について採用した（国際運送についても同条が適用されるため（国際海運15条）、国際海上物品運送法の規定は削除された）。そもそも、条約の定める1年の期間が除斥期間であるか消滅時効の期間であるかは、かならずしも明らかでなく、条約をとりいれた各国の法律においてもこの点の規定方法は一致していない。国際海上物品運送法の規定については、その立法の経緯や、「時効により」の文言がない規定形式などから、除斥期間を定めたものと解されてきており（通説）、これを採用した商法585条1項についても同様に理解されよう。

　この期間の起算点は、運送品の引渡しがされた日であり、全部滅失の場合は引渡しがされるべき日である。延着による損害の場合には、起算点を引渡しがされるべき日と解すると延着による損害がまだ確定しないうちに出訴期間が進行することとなって不合理であるから、現実に引渡しがされた日と解すべきである。

　荷受人等は、運送人の責任を追及するためには、この1年の期間内に裁判上の請求をしなければならない。裁判上の請求とは、民法147条1項1号にいう裁判上の請求ばかりでなく、支払督促の申立て（民訴382条）、仲裁人選任の通知・催告（仲裁17条）、民事調停の申立て（民調2条）、船主責任制限手続への参加（船主責任制限47条1項）などを含む。

(2)　合意による期間の延長

商法585条1項に定める1年の期間は、運送品に関する損害が発生したのちにかぎり、合意により、延長することができる（商585条2項、国際海運15条）。

実際上も、運送品の損害の発生原因などについて調査して、証拠を収集し、和解の折衝を行うためには1年の期間はかならずしも十分でないので、国際海上物品運送法に規定されていたこの合意延長は実務においてよく利用されてきた。

(3)　求償請求における期間の延長

運送人がさらに第三者に対して運送を委託した場合における運送品に関する第三者の責任は、運送人が商法585条1項の期間内に、損害を賠償し、または裁判上の請求をされた場合においては、同項の1年の期間が満了した後であっても、運送人が損害を賠償し、または裁判上の請求をされた日から3か月を経過する日まで延長されたものとみなされる（商585条3項、国際海運15条）。

下請運送においては、運送品の滅失等による損害が下請運送人の過失によって生じた場合においても、荷主と直接の契約関係にある元請運送人が荷主に対して損害賠償の責任を負い、その責任を履行した元請運送人から下請運送人に対して求償権が行使されることがある。この下請運送人も1年の除斥期間による利益を享受する場合、元請運送人が下請運送人に対して求償権を行使する時点では、運送品の引渡しの日または引き渡されるべき日から1年を経過して求償義務者の責任が消滅していることもありうる。そこで、求償権をもつ運送人を保護するために1968年の改正条約（ヴィスビー・ルール）で採用され、1992年の国際海上物品運送法の改正によりとりいれられたのがこの規定であり、2018年の改正により商法の運送一般に関する規定とされた。

2.　責任の特別消滅事由（内航船）

内航船による国内運送の場合、運送品の損傷または一部滅失に関する運送人の責任は、荷受人または船荷証券所持人が異議をとどめないで運送品を受け取った時は、消滅する（商584条1項本文）。異議をとどめるとは、運送人に対して運送品の損傷または一部滅失の事実および概要を通知することであっ

て、これは書面によることを要求されていない。

　また、梱包品の場合など、運送品にただちに発見することのできない損傷または一部滅失があったときは、荷受人または船荷証券所持人が引渡しを受けた日から2週間以内に運送人に対してその通知を発すれば、運送人の責任はなお消滅しない（商584条1項ただし書き）。さらに、運送人が下請運送人（実運送人）などに運送を委託した場合、下請運送人の過失により運送品に損害が生じたときは、荷主の損害を賠償した運送人は下請運送人に求償することができる。この場合で、荷受人または船荷証券所持人の運送人に対する損害概要の通知が所定期間内（引渡しを受けた日から2週間以内）に発せられたときは、下請運送人の運送人に対する責任との関係では、運送人がこの通知を受けた日から2週間を経過する日まで下請運送人に対する通知期間が延長されたものとみなされ、この期間内は下請運送人の責任は消滅しない（商584条3項）。なお、この通知を受けた運送人の下請運送人に対する通知にはそれほどの日数は要しないものと思われ、期間をこの場合も2週間としている点には立法論として疑問がある。

　運送品の損害について運送人に証拠保全の機会を与えることを目的とするこの規定の趣旨から、運送品の全部滅失の場合には適用の余地がない（この場合は、受取りがない）。また、延着の場合も、延着自体には争いを生じる余地がないから、やはりこの規定の適用はない。

　この規定は、運送品の引渡しの当時、運送人がその運送品に損傷または一部滅失があることを知っていたときは、適用されない（商584条2項）。

　なお、これらの規定は国際海上物品運送には適用されず（国際海運15条参照）、異なる取扱いとなることはすでに荷受人等の損害概況通知義務について述べた通りである（国際海運7条を参照）。

第10章
海上物品運送人の責任制限と免責

I 運送人の責任制限

　すでに船舶所有者等の責任制限については考察したが、ここでは国際海上物品運送法の定める運送人の責任制限について述べる。前者を総体的責任制限、後者を個別的責任制限とよんで区別することがある。この2つの責任制限制度は、その趣旨・目的も、責任制限の態様も、まったく異なっている。

1. 責任制限の方式

　国際海上物品運送法は、船荷証券統一条約の定める方式に従い、運送人の支払うべき賠償額に一定の限度を設けている。これを運送人の責任制限といい、個別的責任制限、パッケージ・リミテイション（パッケージ・キロ・リミテイション）ともいわれている。

　船荷証券統一条約の定める責任制限の方式は、はじめは運送品の1包みまたは1単位につき100スターリング・ポンド（または他の通貨の同等の額）としていたが、1968年の改正議定書（ヴィスビー・ルール）によって、限度額表示を金価値単位（30金フラン）に改めるとともに、従来方式に加えて重量制による責任制限を採用した（二元制）。さらに、1979年の改正議定書により、その責任限度額を定める方式を国際通貨基金（IMF）の公表する特別引出権（SDR）を用いたものに改めた。国際海上物品運送法は、1SDRに相当する金額を「1計算単位」と表記している（国際海運2条4項。換算日について9条2項を参照）。

　1924年の船荷証券統一条約にもとづいて、国際海上物品運送法は、1包み
または1単位につき10万円を責任の限度として定めていた（1992年改正前国際
海運13条1項）。その後、1968年および1979年の改正議定書をうけ、1992年〔平
4〕の改正より、運送品に関する運送人の責任は、次の金額のうち、いずれ
か多い金額を限度としている（国際海運9条1項）。

　滅失、損傷または延着にかかる運送品の、
(a)　包みまたは単位の数に666.67 SDR を乗じてえた金額
(b)　総重量について1キログラムにつき2 SDR を乗じてえた金額

　①1包みまたは1単位による責任制限　　1包み（package）とは、容器に
よって梱包されている個々の運送品の1つをいい、1単位（unit）とは、梱
包されていない運送品について、取引慣行において一般に計算または計量の
単位として使用されているものをいう。
　②重量による責任制限　　損害をうけた運送品の総重量にもとづく責任制
限であり、総重量が重ければその分だけ限度額が高くなる。たとえば、1包
みの運送品が損傷した場合、その総重量が333.335キログラムを超えるとき
は、総重量に2 SDR を乗じてえた金額が666.67 SDR より高くなるので、こ
ちらの責任制限の方式が適用されることになる。
　③コンテナ条項　　1960年代からコンテナの利用が普及すると、責任制限
の方式で1包みという場合、多数の梱包品を詰め込んだコンテナそれ自体を
1包みとみるのか、それとも詰め込まれた個々の梱包の数が基準となるのか
が問題となった。
　この問題は、1968年の改正議定書（ヴィスビー・ルール）によって立法的な
手当てがなされ、これをうけてわが国の国際海上物品運送法も1992年の改正
に際して特則を設けた。運送品が、コンテナ、パレット（一般には木製または
合成樹脂製の荷役用具で、貨物を載せてまとめるとともに、フォークリフトの爪が入る隙
間があり、これによる荷役作業を容易にする）その他これらに類する輸送用器具を
用いて運送される場合、その運送品の包みもしくは個品の数または容積もし
くは重量が船荷証券（または海上運送状）に記載されているときを除き、コン

テナなどの数が包みまたは単位の数
とみなされる（国際海運９条３項）。

　このように船荷証券の記載の有無
を基準としているが、荷主詰めのコ
ンテナ（シッパーズ・パック）の場合
は、通常、運送人はコンテナの中品
の数を確認することができないの
で、内容不知、数量不知の不知約款
が有効に付されることがあり、この
場合に問題が生じる。不知約款が有

10-1　パレット
パレット上の貨物とフォークリフト

効であれば、運送人は数量の記載に拘束されないはずであるが、コンテナの
海没など最終的に数量がわからないのであれば、そのような場合には数量記
載があるものと解するほかないであろう。

２．責任制限の排除

　①運送品の種類・価額の通告　　運送人の責任制限に関する制度（国際海
運９条１項〜４項）は、荷送人が運送の委託に際して、その種類および価額を
運送人に通告し、かつ、船荷証券が交付されるときには、その種類と価額が
証券に記載されている場合には適用されない（国際海運９条５項）。

　このように、責任制限は強制されたものではなく、これをうけるかどうか
は原則として荷主に選択権があるといえる。もっとも、運送人も、責任制限
の排除された運送の引受けを強制されるわけではなく、このような運送を引
き受けないこともできる。海運の実際では、荷送人から運送品の種類は通告
されても、価額の通告が行われることはほとんどない。荷送人が価額の通告
をして実損額の賠償を受けるためには、運送品の価額に応じた従価運送賃を
支払わなければならない。しかし、従価運送賃を支払うよりも、比較的安い
普通品としての運送賃（従量制運送賃）を支払い、リスクは保険でカヴァーす
るほうが有利だからである。なお、国際海上物品運送法９条５項は海上運送
状（商770条参照）について言及していないが、船荷証券に代えて海上運送状
が発行されるときは、これを船荷証券と同様に扱うべきものと解する。

②荷送人の虚偽の通告　　この価額の通告について、荷送人が実価を著しく超える価額を故意に通告したときは、運送人は、運送品に関する損害については賠償の責任を負わない（国際海運9条6項）。ただし、運送人が悪意である場合、すなわち通告された価額が実価を著しく超えることを知っている場合は、運送人は、通告された通りの価額について賠償責任を負う（国際海運9条8項）。

　反対に、荷送人が実価より著しく低い価額を故意に通告したときは、やはり運送人が悪意である場合を除き、その価額は、運送品に関する損害については運送品の価額とみなされる（国際海運9条7項・8項）。

③責任制限の阻却事由　　運送人は、運送品に関する損害が、自己の故意により、または、損害の発生のおそれがあることを認識しながらした自己の無謀な行為により生じたものであるときは、責任制限の利益を享受できず、いっさいの損害を賠償しなければならない（国際海運10条）。

　この規定は、1968年の改正議定書（ヴィスビー・ルール）による船荷証券統一条約の改正にもとづき、1992年の国際海上物品運送法の改正によって追加されたものである。

　まず、ここにいう運送人とは、運送人自身を指し、運送人の使用する者を含まないものと解される（国際海運3条2項参照）。

　無謀行為の要件は、国際航空運送に関する1955年改正ワルソー条約により創設されたもので、1968年のヴィスビー・ルールのほか、1974年のアテネ条約、1976年の海事債権条約などに採用されてきた概念であり、すでに船主責任制限法について説明している。船主責任制限法の責任制限阻却事由は、同法が責任の限度額を引き上げたことにより、この責任制限をほとんど阻却できないものとして設計されたとみられるが、国際海上物品運送法についても、責任制限制度に重量制が導入されるなど責任の限度額は実質的に引き上げられており、その導入の背景においても共通している。

　もっとも、船主責任制限が海難事故などの巨額の損害賠償から船主等を保護しようとする趣旨（企業保護）であるのに対して、運送人の責任制限は比較的廉価な運送賃と運送人の責任のバランスを考慮したものとみられる点では、相違がみとめられる。対象となる損害も運送品に関する損害であって、

無謀行為が具体的な運送品の取扱いに関する行為について広く問題となるため、会社自身とみなされるべき者の範囲など、実際の運用において実質的な差異が生じることもあるのではないか。

II　運送人の免責等

　国際海上物品運送法は、免責約款の濫用を防止しようとした船荷証券統一条約にもとづいて、運送人の責任を強行法的に規定している。そのため、運送人が免責される事由についても、具体的かつ明確にこれを定めている。ここでは、まず運送人の免責および証明責任の軽減に関する国際海上物品運送法の規定について述べることにする。そして、次に、免責約款の禁止規定を考察する（III）。

1．航海上の過失

(1)　航海過失免責の態様

　運送品の損害が、船長、海員、水先人その他運送人の使用する者の航行または船舶の取扱いに関する行為によって生じたときは、運送人は損害賠償責任を免れる（国際海運3条2項）。

　船長等のこれらの海技上の過失を航海上の過失（航海過失）という。これは、1893年のアメリカのハーター法（Harter Act）においてはじめて採用された免責事由であり、強行法的な運送人の責任制度を導入する際の、いわばその代償というべきものであった。しかし、航海過失免責は、運送人にとくに有利な制度であるとして、これまで荷主側からの強い批判にさらされてきた。1978年の国際連合海上物品運送条約（ハンブルク・ルール）は航海過失免責を採用していない。また、今世紀に入ってから成立した新しい国際連合条約（ロッテルダム・ルール）にも採用されておらず、船主責任制限制度が責任限度額を引き上げながらも維持されているのに対して、航海上の過失免責はやがては廃止される制度とみられる。

　航海上の過失免責は、船長その他の運送人の使用する者に故意・過失があ

った場合に認められるものであり、事故が運送人自身の故意・過失に起因する場合には認められない。運送人が同時に船長をかねる場合もあろうが、運送人自身の過失というよりも、むしろ航海技術上の性質を有する船長としての行為に関する過失に起因する損害の場合には、免責を許容するのが妥当であろう。

(2)　航海上の過失と商業上の過失

航海上の過失に含まれないものを商業上の過失という。これには運送品の取扱いにおける過失などが含まれるが、運送人の免責事由である航海上の過失でなければ、たとえ損害の原因が不明であってもすべて商業上の過失として取り扱われるべきであって、両者の区別としては航海上の過失の概念だけが問題となる。

航海上の過失には、法文にあるように、船舶の航行における過失と船舶の取扱いに関する過失の2つがある。船舶の航行における過失は、操船のミスなど船舶の航行を指揮する行為に関する過失として理解しやすいが、船舶の取扱いに関する過失は、その表現自体が曖昧であるうえ、損害は多様な原因によって生じることから、理解しにくいものといえる。たとえば、船舶の安定を確保するためのバラスト水の注排水ミスによる転覆などがこれにあたるであろう。具体的な行為について航海上の過失と商業上の過失の区別が問題となりうるが、一般的には、その行為が主として船舶のためになされたときは船舶の取扱いに関する過失として航海上の過失になり、主として積荷のためになされたときは船舶の取扱いに関する過失とはいえず、結果として商業上の過失になると解されている。たとえば、船倉の換気装置の取扱いに問題があり、運送品が湿って損傷したような場合には、船舶装置の取扱いに関するものであっても、商業上の過失というべきである。

(3)　航海上の過失と堪航能力との関係

航海上の過失による運送品の損害が、堪航能力に関する注意を怠った結果として生じた場合、これは運送人の基本的な義務を怠ったものとして、運送人の免責は認められないものと解される。国際海上物品運送法も、堪航能力に関する注意を怠った場合の責任に関する5条については、航海上の過失に関する例外を定めていない。したがって、運送人の主張する航海過失免責に

対して荷送人側から損害が船舶の堪航能力の欠如（不堪航）による旨の主張・立証がなされたときは、運送人は免責のためには堪航能力の具備について注意を尽くしたことを証明しなければならない（国際海運5条柱書き・ただし書き）。

2．船舶における火災

(1)　火災免責

　海上運送人は、船舶における火災によって生じた運送品の損害については、それが運送人の故意または過失によって生じた場合を除き、損害賠償責任を負わない（国際海運3条2項）。

10-2　船舶の火災

　海上に孤立する船舶における火災はきわめて危険なため、古くから航海における最大の脅威の1つとして恐れられてきた。ひとたび火災が生じると、迅速な消火の支援も受けにくいから、船内の積荷全体に延焼の危険がおよび、それにより損害も巨額にのぼるおそれがある。そのため、かつてから船荷証券の約款において火災は運送人の免責事由とされてきた。船荷証券統一条約は、これを法定の免責事由として認めたのである。

　船荷証券統一条約4条2項は、免責事由としてたんに「火災」としか規定していないが、国際海上物品運送法3条2項は、「船舶における火災」と規定している。そこで、船舶における火災とは、船舶内に原因を有する火災であって、陸上など船舶外の火災が船舶におよんだ場合を含まないものと解する見解も有力に主張されている。船舶における火災とする規定の解釈としては、運送品の船積前または荷揚後の陸上保管中に生じた火災による損害は含まれないものの、船舶内の火災による損害でありさえすればよく、火災の出火原因は問わないとみるべきではないか。

(2)　運送人の故意または過失

　船舶における火災が運送人の故意または過失によって生じた場合は、運送

人は免責されない。これは運送人自身の故意または過失であって、船長など運送人の使用する者の故意または過失は問題としていない。現在では、海運企業は株式会社の形態をとることが普通であるから、ここでも運送人自身とみなされるべき者の範囲が問題となる。株式会社の管理運営の実際からみて、代表取締役等だけでなく、これらの者から権限の委譲を受けて、自己の責任のもとで船舶の防火設備などについて決定できる高級使用人の行為は、これを代表取締役等の行為と同視して、会社自身の行為とみるべきであろう。

　火災が運送人の故意または過失によって生じたことについて、いずれの当事者が立証責任を負うかについては見解がわかれている。船舶における火災が例外的な法定免責事由であること、また火災発生の状況については運送人がもっともよく事情を知ることができることからみて、荷主に運送人の故意または過失の立証を求めるのではなく、運送人が無過失の立証責任を負うものと解するのが妥当であろう。

　(3)　船舶における火災と堪航能力の関係

　船舶における火災が堪航能力に関する注意を怠った結果として生じた場合は、航海上の過失の場合と同様に、運送人には免責を認めるべきではないと考える。したがって、船舶における火災が不堪航の事実によって生じたことの主張・立証がなされたときは、運送人は、自己またはその使用する者が船舶の堪航能力につき注意を尽くしたことの立証をしないかぎり（国際海運5条柱書き・ただし書き）、火災による免責の利益を受けることはできない。この点、やはり国際海上物品運送法は、5条について3条2項のような火災免責の例外規定を置いていない。

3. 証明責任の軽減事由

　国際海上物品運送法は、4条2項で1号から11号までの各種の事由を列挙して、運送人がこれら法定の事実があったこと、および運送品に関する損害がその事実により通常生じるべきものであることを証明したときは、運送人は損害賠償の責任を免れるとしている（国際海運4条2項柱書き本文）。これは、同法4条1項が原則を定める免責のための証明責任を軽減する規定である。

　船荷証券統一条約は、航海過失免責および火災免責を含めて、条約4条2項に(a)から(p)まで16項目を免責事由として列挙し、さらに(q)に包括的規定を加えている。ここに列挙された事実は、いずれも古くから船荷証券約款に免責事由として掲げられていたもので、不可抗力など運送人の責任とすることのできない事由である。国際海上物品運送法の制定に際しては、航海過失と火災を除いては、これらが免責事由であることは当然のこととみて、特別な規定は置かないこととされた。そのうえで、運送人の負担する立証責任（国際海運4条1項）を大きく軽減する例外規定として4条2項が設けられた。

　運送人が、運送品に関する損害がその事実より通常生じるべきものであることを証明すれば、これが免責のための立証となる。ここでの証明は、事実と損害との間の因果関係ではなく、経験則により判断できる程度の具体的事実である。ただし、損害賠償を請求する者が、それがなければ損害を避けられた運送人の過失（注意を尽くさなかったこと）を証明した場合は、運送人は免責されない（国際海運4条2項柱書き・ただし書き）。すなわち、一般原則として運送人が負担する免責のための無過失（注意を尽くしたこと）の立証責任は、運送品の損害が法定の事由によって生じた場合には、相手方に転換されたものということができる。

　国際海上物品運送法4条2項の列挙する事由は、次の通りである。

　①海上その他可航水域に特有の危険　　「海の危険」といわれるもので、たんに海上における危険ではなく、暴風、衝突、座礁など海（河川港湾などの可航水域を含む）に固有の危険であって、かつ、運送人またはその使用人が予見して、これを防止することができないものである。次にみる天災のような自然災害にかぎられない。航行区域や季節から予見できる波浪などは含まない。

　②天災　　もっぱら自然力により生じた災害であって、かつ、いかなる範囲の予見および注意をしてもこれを防止できないものであり、大波、結氷、落雷などである。

　③戦争、暴動または内乱　　この戦争とは、船舶が中立国に属する場合も含まれ、ほんらいの国際法上の意味よりも広く解されている。

④海賊行為その他これに準ずる行為　　船舶に対する攻撃をしかけて行われる略奪・強盗行為などであるが、海賊行為に準ずる行為も含まれるので、目的のいかんを問わず、船舶の乗っ取りや、停泊中の船舶への強盗なども含まれる。

⑤裁判上の差押え、検疫上の制限その他公権力による処分　　裁判上の差押えは、差押えが運送人の責めに帰すことのできない事由によって行われたものであることを要するから、たとえば運送人が船舶の修繕費の支払いを怠ったために差押えをうけたような場合は含まれない。

⑥荷送人もしくは運送品の所有者またはその使用する者の行為　　具体的には、以下の⑨または⑩に該当する場合が多いが、そのほかにも、荷送人が運送品の種類・性質および保管方法などについて誤った通告を行った場合などがある。

⑦同盟罷業、怠業、作業所閉鎖その他の争議行為　　これらの争議行為は、かならずしも運送人とその使用人との間に生じたものにかぎらず、たとえば港湾労働者のストライキの場合も含まれる。ただし、ストライキ中であっても、運送人は運送品の保管について注意義務を免れないから、通風や監視などを怠って運送品に損害が生じれば、損害賠償責任を負う。

⑧海難救助行為または正当な離路　　法文は、海上における人命もしくは財産の救助行為またはそのためにする離路もしくはその他の正当な理由にもとづく離路としている。離路が正当な理由にもとづく離路であるか否かは、具体的ケースごとにいっさいの状況を判断して決定すべき事実問題である。

⑨運送品の特殊な性質または隠れた欠陥　　これは運送品の固有の瑕疵といわれるもので、運送人としての注意を尽くしても、運送品が航海に堪えるのに適していないことをいう。その物品だけに特別にみとめられる欠陥だけでなく、その性質によって同種の物品に共通してみとめられる欠陥を含む。たとえば、乾燥の不十分な穀物の発酵、湿気を含んだ綿花・羊毛などの自然発火は運送品の隠れた欠陥による損害であり、果実・生鮮食料品の腐敗、生動物・活魚などの自然死、液体貨物の蒸発や漏失などは運送品の特殊な性質にもとづいて生じる損害である。

⑩運送品の荷造りまたは記号の表示の不完全　　運送品の荷造り（梱包）

は、物品の安全な運送のために必要である。とくに海上運送においては、長期間にわたり、かつ、さまざまな海上危険から運送品を保護するために、荷造りは十分かつ完全なものであることが要求される。

　⑪起重機その他これに準ずる施設の隠れた欠陥　　これは、船荷証券統一条約が「相当の注意をしても発見することのできない隠れた欠陥」として掲げている事由に相当するものである。船舶の隠れた欠陥は堪航能力に関する問題（国際海運5条が規定する）であるから、ここにいう隠れた欠陥は、埠頭、他船など船舶外の起重機その他の荷役設備などの欠陥をいう。

　以上のように、国際海上物品運送法は11種の事項を列挙しているが、これは免責事由（証明責任軽減事由）の性質からして、制限列挙したものと解すべきであり、これと異なる免責事由を特約として定めても当然にその効力が認められるわけではない（国際海運11条1項参照）。

　なお、国際海上物品運送法4条3項は、「前項の規定は、商法第760条の規定の適用を妨げない」としているが、その意味は、4条2項6号（荷送人等の行為）、9号（運送品の特殊な性質等）、10号（荷造りまたは記号の表示の不完全）の事由と船荷証券の記載との関係について注意的に言及したものである。たとえば、荷造りまたは記号の表示が不完全なときは、これを船荷証券に留保しなければならないが、それにもかかわらず無留保船荷証券を発行した運送人は、その記載が事実と異なることをもって善意の船荷証券所持人に対抗することができない。つまり、商法760条の適用があるかぎりでは、運送人は4条2項の定める立証責任軽減の利益を受けることができないことを明らかにしている。

Ⅲ　免責約款の制限

　1924年の船荷証券統一条約は、その制定経緯についてみたように、19世紀後半から顕著になった免責約款の利用に対する免責約款制限運動の影響を強くうけており、免責約款の利用を制限して船荷証券そのものの価値を高める

ことは、この条約の主要な眼目の１つとなっている。条約は、これまでみて
きたように、運送人の責任に関する詳細な規定を設けており、これらは運送
人の権利の最大限と義務の最小限を示しているが、このように条約の定める
運送人の責任をさらに免除または軽減するための特約を強行法的に禁止して
いる（条約３条８項）。

1.　免責特約の禁止

(1)　免責特約禁止規定

①商法の規定　　商法は、個品運送の場合に、不堪航による損害について
海上運送人の責任を免除し、または軽減する特約を無効としている（商739条
２項）。

2018年〔平30〕改正前の商法は、船舶所有者（運送人）の責任について、一
般的な特約禁止規定を設けていた（改正前商739条）。これによれば、船舶所有
者は、特約によっても、自己の過失、船員その他の使用人の悪意もしくは重
過失によって生じた損害を賠償する責任を免れることができないとされてい
た。改正により、この一般的な特約禁止規定は削除された。

②国際海上物品運送法の規定　　国際海上物品運送法は、３条から５条ま
で（運送品に関する注意義務、堪航能力に関する注意義務およびそれぞれの立証責任）、
７条から10条まで（荷受人等の損害通知義務、定額賠償、責任制限、定額賠償および
責任制限の阻却）、または、商法585条（除斥期間）、759条（船荷証券の作成にかか
る荷送人等の通知）もしくは760条（船荷証券の記載の効力）の規定に反する特約
で、荷送人、荷受人または船荷証券所持人に不利益なものは無効とすると規
定して（国際海運11条１項前段）、免責特約の強行法的禁止の法制を確立した。
また、運送品の保険契約によって生じる権利を運送人に譲渡する契約その他
これに類似する契約も無効としている（国際海運11条１項後段）。

これに対して、運送人が自己に不利益な特約をすることは自由である（片
面的強行規定）。このような特約がなされた場合は、荷送人は船荷証券にその
特約の記載を求めることができる（国際海運11条２項）。

(2)　船荷証券中の典型条項と免責特約禁止規定

船荷証券には多くの契約条項が記載されており、個々の条項が国際海上物

品運送法の定める特約禁止に抵触するかどうかは、問題となる具体的な状況しだいである。そこで、船荷証券には、強行的に適用される法律などにより約款が部分的に無効とされても、その他はなお有効であることを確認する文言が入れられている。その効力が問題とされてきた典型的な条項としては、すでにふれたデマイズ条項、不知約款、FIO 条項、離路約款、インヴォイス価格条項などのほか、裁判管轄条項や仲裁条項などがある。

　裁判管轄条項について、わが国では、1975年〔昭50〕の最高裁判決（最判昭和50・11・28民集29巻10号1554頁）が、民事訴訟法の定める書面要件（現民訴11条2項。なお、現在は民事訴訟法3条の7に国際的管轄合意に関する規定がある）は、当事者の意思の明確を期すためのものにほかならず、国際的裁判管轄の合意の方式としては、少なくとも当事者の一方が作成した書面に特定国の裁判所が明示的に指定されていて、当事者間における合意の存在と内容が明白であればたりると述べ、その効力を広く認める判断をしている。しかし、運送人が作成した船荷証券をたんに荷送人が異議をとどめずに受け取ったというだけで、ここに当事者間に明白な合意があったとまでいえるのか、また船荷証券が第三者に譲渡された場合にこの第三者まで当然に拘束するかについて、なお疑問がある。この点は、ハンブルク・ルールなどの運送条約にみられるような規定をもって立法的な解決をはかる必要があろう。

2．免責特約禁止規定が適用されない場合

　堪航能力に関する商法の特約禁止規定（商739条2項）が適用されない場合については、すでに堪航能力の項目で述べたので、ここでは国際海上物品運送法の場合について考察する。国際海上物品運送法11条1項の規定（特約禁止規定）は、次のような例外的な場合には適用がなく、運送人は免責約款による特約をすることができる。

　①船積み前または荷揚げ後の事実により生じた損害　　国際海上物品運送法は、運送人の責任期間を、運送人による運送品の受取りから引渡しまでの全区間としているが（国際海運3条1項参照）、条約はその適用範囲を物品の船積みから荷揚げまでの区間に限定している。そのため、運送品の受取りから船積みまで（船積み前）と、荷揚げから引渡しまで（荷揚げ後）の区間につい

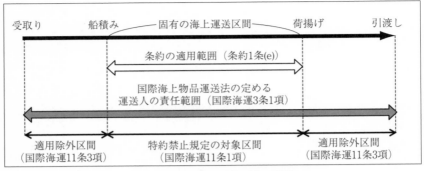

10-3　船積み前・荷揚げ後の関係

ては、条約の免責特約禁止規定は適用されない。そこで、国際海上物品運送法は、特約禁止規定の適用範囲を条約と一致させるために、11条1項の特約禁止規定は、運送品の船積み前または荷揚げ後の事実により生じた損害には適用しないと定めている（国際海運11条3項）。この特約をした場合において、これが船荷証券に記載されていないときは、運送人は特約をもって船荷証券所持人に対抗することができない（国際海運11条4項）。運送品の損害が船積み前または荷揚げ後の事実により生じたことの立証責任は、運送人が負担する。

　②傭船契約の当事者　　船舶の全部または一部を運送契約の目的とする場合には、11条1項の特約禁止規定は適用されない（国際海運12条本文）。

　傭船契約の当事者である船主と傭船者の間には経済的に対等な関係がみとめられ、個品運送における荷送人の場合と異なって、傭船者をとくに保護する必要は少ないからである。ただし、傭船契約にもとづいて船荷証券が発行された場合であって、これが傭船者以外の者に取得された場合には、運送人と船荷証券所持人との関係では原則通り特約禁止規定が適用される（国際海運12条ただし書き）。

　③特殊な運送　　運送品の特殊な性質もしくは状態、または運送が行われる特殊な事情により、運送品に関する運送人の責任を免除し、または軽減することが相当とみとめられる運送には、11条1項の特約禁止規定は適用されない（国際海運13条）。

これらの特殊な運送にも免責特約が認められないとすると、運送人が運送を引き受けることが難しくなるからである。運送品の特殊な性質とは、たとえば運送に適するかどうかわからない物品の試験的運送などであり、運送品の特殊な状態とは、座礁した船内で海水に濡れた積荷を積替輸送する場合などを指し、運送が行われる特殊な事情とは、抑留のお

10-4　甲板積み
木材専用船の甲板に積み付けられた木材

それがあるにもかかわらず、冒険的運送を引き受ける場合などである。

　④生動物および甲板積みの運送　　特殊な運送の場合と同じく、生動物および甲板積みの運送についても免責特約を禁止する国際海上物品運送法11条1項は適用されない（国際海運14条1項）。

　生動物は運送の対象について、甲板積みは運送の態様について、いずれも一般の運送品や運送態様の場合と比べて危険性が高いから、とくに免責特約の許容について具体的に規定したものである。これらの運送について免責の特約がされた場合、その特約が船荷証券に記載されなければ、運送人は特約をもって証券所持人に対抗することができない。さらに、甲板積運送の場合は、特約の対象となる運送品が「甲板積みであること」も記載されていなければ、運送人はやはり特約をもって証券所持人に対抗することができない（国際海運14条2項）。なお、甲板積みは、波風による損傷や転落などの危険が容易に予想されるから、運送人は運送品を船倉（貨物室）に保管すべきことが原則であるが、船倉に入らない長尺の貨物や、木材など一定の積荷について、特約や慣習により甲板積みされることがある。

第11章
海上旅客運送契約

I　海上旅客運送契約の概要

1．海上旅客運送契約の意義と法規整

　海上旅客運送契約は、船舶（非航海船を含む）により海上（水上）で行われる旅客運送を目的とする契約であり（商569条3号参照）、旅客運送契約の一種である。商法は、旅客運送契約について、「運送人が旅客を運送することを約し、相手方がその結果に対してその運送賃を支払うことを約することによって、その効力を生ずる」と定め（商589条）、この契約の性質などを明らかにしている。

　海上旅客運送契約の当事者は、海上旅客運送を引き受ける海上旅客運送人と、これを委託する者である。旅客自身が運送委託者として契約当事者になることもあれば、団体旅行などではそうでない場合もあり、商法は旅客運送契約における運送人の相手方当事者をたんに「相手方」といっている。旅客運送契約は、物品運送契約と同じく請負契約に属し、諾成・不要式の契約である。商法の対象とする旅客運送は、営利事業として行われるものにかぎられ、商法も運送委託者による運送賃の支払いに言及してお

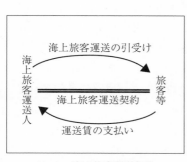

11-1　海上旅客運送契約

り、旅客運送契約が双務契約であることを示している。もっとも、旅客が特典対象者や一定の小児などの場合に、これらの者の運送にかかる運送賃の支払義務が免除されることがあっても、なおこれらの者を旅客とした旅客運送契約が存在することにかわりない。

海上旅客運送が営業として普及したのは、航海の長い歴史からみればごく最近のことにすぎない。旅客運送が一般的に行われるためには、まず航海の安全が確保され、定時に目的地に到達することが必要となるが、これらが一応実現したといえるのは、19世紀なかば以降のことである。1807年のフランス商法典には海上旅客運送に関する規定は置かれていなかったが、約半世紀後に制定された1861年のドイツ旧商法典には海上旅客運送に関する規定がみられ、わが国もこれにならって商法海商編に海上旅客運送に関する規定を置いていた。2018年〔平30〕の改正商法は、商法海商編の海上旅客運送に関する規定をすべて削除したが、もともと海上旅客運送人の責任原則について海商編は特別な規定を定めておらず、陸上旅客運送人の責任に関する規定を準用していた。海上旅客運送に固有の海商編の規定はすべて任意規定であり、現代の海上旅客運送の実態にかならずしも適さない規定が少なくなかった。

改正商法は、陸上旅客運送のみならず、海上旅客運送および航空旅客運送をも対象とする規定として、商法589条以下に旅客運送に関する総則的規定を設けている。これらは、おもに旅客運送人の責任の原則に関する、わずかな規定にとどまっている。海上旅客運送においても、実際には普通取引約款としての旅客運送約款が利用されており、これが商法の規定を実質的に補充している。内航船については、海上運送法が運送約款の認可に関する規定を置いており（海上運送9条）、これにもとづいて国土交通省が告示する標準運送約款（以下、そのうち「旅客運送の部」を内航約款という）の利用が普及している。

なお、海上旅客運送は運送の一類型として商法の対象とされてきているが、旅客の多くは消費者であるため、旅客運送契約は消費者契約たる実質をもっている。

● 内航旅客運送約款 ●

　海上運送法により、一般旅客定期航路事業者は、国土交通省令の定める手続きによって運送約款を定め（変更についても同じ）、国土交通大臣の認可を受けなければならない（海上運送9条1項）。さらに、国土交通大臣が標準運送約款を定めて公示した場合（変更の公示についても同じ）において、一般旅客定期航路事業者が、標準運送約款と同一の運送約款を定め、または現に定めている運送約款を標準運送約款と同一のものに変更したときは、その運送約款については、第1項の規定による認可を受けたものとみなされる（海上運送9条3項）。この規定をうけて、標準内航旅客運送約款（昭和61年〔1986〕運輸省告示252号「海上運送法第9条第3項の規定に基づく標準運送約款」）が定められており、内航旅客運送契約の約款は行政的規制のもとで実質的に統一されている。この標準運送約款は、「旅客運送」（手回り品の運送を含む）、「受託手荷物及び小荷物運送」、「特殊手荷物運送」、「自動車航送」の4つの部で構成されている。

　海上旅客運送契約の分野についても、早くから国際的な統一法を実現するための努力がなされてきたが、第2次世界大戦による中断をはさんで、1961年の海上旅客運送統一条約および1965年の海上旅客手荷物運送統一条約（後者は未発効）の2つのブリュッセル条約が制定された。その後、これらの2つの条約を一本化するとともに、時代の進展に応じた新しい条約として、1974年の海上旅客運送およびその手荷物に関するアテネ条約が政府間海事協議機関（IMCO、のちのIMO）条約として成立している。このアテネ条約は1987年に発効し、2002年の改正議定書（2002年アテネ条約とよばれる。2014年発効）により改正されているが、わが国は批准しておらずアテネ条約の締約国になっていない。外航船については、旧運輸省の指導のもとで1991年に日本外航客船協会が制定し、数次の改定を経た標準運送約款（以下、外航約款という）に準拠した約款が会員会社により利用されている。

　海上旅客運送契約においても、個々の旅客の運送を目的とする契約と、旅客運送のための船舶の全部または一部をもって運送契約の目的とする傭船契約とがある。定期船によって行われる通常の旅客運送は前者に属するが、団体観光旅行などの場合に傭船契約（貸切運送）が利用されることがある。

● わが国の海上旅客運送 ●

　現在、わが国は周辺諸国との間にわずかな外航旅客定期航路をもつにすぎない。2020年では、韓国、中国との間で7航路が通年で運航されている。もっとも、航空運送の参入しにくい各地の離島航路やカーフェリーなど、なお海上旅客運送が重要な輸送手段であることにかわりない。国内旅客運送事業は、2020年には964の事業者により1798航路（2,233隻就航）が経営されており、そのうち離島航路は291航路（547隻就航）あり、約4372万人（2018年実績）が利用している。このほか、2019年にクルーズ客船（外航・内航）に1泊以上で乗船した日本人乗客は約35.6万人にのぼる（以上のデータは『数字で見る海事2020』（国土交通省）による）。

11-2　内航フェリー

11-3　乗船切符（サンプル）

2．海上旅客運送契約の締結

　さきに述べたように、海上旅客運送契約は、諾成かつ不要式の契約である。通常は旅客などの運送委託者が運送賃を前払いして、運送人により乗船切符ないし乗船券が発行されるが（内航約款8条1項参照）、これは契約の成立要件ではない。旅客などからの申込みに対して運送人が承諾することによって運送契約が成立する。

　海上旅客運送契約の締結は、多くの場合、運送人の作成する運送約款（定

型約款）を用いて定型的に行われている。旅客などの運送委託者としては、運送人の提示した運送条件を承諾するか、あるいは運送契約を締結しないかの選択しかないから、旅客運送契約は強度の付合契約性を帯びている。そこで、たとえば免責約款の濫用などにより旅客の利益が不当に害されるおそれがあることから、これを制限する必要がある。また、約款の解釈にあたっては、一般旅客の合理的な理解を標準とすべきである。なお、海上旅客運送人が定期航路事業を営む場合、離島航路などの一定の航路（指定区間）については、法律の定める一定の事由に該当しないかぎり運送人は運送を拒絶できないとする締約強制がとられている（海上運送12条）。

● 内航約款の運送引受規定 ●

（運送の引受）
　第3条　当社は、使用船舶の輸送力の範囲内において、運送の申込みの順序により、旅客及び手回り品の運送契約の申込みに応じます。
　2　当社は前項の規定にかかわらず、次の各号のいずれかに該当する場合は、運送契約の申込みを拒絶し、又は既に締結した運送契約を解除することがあります。
　⑴　当社が第5条の規定〔運航の中止等〕による措置をとった場合
　⑵　旅客が次のいずれかに該当するものである場合
　　ア　（略　一定の感染症の患者等）
　　イ　泥酔者、薬品中毒者その他他の乗船者の迷惑となるおそれのある者
　　ウ　重症病者又は小学校に就学していない小児で、付添人のない者
　　エ　年齢、健康上その他の理由によって生命が危険にさらされ、又は健康が著しく損なわれるおそれのある者
　⑶　旅客が法令若しくはこの運送約款の規定に違反する行為を行い、又は行うおそれがある場合
　⑷　運送契約の申込みがこの運送約款と異なる運送条件によるものである場合
　⑸　当該運送に関し、申込者から特別な負担を求められた場合

3．海上旅客運送契約の終了

　2018年改正商法は、海上旅客運送契約の終了および解除に関する海商編の

規定を削除したため、これらに関する特別な規定は商法にみられなくなった。それゆえ、運送契約の解除については契約に関する一般規定によることになるが、運送約款には解除に関する規定が設けられているので、これが実質的に重要である。

　①運航の中止等による解除　　内航約款 5 条には、以下のような運航の中止等の規定が設けられ、運送人が同条所定の措置をとった場合で、旅客が運送契約を解除して運送賃の払戻しを請求したときは、券面記載金額と既使用区間に対応する運賃および料金の額との差額を払い戻すと定めている（内航約款17条 1 項 7 号）。また、運航の中止等の場合に運送人が運送契約を解除した場合（内航約款 3 条 2 項）も、同様である（内航約款17条 1 項 8 号）。

● 内航約款の運航中止規定 ●

（運航の中止等）
　第 5 条　当社は、法令の規定によるほか、次の各号のいずれかに該当する場合は、予定した船便の発航の中止又は使用船舶、発着日時、航行経路若しくは発着港の変更の措置をとることがあります。
　⑴ 気象又は海象が船舶の航行に危険を及ぼすおそれがある場合
　⑵ 天災、火災、海難、使用船舶の故障その他のやむを得ない事由が発生した場合
　⑶ 災害時における円滑な避難、緊急輸送その他これらに類する旅客又は貨物の輸送を行う場合
　⑷ 船員その他運送に携わる者の同盟罷業その他の争議行為が発生した場合
　⑸ 乗船者の疾病が発生した場合など生命が危険にさらされ、又は健康が著しく損なわれるおそれがある場合
　⑹ 使用船舶の奪取又は破壊等の不法行為が発生した場合
　⑺ 旅客が第18条 1 項各号に掲げる行為〔旅客の禁止行為〕をし、又はしようとしていると信ずるに足りる相当な理由がある場合
　⑻ 官公署の命令又は要求があった場合

　②旅客による解除・払戻請求　　内航運送約款では、入鋏前の船便の指定のない乗船券について旅客がその通用期間内に払戻しの請求をした場合、または入鋏前の指定便にかかる乗船券について旅客が当該指定便の発航前に払

戻しの請求をした場合は、所定の取消料を支払うことによって、原則として券面記載金額の払戻しを受けられる旨が定められている（内航約款17条1項1号・2号、同2項1号・2号。なお、外航約款9条、10条を参照）。なお、運航の中止等の場合の旅客による解除については、①で述べた。

　③運送人による解除　　内航約款3条2項は、一定の事由を掲げ、運送契約の申込みを拒絶し、またはすでに締結した運送契約を解除することがあると定めている（内航運送約款3条2項は前掲）。この場合も、券面記載金額と既使用区間に対応する運賃および料金の額との差額を払い戻すとしている（内航約款17条1項8号）。なお、運航の中止等の場合の運送人による解除については、①で述べた。

Ⅱ　海上旅客運送人の責任

　一般に旅客運送人は、善良なる管理者としての注意をもって旅客を安全かつ迅速に目的地まで運送することについて運送契約上の義務を負っている（大判大正5・1・20民録22輯4頁を参照）。海上旅客運送人については注意義務の程度は物品運送人と異ならないが、旅客を安全かつ迅速に運送するという点において、具体的な注意義務の内容はおのずと異なってくる。

　2018年改正前の商法は、海商編に海上旅客運送契約に関する一連の規定を設けつつ、海上旅客運送人の責任については、陸上旅客運送人の責任に関する規定を準用していた。すでにみたように、2018年改正商法は、海商編の海上旅客運送契約に関する規定を削除し、すべての運送方法を対象とした総則的規定を整備しており、海上旅客運送についてもこれが適用される。この運送人の責任は、旅客自身に生じた死傷等の損害に関する責任と旅客の携帯する手荷物の損害に関する責任とに大別されるので、以下ではこれらをわけて述べる。なお、船主責任制限法について述べたように、同法の改正により、現在では内航・外航を問わず旅客の人身損害に関する船舶所有者等の責任制限は認められていない。

1．旅客の死傷等の損害に関する責任

(1)　責任の原則

　海上旅客運送人は、善良なる管理者としての注意をもって、旅客を安全かつ迅速に目的地に運送すべき運送契約上の義務を負っていることは前述の通りであるから、旅客の死亡、傷害等の損害を生じさせた場合、または運送の遅延により損害を生じさせた場合には、運送人は債務不履行の責任を負う。商法は、この責任について、「運送人は、旅客が運送のために受けた損害を賠償する責任を負う。ただし、運送人が運送に関し注意を怠らなかったことを証明したときは、この限りでない。」（商590条）と定めており、運送人の債務不履行にもとづく損害賠償責任を確認するとともに、免責のための無過失（注意を尽くしたこと）の立証責任を運送人に課している（過失推定責任といわれる）。実際の内航約款（20条1項）および外航約款（13条1項・2項）も基本的にこの原則を採用している。

　なお、商法590条の規定する旅客運送人の責任については、特別の責任消滅規定は定められていないので、債務不履行に関する一般法により、原則として債権を行使することができることを知った時から5年間行使しないときは時効によって消滅する（民166条1項1号）。旅客の手荷物に関する海上旅客運送人の責任については、後述するように、物品運送人の責任の場合に準じた扱いがなされている。

● 内航約款の責任規定 ●
....

（当社の賠償責任）
　第20条　当社は、旅客が、船員等の指示に従い、乗船港の乗降施設（改札口がある場合にあっては、改札口。以下同じ。）に達した時から下船港の乗降施設を離れた時までの間に、その生命又は身体を害した場合は、運送人が運送に関し注意を怠らなかったことを証明した場合を除き、これにより生じた損害について賠償する責任を負います。
　2　前項の規定にかかわらず、当社は、次の各号のいずれかに該当する場合は、責任を負わないことがあります。

⑴　大規模な災害、震災その他の災害が発生し、又は発生するおそれがある場合において運送を行う場合

⑵　運送に伴い通常生ずる振動その他の事情により生命又は身体に重大な危険が及ぶおそれがある者の運送を行う場合

〔第3項・第4項省略〕

....

　なお、2018年の商法改正前は、この商法590条（改正前商590条1項）にいう旅客が運送のために受けた損害には衣服など旅客が身につけている装着品、身回り品の損害も含まれると一般に説かれていたが、これらの身回り品などについては、物品の損害として手荷物（持込手荷物）に関する規定（商593条1項）が適用されることが明文で定められた。それゆえ、商法590条の対象となる損害は、旅客の生命・身体など、旅客が携行する物品以外に生じた損害である。

⑵　損害賠償の額

　損害賠償額については、これが定型化されている物品運送の場合（商576条）と異なり、旅客の人身損害の場合は個別的な賠償であり、運送人は「旅客が失った利益」を含むいっさいの損害を賠償しなければならない。

　2018年改正前の商法は、この賠償額の算定に際しては、裁判所は被害者およびその家族の状況を斟酌すべきものと定めていた（改正前商590条2項、同786条1項）。このように個別的・偶発的事情を考慮する改正前商法590条2項には、次のような強い批判が加えられてきた。すなわち、運送賃が同じであるにもかかわらず収入や地位により賠償額に差異が生じることが、契約相手方の不平等的取扱いとなること、また約款により定額の運送賃で集団的かつ大量的に行われる運送取引の定型的性質に反し、さらに、合理的な企業採算的基盤を無視する取扱いであって、運送人に過大な負担を課すことになることを指摘する。そのうえで、従来の多数学説は、保険の利用を前提として、人身損害の賠償額を一定額とすべきこと、あるいは責任限度額を設定すべきことを立法論として主張していた。しかし、物品運送と旅客運送の本質的相違にてらしても、旅客運送における責任制限制度に十分な合理性を認めることは難しいであろう。

2018年改正商法は、改正前商法590条2項を削除したが、これは裁判実務においては損害賠償額の算定に際しては被害者およびその家族の状況なども考慮されており、あえて旅客運送にかぎって規定を存置することは妥当でないと判断されたことによるもので、ここにみたような批判に応えたものではないことに注意しなければならない。これは、次にみるように新たに特約禁止規定が設けられたことからも明らかである。

(3) 特約禁止

旅客の生命または身体の侵害による運送人の損害賠償の責任（運送の遅延を主たる原因とするものを除く）を免除し、または軽減する特約は無効である（商591条1項）。

2018年改正前の商法は、海上物品運送人の責任に関する特約禁止規定（改正前商739条）を海上旅客運送人について準用しており（改正前商786条1項）、運送人の過失または船長その他の被用者の故意もしくは重過失によって生じた損害について、運送人の免責特約を無効としていた。改正商法は、改正前商法739条のこの部分を削除しているが、あらたにすべての旅客運送に共通する規定として、旅客保護の見地から特約禁止規定を新設した。

前述したように、旅客運送契約の多くは消費者契約に該当するので、法令中の任意規定が適用される場合に比べ消費者の権利を制限し、または義務を加重する条項で、民法1条2項の基本原則に反して消費者の利益を一方的に害するものは無効となる（消費者契約10条）。商法591条1項により、消費者契約法10条による個別的な判断をまつまでもなく一律に責任減免規定は無効となり、事業のための出張で旅客運送を利用するなど消費者契約法の対象外となる者（消費者契約2条1項参照）を含みうる点でも、旅客保護が徹底されたといえる。これにより、かつて他の運送形態の一部でみられた旅客の死傷の場合に運送人の損害賠償の額に上限を設けるような約款条項は無効となる。

もっとも、このような厳格な特約禁止規定を定め、一切の例外を認めないとすると、リスクの高い運送を運送人が回避し、それにより必要な運送サービスを受けられないといった事態の生じることが懸念される。そこで、商法は、特約禁止規定が適用されない例外的な場合として、(i)大規模な火災、震災その他の災害が発生し、または発生するおそれがある場合の運送、(ii)運送

にともない通常生じる振動その他の事情により生命または身体に重大な危険がおよぶおそれがある者の運送を掲げ、一定の特殊な事情のもとでの旅客運送について特約の禁止を緩和している（商591条2項1号・2号）。

2．手荷物の損害に関する責任

(1)　託送手荷物

①責任の原則等　　一般に旅客運送人が引渡しを受けた手荷物（託送手荷物）については、とくに運送賃を請求しないときであっても、運送人は物品運送契約における運送人と同一の責任を負い（商592条1項）、海上旅客運送についても同じである。したがって、運送人は自己または被用者の無過失を立証しなければ手荷物に生じた損害を賠償する責任を免れないが（商575条）、この場合の損害賠償は定型化され（商576条）、高価品に関する特則（商577条）や不法行為責任規定（商587条）などが適用される。

また、2018年改正商法は、運送人の被用者は、託送手荷物について物品運送契約における運送人の被用者と同一の責任を負うと規定した（商592条2項）。物品運送における運送人の被用者が運送契約に基づく責任を負うことはないので、この規定は、運送人の被用者の不法行為責任について定める商法588条が、託送手荷物について同様に適用されることを明らかにする趣旨であろう。

②託送手荷物の供託等　　託送手荷物が到達地に到着した日から1週間以内に旅客がその引渡しを請求しないときは、運送人は、その手荷物を供託することができ、または相当の期間を定めて催告をしたのちに競売に付することができる（商592条3項前段）。いずれの場合にも、運送人は遅滞なく旅客に対してその旨の通知を発しなければならない（商592条3項後段）。損傷など価格低落のおそれのある手荷物は、競売に付するにあたり催告を要しない（商592条4項）。供託により、運送人は託送手荷物の返還義務を免れる（弁済供託）。競売に付したときは、運送人はその代価を供託しなければならないが、これを運送賃に充当することが認められている（商592条5項）。なお、旅客に対する競売のための催告や、供託または競売の通知は、旅客の住所または居所が知れていないときは、する必要がない（商592条6項）。

(2)　持込手荷物

　運送人が引渡しをうけていない持込（携帯）手荷物（身の回り品を含む）は、旅客自身が管理するのであり、一般に旅客運送人は、手荷物の滅失・損傷については、運送人に故意または過失がある場合でなければ責任を負わず（商593条1項）、海上旅客運送についても同じである。この場合、運送人等の過失の立証責任は損害賠償を請求する旅客が負担する（内航約款20条3項参照）。なお、旅客が身につけている衣服などの装着品・身の回り品についても持込手荷物と同様に扱うべきであるが、これは2018年改正商法により明文をもって明らかにされた。

　持込手荷物の損害賠償額などについては、2018年改正前の商法には特別の規定がなく、物品運送の規定の類推適用の是非をめぐって見解が対立していた。改正商法は、持込手荷物の滅失または損傷に関して旅客運送人が責任を負う場合について、物品運送に関する一定の規定を準用することにしてこの問題を解決した。すなわち、定額賠償規定（商576条1項・3項）、運送人の責任の特別消滅事由（商584条1項）、1年の除斥期間（商585条1項・2項）、運送人の不法行為責任規定（商587条）、運送人の被用者の不法行為責任規定（商588条）がこの場合について準用されている。

　ここで高価品の特則（商577条）が準用されていないのは、物品運送の運送品や託送手荷物のように運送人に引き渡すのではない持込手荷物については高価品の通知（種類および価額）の機会がなく、通知の有無による利害調整になじまないからである。

　なお、商法591条の特約禁止規定は手荷物に関する運送人の責任を対象としていないので、手荷物に関する免責約款は、消費者契約法が適用される場合の同法規定や一般法の規定により無効とされない限り、一般的には有効である。外航約款では高価品である持込手荷物の滅失・損傷について運送人はいっさいの責任を負わないとするが（外航約款13条5項）、他方で手回り品の損害についての責任限度額を、旅客1人あたり、1指定航海あたり15万円と定めている（外航約款13条6項）。

◆ 運送人の権利の消滅時効

　海上運送人の旅客等に対する債権は、これを行使することができる時から１年間行使しないときは、時効によって消滅する（商586条、594条）。

第12章
船舶の衝突

I　船舶衝突の法規整

　船舶の衝突は、ほんらいは民法の規定する不法行為として扱われるべきものであるが、衝突の予防、衝突した場合の過失の判定、衝突によって生じた損害賠償責任の問題などは伝統的に海法の対象とされてきた。船舶衝突に関する法の歴史は古いが、船舶衝突の態様ないし性格は昔と今日では大きく変化してきている。かつての帆船航行時代には、船舶の衝突といえば港湾内でのごく小規模なものがほとんどであった。ところが、現在では、大型の高速汽船が昼夜を問わず航行しており、衝突の危険はかえって増加しているばかりか、ひとたび衝突を生じれば、これによる損害はかつてとは比較にならないほど莫大なものとなる。また、船舶は多くの積荷や旅客を運送することから、利害関係人が多数にのぼるのが普通であるし、船舶は国際的な活動を行うことから渉外的な法律問題を生じさせることもめずらしくない。さらに、船舶衝突による莫大な損害に対する責任は、船主責任制限制度の対象となり、また油濁損害に関する特殊的な法規制に服するなど、陸上の交通事故にはみられない特殊的な性質が認められる。

　このような船舶の衝突については、衝突の予防を中心とする公法的

12-1　船舶の衝突

な側面と、ひとたび衝突が生じた場合の損害の分担を中心とする私法的な側面から、さまざまな法規制が加えられている。国際的にも、この両面において法の統一が目指されてきている。

1. 船舶衝突私法

(1) 商　法

　船舶衝突私法として把握すべき法規の中心は、船舶の衝突により生じた損害に関する責任の帰属・分配にかかわるものである。船舶の衝突は、多くの場合、船員の過失によって生じるが、これにより他人に損害が生じれば、不法行為による損害賠償責任が問題となる。不法行為については民法に一般規定が置かれているが（民709条以下）、商法は、船舶所有者または船員の過失による船舶衝突から生じた損害の分担に関する商法788条、船舶の衝突によって生じた債権の消滅時効に関する商法789条、および準衝突に関する商法790条を設けており、船舶の衝突については、これらの規定が特別法として民法に優先して適用される。なお、船舶衝突が船長その他の船員の過失により生じ、これにより第三者に損害を与えたときは、船舶所有者は商法690条により損害賠償責任を負う（民715条の特則）。

(2) 船舶衝突統一条約

　国際的には、船舶の衝突によって生じた損害の分担に関する各国の法を統一するため、1910年に「船舶衝突に付ての規定の統一に関する条約」がブリュッセル条約として成立し（1913年発効）、わが国もこの条約を批准しており、1914年〔大3〕に公布されている。そこで、わが国の船舶と他の条約締約国の船舶との衝突を典型として船舶衝突統一条約が適用されるが、わが国の船舶間の衝突や、わが国の船舶と非締約国の船舶との衝突については、この条約は適用されない（条約の適用につき条約12条を参照）。この点、古くから船舶衝突統一条約にもとづき商法を改正すべきことが主張されており、1935年〔昭10〕の法制審議会の決議（改正要綱第225）もこれを求めていた。商法の改正は長く実現しなかったが、2018年〔平30〕の商法改正において船舶衝突規定についても見直しが行われている。もっとも、制定から100年以上を経過した船舶衝突統一条約をそのままとりいれることも適当でなく、改正商法は条約

の規定のいくつかを採用しなかった。それにより、商法が適用される場合と条約が適用される場合での差異はなお完全には解消されていないが、これらは改正の検討を経た結果としての差異であり、不合理な差異とみることはできないであろう。

2．船舶衝突公法

　船舶の衝突に直接・間接に関係する公法法規は多岐にわたるが、その主要なものにいわゆる海上交通三法がある。まず、船舶の衝突による損害を防止するため、すでに1889年に「海上における衝突の予防のための国際規則」が成立しており、わが国も1892年〔明25〕にこの規則をとりいれた海上衝突予防法を制定した。この条約は第2次世界大戦後の1948年に改正され、これをうけてわが国も1953年〔昭28〕に海上衝突予防法をあらたに制定している。その後、1972年に「海上における衝突予防のための国際規則に関する条約（国際海上衝突予防規則）」が成立しており（1977年発効）、わが国はこれに準拠して海上衝突予防法を全面改正し、新しく海上衝突予防法（昭和52年〔1977〕法62号）を制定した。海上衝突予防法については、海上交通安全法（昭和47年〔1972〕法115号）および港則法（昭和23年〔1948〕法174号）が特別法として定められており、これら3つの法令はあわせて海上交通三法といわれている。

Ⅱ　船舶衝突の意義と要件

　海商法は、船舶の衝突の意義を直接に定めていないので、解釈によりこれを決めるほかない。船舶の衝突とは、さしあたり一般の社会通念（＝常識）によれば、2隻以上の船舶が水面において接触（衝突）することであるといえる。したがって、法的な船舶衝突の概念も、この社会通念による船舶衝突の概念を前提として、各法令の趣旨を勘案しつつ、これを明らかにすべきである。また、2018年改正商法は、いわゆる準衝突の概念をとりいれており、接触がなくても一定の要件のもとで衝突に準じた扱いをすべき場合を認めている。

1．船舶衝突における船舶

　海商法（商法海商編）にいう船舶の衝突であるためには、原則として、衝突船が海商法の適用または準用をうける船舶であることを要する（商684条、船舶（附則）35条1項）。そこで、海商法の対象となる船舶の意義が問題となるが、これについてはすでに船舶について考察した。また、船主責任制限法は、海商法の規定とは別に、同法における船舶の定義を定めている（船主責任制限2条1項1号）。2018年の商法改正前は、これは商法海商編が適用ないし準用される船舶と同じであると解されていたが、やはり前述した改正法のもとでの航海船概念の議論と密接に関連している。

2．船舶衝突の要件

(1)　2隻以上の船舶の接触

　船舶の衝突があるというためには、2隻以上の船舶相互間の接触が必要であるから、船舶と船舶でない物との接触は船舶衝突ではない。船舶相互間の接触があれば、一方または双方が停泊中であってもよい。なお、同一船主に属する船舶の間で衝突が生じた場合、船主間での損害賠償問題は生じないが、荷主・保険者など他の利害関係人との関係では、これを海商法上の船舶の衝突として取り扱う必要がある。

　①商法適用船と非適用船の衝突　　海商法の船舶衝突規定が適用（または準用）されるのは、まず衝突船舶の双方が商法適用（準用）船の場合であるから、公用船と私船との衝突や、非航海船相互間の衝突については、商法の適用も準用もない。

　航海船と非航海船との衝突については、2018年改正前商法には規定がなく、多数学説はこの衝突に海商法を類推適用すべきであると説いていた（船舶衝突統一条約1条は航海船と非航海船（内水航行船）との衝突を適用対象に含めている）。改正商法は、船舶衝突に関する商法の規定（商788条〜790条）をすべて商法上の船舶（商行為船である航海船）と非航海船との事故について準用するとした（商791条）。この商法791条の規定は、非商行為船である航海船（公船を除く）について準用されているから（船舶（附則）35条1項）、この商法準用船と非航

海船との事故についても商法の船舶衝突規定が準用される。また、同条にいう「非航海船」も商行為船にかぎられているが（商747条参照）、商法791条は船舶法（附則）35条2項により「非商行為船である非航海船」に準用されている。これにより、船舶衝突規定は、商行為船であるか否かにかかわらず、商法適用船または準用船（公用船を除く航海船）と非航海船との衝突（または準衝突）について準用されることになる。

12-2　航海船および非航海船の衝突の場合の商法規定の適用・準用関係

	航海船	非航海船
商行為船	商684条の「船舶」 商法第3編の適用（商法適用船） （船舶衝突規定の適用）	商747条の「非航海船」 商法791条による 船舶衝突規定の準用
非商行為船	商法第3編の準用 （船舶35条1項） （船舶衝突規定の準用）	商法791条の準用 （船舶35条2項）による 船舶衝突規定の準用

※非航海船については、航海船との衝突にかぎり商法規定が準用される（商791条）

　②接触の態様　　船舶の接触は、船舶衝突の最も基本的な要件であり、これがなければ衝突ではない。これは、複数の船舶相互間の現実のかつ物理的な接触である。船舶に懸垂された錨、錨鎖、端艇、起重機など船舶に付属する装備器具類との接触も、原則として船舶衝突とみるべきであり、厳密な意味での船体相互の接触にかぎられない。

　③準衝突　　船舶相互間に現実の接触がないにもかかわらず、船舶の不当な接近による衝突を避けようとして、他船が座礁し、または桟橋などに衝突して損害を被ったような場合にも、船舶衝突ではないが、これを船舶の衝突に準じるもの（準衝突）として船舶衝突規定を適用するのが妥当であると考えられる。船舶衝突統一条約は、このような準衝突の場合に条約の規定を適用するとしているが（条約13条）、2018年改正前の商法には規定がなく、立法論としてはともかく、解釈論としては同様に解することに無理があった。改正商法は、「船舶がその航行若しくは船舶の取扱いに関する行為又は船舶に関する法令に違反する行為により他の船舶に著しく接近し、当該他の船舶又は当該他の船舶内にある人若しくは物に損害を加えた事故」に船舶衝突規定

を準用するとしている（商790条）。

(2)　衝突の生じた水面

　船舶衝突は、2 隻以上の船舶が水面において接触することであるから、たとえ陸上においてこのような船舶間の接触が生じても、船舶衝突ではない。しかし、水面であれば衝突の生じた水域の種類は問わない。船舶衝突統一条約は、衝突によって生じた損害の賠償については、その衝突の生じた水面のいかんを問わず条約の規定を適用することを明文で定めている（条約 1 条）。

(3)　損害の発生

　船舶衝突私法における船舶衝突というためには、船舶相互の接触（衝突）によって損害が発生しなければならない。たとえ接触があっても、緩衝材の作用などにより損害の発生が回避されれば、ここでは私法上の法律関係は問題とならないからである。これに対して、接触によって船体に損害が生じなくても、船舶内の船員、旅客、積荷、その他の人や物に損害が生じれば、これは船舶衝突となる。

Ⅲ　船舶衝突責任と損害の分担

1．船舶衝突の責任原則

　船舶の衝突が、衝突船舶の一方または双方の船員の過失（典型的な 2 船衝突の場合）によって生じた場合、被害者は、船舶所有者に対して使用者責任を追及して損害賠償を請求することができる（商690条）。また、実際にはまれであろうが、理論上は、過失のある船員に対して不法行為にもとづく損害賠償を請求することもできる。さらに、過失のある船舶が運送船である場合、当該船舶が運送する運送品または旅客に生じた損害については、運送契約にもとづく損害賠償責任が問題となりうる。

　船舶の衝突により損害を受けた者が、不法行為（民709条、商690条）にもとづき運送人の損害賠償を請求するときは、一般原則に従って、損害賠償を請求する者において相手方の過失によって衝突が生じたこと、および、その結

果として損害が発生したことを立証しなければならない。

2．衝突船舶の船主間における損害の分担

　船舶の衝突によって生じる私法上の法律問題としてその中心となるのは、いかにしてその損害を分担するかの問題である。2船の船舶のうち一方の船舶にだけ過失がある場合は、その過失船の船舶所有者が被害をうけた相手船舶などの損害を賠償するのであり、この場合には損害の分担は問題とならない。損害の分担が問題となるのは、衝突船舶の双方に過失がある場合である。

(1)　船舶所有者間の損害の分担

　船舶衝突による損害の分担については、歴史的にみても各国において立法主義が異なり、過失の軽重にかかわらず関係する船舶所有者間で損害を平分して負担するとか、各船舶所有者の自己負担とするなどの立法例もみられていた。商法は、双方の衝突船の船舶所有者または船員に過失がある場合について、裁判所は、これら過失の軽重を考慮して、各船舶所有者について衝突による損害賠償の責任およびその額を定めるとしている（商788条前段）。この過失の軽重を定めることができないときは、損害賠償の責任およびその額は、各船舶所有者が等しい割合で負担する（商788条後段）。船舶衝突統一条約も、これと同趣旨の規定を設けている（条約4条1項）。

(2)　損害賠償請求権の性質

　双方の過失による船舶の衝突の場合には、双方の船舶所有者または船員の過失の割合によって損害を分担するとして、この損害賠償請求権の性質については、いわゆる単一責任説と交叉責任説との対立がある。

　単一責任説は、各船舶の損害額と過失の割合とを基準として差引計算したのち、受取勘定となる一方の船主のみが相手船の船主に対して1個の損害賠償請求権を有するとみる立場である。たとえば、A船とB船の衝突でA船に6億円、B船に4億円の損害が発生して、双方の過失が平等（50％）の割合である場合、A船の船主がB船の船主に対して1億円（（6億－4億）×50％）を請求できる債権だけが発生する。

　これに対して、交叉責任説は、各船舶の所有者がその分担すべき損害の割

合において相互に不法行為にもとづく損害賠償債務を負担すると解する立場
である。これによれば、同じ設例で、A船の船主はB船の損害のうち2億円
（4億×50％）を分担し、B船の船主はA船の損害のうち3億円（6億×50％）
を分担して、それぞれが相手方にその支払いを請求することができる。

　単一責任説は、船舶の衝突という事実は1個であるから、これから生じる
損害も合算して一団としての損害とみるが、衝突という事実は1個であって
も双方の船員の過失が競合して発生したものであり、理論上は2つの不法行
為にもとづく損害賠償請求権が存在するものと考えられるから、交叉責任説
が正当である。

　交叉責任説に対しては、一方の船主が破産した場合に、対等額について相
殺ができないという不公平な結果が生じ、また、債務が不法行為によって生
じたときは、その債務者は相殺をもって債権者に対抗することができないと
した民法509条の相殺禁止の規定（2017年改正前。改正後の民509条1号では、物損
の場合には悪意による不法行為に対象を限定している）の適用をうける不都合があ
ると指摘されてきた。しかし、破産前に発生した衝突にもとづく債務につい
ては相殺が認められており（破産67条）、また、不法行為による損害賠償請求
権について相殺を禁止する民法509条の規定は、不法行為の誘発を防止して、
不法行為者にはその賠償義務の現実の履行をさせようとする趣旨であるか
ら、双方過失による船舶の衝突という1個の同時的現象において双方に発生
した同質的な損害賠償の関係については適用を認めるべきではないと反論さ
れていた。

3．衝突船舶の船主の第三者に対する責任

　衝突がいずれか一方の船舶（側）の過失による場合、過失船の船舶所有者
が第三者の損害について責任を負うべきことは、責任の原則について述べた
とおりである。問題となるのは、衝突が双方の船舶の過失によって生じて、
衝突船または第三船にある積荷・旅客などの第三者に損害を与えた場合の双
方船主による損害の分担である。これについては、船舶衝突統一条約が適用
される場合と適用されない場合とで、取扱いが異なっている。

(1)　条約の規定する責任関係

　船舶衝突統一条約は、船舶、積荷、または船舶内にある者（船員・旅客等）の手荷物その他の財産に生じた損害について、船舶所有者（条約は、対物訴訟を念頭に「船舶」という）は連帯することなく過失割合に応じた分割責任を負うものとしている（条約4条2項）。他方で、人の死傷といった人的損害については、船舶所有者は、連帯して損害賠償責任を負うものとしている（条約4条3項）。

　条約の規定は、船舶および船舶内の物の損害について、船舶所有者の連帯責任ではなく分割責任を採用している点に最大の特徴がある。これは、20世紀の初頭に各国で一致していなかったこの場合の責任関係について、物損については積荷を念頭に、相互の船舶の損害と同一の取扱いをする方針がとられたことと、後述するように運送船の船舶所有者の荷主に対する責任が一般に契約により免除されていることを考慮したためであるといわれている。

(2)　条約が適用されない場合の責任関係

　商法には第三者の被った損害の分担について規定がなく（商788条は船主間の内部関係を定めたものにすぎない）、これについては共同不法行為について定める民法719条により、双方の船舶所有者は第三者に対して連帯して損害賠償の責任を負う（通説・判例）。

　そこで、積荷その他の船舶内の財産に生じた損害については、両船舶所有者の責任を分割債務とする条約と連帯債務とする商法では異なった扱いとならざるをえない。2018年の改正商法が、あえてこうした相違を残した理由としては、不法行為の被害者保護を重視したこと、また商法の中心的な適用対象が内航船の衝突であり、内航運送船については航海過失免責を定める国際海上物品運送法が適用されないことなどがあげられる。船舶衝突統一条約は一世紀以上前に制定された古い条約であり、条約4条2項の規定も便宜的な規定であるといえ、現代的な立法としてはもはや模範となりにくかったといえよう。

●　非運送船主による免責約款等の援用　●

　①問題状況　　海上物品運送契約においては、船員の過失、とくに航海上の過失

によって運送品に生じた損害について、運送人は賠償責任を負わないとする免責約款が挿入されることがあり、運送人でない船舶所有者などもこの免責の利益を受けられるものとしている（ヒマラヤ条項）。そこで、双方過失による船舶衝突の場合に、船舶所有者（船主）の第三者に対する責任を連帯責任とすると、次のような問題が生じることが指摘されてきている。たとえばP号（非運送船）とQ号（運送船）の双方の船員の過失によって衝突が生じてQ号の積荷に損害が生じた場合、被害荷主が免責約款の対抗を受けるQ号の船主（運送船主）ではなく契約関係にないP号の船主（非運送船主）に対して損害全額の賠償を請求することが考えられる。そうすると、損害全額を賠償したP号の船主はQ号の船主に対して、過失割合にもとづく求償をすることになり（民442条1項）、Q号の船主がこれに応じなければならないとすれば、結局は免責約款が無意味なものになってしまう。また、国際海上物品運送法が運送人に航海過失免責を認めているので（国際海運3条2項）、これが適用されればQ号の船主（運送船主）は被害荷主に対して、免責約款の有無を問わず賠償責任を免れているが、被害荷主がP号の船主（非運送船主）に対して不法行為にもとづく積荷損害の賠償を請求すれば、同じ問題が生じることになる。

　なお、アメリカでは同国が船舶衝突統一条約の締約国ではないため、一般原則により、荷主は非運送船主に対して積荷損害の全額の賠償を請求することが認められており、非運送船主からの求償に応じた運送船主は荷主にそれを再求償できるとする双方過失衝突約款（Both to blame collision clause）が船荷証券や傭船契約書の約款として考案された（もっとも、傭船契約の場合を除き、アメリカの連邦最高裁判所はこの約款を無効としてきている）。この双方過失衝突約款は、現在では各国の外航運送における船荷証券や傭船契約書に通常は存在するといえるほど普及している。

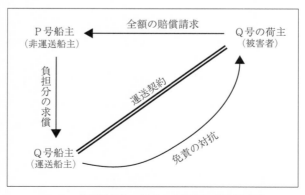

12-3　非運送船主に対する全額の損害賠償請求

②これまでの学説　　学説は、古くは、契約の相対性原則にもとづき、非運送船主が運送船主と荷主との他人間の契約である免責約款を援用することはできず、しかたのない結果であると考えてきた（戦前期の通説である援用否定説）。しかし、その後の学説（便宜的にすべて援用肯定説という）は、このような状況を「不合理な結果」とみて、これを避けるために、非運送船主による免責約款や法定免責の援用を可能とする理論構成を試みてきた。たとえば、免責約款は連帯債務者の１人に対してした債務の免除に相当するものとして（2017年改正前民437条）、非運送船主も荷主に対して免責約款を援用できるとか、免責約款を設定した当事者の意思解釈により運送船主のほんらいの負担部分については荷主自身がその賠償の危険を負担する趣旨であると解して、荷主は非運送船主の負担部分にかぎって請求できるとする説などである。また、法定の航海過失免責については、その立法趣旨にてらして、運送船主が非運送船主との内部関係において分担すべき負担部分は荷主がその危険を負担すべきことが法定されたとみる考え方も主張されている。さらに、最近、非運送船との関係では、運送船と積荷の一体性を認め、運送船主（の船員）の過失を「被害者（荷主）側の過失」として構成し、この場合は例外的に民法719条１項の定める共同不法行為者間の連帯責任が排除され分割責任と解することができるとする見解も示されている。

③援用肯定説の再検討　　援用肯定説が、「不合理な結果」とみて解釈努力を続けてきた問題は、船舶衝突統一条約が適用される場合には生じない。また、外航船による運送で使われている運送契約書（船荷証券・航海傭船契約書）では上述の双方過失衝突約款が例外なく含まれており、わが国ではこれを無効とみる見解はないと思われるから、やはり問題とならない。すなわち、この問題はそもそも一般的な問題ではなく、主として内航船による運送で、航海過失免責を特約しながら、双方過失免責約款のような特約をしていないといった、相当程度まで限定的な場合にかぎり生じる問題というべきである。しかも、この場合は、問題の原因も、その解決の方法も、実務的な対応のなかにある。

さらに、援用肯定説は、実質的にはこの場面において過失割合に基づく分割責任主義を採用することになるが、これは非運送船の船主の責任が制限される場合に（船主責任制限）、積荷以外の制限債権者があるときには、不合理な副作用を生じさせるおそれがある。すなわち、荷主の非運送船主に対する損害賠償請求権は非運送船の船主の過失割合で限定され、この限定された債権を制限債権として責任制限手続に参加せざるをえない。非運送船主の責任が制限されれば、場合により、運送船主への求償関係が生じないこともあるし、生じても少額にとどまることもあるが、あらかじめこれと無関係に非運送船主の過失割合で損害賠償債権が限定されてしまうと、学説が解決しようとする求償の金額と、分割債務とされたことにより荷主が得られなくなる金額とが一致しないという結果が生じかねない。そもそも、援用肯定説で

は、非運送船主が荷主に任意に全額の賠償に応じた場合（非運送船主から運送船主への求償は認められよう）には解決にならないのではないか。

　それゆえ、船主責任制限制度の存在を前提とすれば、援用肯定説は妥当でなく、非運送船主から運送船主への求償を前提として、これを荷主に再求償する解決とすべきである（双方過失免責約款と同趣旨）。問題は、双方過失衝突約款の定められていない内航船による運送にほぼ限られると思われるが、運送契約に航海過失免責約款があれば、このなかで荷主が再求償に応じるという合意がなされていると解すべきであろう。運送船主の負担部分を荷主が負担する趣旨とみるよりも、このように求償関係が生じた場合にそのかぎりで求償に応じる趣旨とみる方が運送人と荷主の双方にとっての合理的意思解釈として妥当なものと思う。求償が生じるかどうか、またその額がいくらかは、船主責任制限手続のなかで明らかになるので、再求償による解決も迂遠な方法とはいえない。なお、条約の分割責任主義（4条2項）は、見直されるべきものと考える。

4．損害賠償の範囲

　損害賠償の範囲は、民法の一般原則にもとづき、衝突と相当因果関係のあるすべての損害であり、積極損害であるか、消極損害であるかを問わない。特別な事情によって生じた損害（特別損害）については、民法416条2項の類推適用により、加害者が予見すべきであった場合にのみ賠償請求が認められる。

　積極損害には、主として船舶の滅失および損傷がある。衝突により船舶が滅失した場合の賠償額は、衝突当時の当該船舶および属具の市場価格による。その価格の決定に際して、衝突地の価格を標準とすべきか、本拠港の価格を標準とすべきかについて争いがあるが、本拠港の価格を標準とすべきである。市場価格が形成されていない特殊船舶や中古船の場合には、賠償額の決定が困難であるが、不当な利得をえようとする意図がないかぎり、同種の中古船の取得価格が損害額になると認定した判例がある（最判昭和56・7・17海事法研究会誌46号23頁）。船舶の損傷の場合には、船舶を損傷前の状態に回復させることが損害賠償の目的であるから、その範囲は、その修繕費が標準となる。

　消極損害としては、船舶の滅失または損傷のためにえることのできなかっ

た運送賃など被害船のいわゆる休航損害があるが、いずれも損害賠償の範囲に含まれる。

なお、加害船の船主等は、船主責任制限法の定めるところにより、その損害賠償債務につき責任を制限することができる（船主責任制限3条1項1号）。

5．衝突によって生じた債権の時効

(1)　財産損害の場合の短期消滅時効

船舶の衝突を原因とする不法行為による損害賠償請求権は、財産権が侵害されたことによるものであるときは、船舶の衝突の時（不法行為の時）から2年の時効によって消滅する（商789条）。

2018年改正前の商法は、時効の期間を1年としていたが、船舶衝突統一条約にあわせて改正された（条約7条1項参照）。民法の不法行為の場合（民724条1号）と異なり、商法がこのような短期消滅時効を定めたのは、衝突による損害を早期に特定する必要性と、衝突の原因に関する証拠の保全が困難であるという海上危険の特異性を考慮したものと一般に解されている。

また、2018年改正前の商法は、消滅時効の起算点について明文規定を欠いていた。学説は、この起算点は原則として船舶の衝突時であるとほぼ一致して解してきが（条約7条1項は事故のあった日であり同趣旨）、近時、商法は消滅時効の期間について民法724条（2017年改正前民724条前段。現民724条1号）の特則を設けたにすぎないと解して、起算点については民法724条の規定によるとする判例が現れていた（最判平成17・11・21民集59巻9号2558頁）。そこで、2018年の改正商法では、時効の期間と起算点のいずれについても条約に合わせることとして、明文で規定された。

(2)　人身損害の場合の消滅時効

人身損害の場合の損害賠償請求権の消滅時効について、商法は特則を設けていない。そこで、一般法である民法724条の2により、時効の期間は5年であり、起算点は、被害者または法定代理人が損害および加害者を知った時となる。

うえにみた船舶衝突統一条約の時効規定は、財産上の損害のみならず人身損害についても適用があり、2018年改正前の商法規定についても同様に解す

るのが多数説であった。これに対して、改正前の１年の時効によって消滅する債権は財産上の損害にかぎられ、人の生命・身体の損害による債権を含まないとする判例があった（大判大正４・４・20民録21輯530頁）。立法趣旨からすれば、多数学説の説く通りであるが、１年の時効期間はいかにも短いといえ、とりわけ人の生命・身体に生じた損害に関する債権についてはもはや現実的な合理性を欠いていた。これは、条約に合わせて期間を２年としても、なお短すぎるというべきであろう。2017年の民法改正により、人身損害の場合の一般法の時効期間が５年に延長されていることもあり（民724条の２の新設）、この改正を念頭に商法改正では商法に特則を設けないものとしたのである。これも条約との相違点となるが、ここでもより合理的な選択がなされたといえるだろう。

Ⅳ　曳船と衝突

1．曳船契約の意義と法的類型

　曳船契約とは、当事者の一方である曳船船主が相手方である被曳船船主に対して、曳船行為という労務の供給または仕事の完成を約し、これに対して相手方が報酬を支払うことを約する契約である。

　曳船契約は、曳船船主が曳船という仕事自体の給付を目的とする雇用契約としての性質をもつ場合と（雇用型）、曳船という仕事の完成を目的とする請負契約としての性質をもつ場合に大別されるが、後者の場合においては、さらに曳船船主が被曳船を自己の保管のもとに置いて曳船を行うか否かにより、物品運送契約としての性質をもつ場合（運送型）とたんなる請負契約の場合（請負型）とが区

12-4　曳船
コンテナ・バージを曳航する曳船

別されている。

　雇用型の曳船契約においては、曳船列の指揮権は被曳船にあり、運送型の契約においてはその指揮権は曳船にある。請負型の場合には、議論はあるが、曳船船主が被曳船を移動するという仕事の完成を引き受け、みずから仕事を完成させる手段を決めるべきであるから、曳船列の指揮権は曳船にあると解される。

2．曳船と被曳船の衝突

　曳船と被曳船とが衝突した場合は、契約当事者間の問題であるから、基本的には当該契約の債務不履行の問題として解決すべきである。当事者間に明確な合意がない場合であっても、曳船契約には前述のように運送型、請負型、雇用型の各類型が認められるから、それぞれの類型ごとに民法および商法の規定を適用ないし類推適用して内部関係が規律されるべきである。なお、請求権競合説の立場においては、この債務不履行責任のほか、同時に不法行為としての船舶衝突が成立するから、商法788条の適用の余地がある。

3．曳船列と第三船との衝突

　海上衝突予防法の適用上、曳船と被曳船は単一の船舶とみなされ、さらに船舶の衝突に関する法律関係においても、曳船は被曳船の被用者たる関係にあり、被曳船の船主は曳船の行為につき責任を負うとする原則がかつて認められ、これは曳船列一体の原則とよばれた。わが国の判例においても、「海商法上、船舶の衝突については被曳船たる艀舟は独立の船舶に非ずして曳船と一体をなすものと観察するを相当とす」と判示するものがあった（大判昭和13・9・10民集17巻19号1731頁。海商法の適用される船舶の判断に際してこの曳船列一体の原則に言及した判例として、最判平成4・4・28判時1421号122頁がある）。

　しかし、この曳船列一体の原則は、もともと海上衝突予防法の適用の必要から認められた原則であり、現在においてはかならずしも常に被曳船の船主のみが責任を負うものとはされておらず、第三者に対する責任については曳船列の指揮権がいずれの側にあるかによって決定されるのが基本であるといえよう。

　まず、運送型の場合には、被曳船は曳船の保管のもとにおかれるから、曳船の船主が衝突責任を負うべきである。曳船と被曳船の双方の船員の過失により衝突した場合は、双方の船主は連帯して責任を負う（商690条、民719条1項）。雇用型の場合には、被曳船が曳船列の指揮権をもつから、被曳船の船主が衝突責任を負うべきである。曳船の船員の過失による衝突であっても、被曳船の責任は免れないが、この場合は曳船船主も被曳船船主と連帯して損害賠償責任を負う。請負型の場合には見解がわかれるが、曳船列の指揮権をもつ船舶の船主が責任を負うのが原則である。また、双方の船員の過失による衝突が生じたときは、双方の船主が連帯して責任を負う。

第13章
海難救助・共同海損

▌I　海難救助

1．海難救助の意義とその法的性質

　海難救助とは、海難に遭遇した船舶または積荷を救助することである。私法上の制度としての海難救助は、危険に遭遇した船舶が自力では危険を克服できず、外部（他船）の助力によって危険から脱出する必要がある場合、救助を奨励する目的において、海難救助にともなう危険や労力を考慮して、救助者に報酬（救助料）請求権を認めるものである。そもそも海難救助はこのようにたまたま遭難船舶に助力できる場にある船舶による救助を前提として制度化されてきたが（任意救助）、現代の船舶の救助には専門的な資材や技能が必要である場合が多く、現在ではほとんどの海難救助は専門の海難救助業者（サルヴェージ業者）や曳船業者との契約にもとづいて行われている（契約救助）。

　2018年〔平30〕の商法改正前は、商法の定める海難救助には契約にもとづく救助は含まれないと解するのが通説であったが（商法の制定時には契約による救助（＝専門業者による救助）はまだ一般的なものではなかった）、改正商法は契約による救助も商法の対象に加え、両者について扱いの異なるいくつかの規定を設けている。

　海難救助では、伝統的に、いわゆる不成功無報酬（"No cure, no pay"）の原則が認められているという点に大きな特徴がみられてきた。これは、契約に

13-1　サルヴェージ

左：サルヴェージ業者のクレーン船、右：クレーン船による船骸の引揚げ

　もとづく海難救助でも原則となっている。しかし、この原則は、後述するように、今日では一定の変化を迫られてきている。

　契約によらない海難救助の法的性質については、これを事務管理または不当利得とみる見解があったが、海難救助が成立する（救助料請求権が発生する）ためには船舶または積荷の救助という結果をえることが必要であるから事務管理とは区別されるし、海難救助の被救助者が法律上の原因なくして他人の損失において利得をしたとみることはできず、さらに救助料の支払義務は利益の返還義務とは異なるから、不当利得とはいえない。そこで、海難救助は海商法上の特殊な法律要件であると解されている。

2．海難救助に関する法の統一

(1)　海難救助に関する条約

　①1910年海難救助統一条約　　海難救助に関する法を統一するための条約は、船舶衝突統一条約とともに、1910年に「海難に於ける救援救助に付ての

規定の統一に関する条約」がブリュッセル条約として成立し（1913年発効）、わが国もこの条約を批准しており、1914年〔大3〕に公布されている。それゆえ、わが国の船舶と他の締約国の船舶が救助船および非救助船となる場合などには条約が適用される（条約の適用につき条約15条を参照）。

　②1989年海難救助条約　　1910年条約は、船舶および積荷という財産の救助を目的とするものであるが、船舶の大型化や専用化による海難の質の変化、とりわけ原油や危険物を運送する船舶の海難による環境損害に対する注目が高まり、海難救助に際する環境損害の防止・軽減の必要性が認識されてきた。こうした状況を背景にIMO条約としてあらたに制定されたのが、1989年の海難救助条約である（1996年発効）。しかし、わが国はこの条約を批准していない。

(2)　海難救助契約書式

　現在では、前述にように、ほとんどの海難救助は海難救助業者などとの間で海難救助契約を締結して行われている。海難救助契約書式として世界的に広く利用されてきたものに、ロイズ海難救助契約標準書式（Lloyd's Open Form：LOF）がある。この書式は、100年以上の歴史をもち、数次の改定を経て、最新のものは2020年版のLOF2020である。LOF書式は、伝統的な不成功無報酬の原則を採用しているが、すでに1980年の改定から環境保全の要請に応じて環境損害防止費用の特別規定をとりいれている。1990年の改定では、1989年条約を反映させるとともに、環境汚染のおそれのあるすべての船舶について、救助不成功（または一部の成功）の場合でも環境損害防止作業に要した費用を補償する特別補償を認めており（Safety Net Clause）、1999年には特別補償に代えて報酬を支払う特別条項（SCOPIC条項）をLOF書式の任意の追加条項として制定している。わが国のものとして、2021年に改定された日本海運集会所の海難救助契約書式があり、やはり1989年条約にもとづいている。

3．海難救助の成立要件

　商法において、契約によらない海難救助が成立して救助料請求権が発生するための要件としては、(i)船舶または積荷その他の船舶内にある物の全部ま

たは一部が海難に遭遇したこと、(ⅱ)これを救助したこと（救助作業の実施）、
(ⅲ)救助が成功したことがあげられる（商792条1項を参照）。

　第1に、船舶または積荷が海難に遭遇していなければ海難救助は成立しな
い。商法の海難救助規定が適用ないし準用される船舶は、まず一般的に海商
法が適用または準用される船舶である（商684条、船舶（附則）35条1項）。また、
2018年改正商法は、非航海船またはその積荷等の救助の場合に海難救助に関
する商法の規定を準用することを、明文をもって規定した（商807条。非商行
為船である非航海船の救助への準用につき、船舶35条2項。1910年条約1条は内水航行船
も対象としており、1989年条約1条は条約の対象である船舶にすべての船舶を含めてい
る）。なお、商法上の海難救助の対象は財産救助であり、人命救助は直接に
はその対象となっておらず、これは無償が原則である（例外としての商法796条
2項については後述する）。

　海難とは、航海に関連する危険であって、船舶が自力をもって克服するこ
とのできない程度の危険をいうものと解されている（通説。大判昭和11・3・28民
集15巻565頁を参照）。危険は急迫していることを要しないが、現実に予見でき
るものでなければならない。海難の発生の場所は海上にかぎらず、河川港湾
においても海難救助は成立する（1910年条約1条および1989年条約1条も水域のい
かんを問わないとする）。陸上からなされる救助行為が海難救助として認められ
るかどうかについては見解がわかれているが、広く海難救助を奨励する目的
と衡平の見地から積極的に解するのが多数説である。

　第2に、遭難船舶の救助（作業）を実施したことが要件となる。契約によ
らない救助の場合の救助とは、私法上の義務なくしてした救助をいう。遭難
船の船員による自船またはその積荷の救助や、曳船による被曳船の救助は、
原則として海難救助とはならない（曳船につき1910年条約4条も同趣旨）。他方、
公法上の義務として（たとえば、水難救護3条、6条。船員13条、14条を参照）遭難
者を救護すべき義務を負っている者が救助した場合であっても、海難救助は
成立する。

　なお、海難救助は、同一の船主に属する船舶間（いわゆる姉妹船間の救助）で
あっても成立する。これは、海難救助の効果がたんに船主だけでなく、救助
に従事した船員および救助された積荷の所有者にもおよぶからである（1910

年条約5条、1989年条約12条3項）。

　第3に、救助が成功すること、すなわち船舶または積荷の全部または一部が救助されることが必要である。もっとも、救助が不成功の場合に一定の報酬を支払うことを特約することもできるから、この要件は海難救助成立の要件というよりは、救助料発生の原則的な要件である。商法は、救助者はその結果に対して救助料の支払いを請求することができるとしており（商792条1項）、これを結果主義という。救助不成功の場合は救助料を請求することができず、これが「不成功無報酬の原則」である。1910年条約はこの原則を採用している（1910年条約2条1項）。1989年条約は、救助報酬の決定についてこの原則を残しているが（1989年条約12条1項・2項）、船舶またはその積荷が環境損害を発生させるおそれのある船舶について救助作業を行った場合は、救助が不成功であってもその支出した実費の支払いなどを受けられるものとしており、この点で原則の修正がみられる。後述するように2018年改正商法も「特別補償料」としてこの制度をとりいれている。

　救助が成功したかどうかは、各場合について事実問題として判断されるべきであるが、少なくとも船舶または積荷の一部が海難を免れて、相対的に安全な状態に置かれればたりると解されている。たとえ、救助後に別の海難で船舶または貨物が滅失しても、救助料請求権には影響がない。

4．海難救助の効果

(1)　救助料債権の発生

　海難救助が行われたときは、その効果として、救助者に救助料請求権が発生する（商792条1項）。救助料には、救助のために支出した費用（海洋汚染の防止または軽減のための費用を含む）も含まれる（商793条参照）。

　しかし、一定の場合には救助者は救助料を請求することができない（1910年約8条2項、1989年条約18条を参照）。まず、(ⅰ)救助者が故意に海難を発生させたときである（商801条1号）。2018年の商法改正前は、過失により海難を発生させた場合も救助料を請求できないとしていたが（双方過失による船舶の衝突に際して衝突関与船舶により海難救助が行われた場合など）、1910年条約はこの場合を救助料額の算定の問題（報酬の減額または否認）としており（1910年条約8条2

項）、改正法もこの趣旨からとくに規定を設けないこととした。また、(ii)正当な事由により救助を拒まれたにもかかわらず、救助したときである（商801条2号。1910年条約3条を参照）。

　なお、救助料（特別補償料も同じ）の請求権は、救助の作業が終了した時から2年を経過したときは、時効によって消滅する（商806条）。2018年改正前の時効期間は1年であったが、条約は時効期間を2年としているため（1910年条約10条1項、1989年条約23条1項）、これにあわせて改正された。救助料債権は、船主責任制限法による制限をうけない非制限債権である（船主責任制限4条1号）。

(2) 救助料の額

　救助料の額は、特約がなく、その額につき争いがあるときは、危険の程度、救助の結果、救助のために要した労力および費用その他いっさいの事情を考慮して裁判所がこれを定める（商793条）。1910年条約および1989年条約は、救助料（報酬）の決定の基準をさらに詳しく示している（1910年条約8条1項、1989年条約13条1項）。

　海難に際して契約で救助料を定めた場合であっても、その額が著しく不相当であるときは、当事者は、その増減を請求することができる（商794条。1910年条約7条1項、1989年条約7条を参照）。この場合に商法793条が準用されており、裁判所は、上述のいっさいの事情を考慮してその額を定める。なお、実際に広く使われている LOF 書式には、ロイズ仲裁によるべきことが定められている。

　救助料の額は、特約がないときは、救助された物の価額（救助された物の運送賃の額を含む）の合計額を超えることができない（商795条）。積荷等の所有者は、救助された物をもって救助料にかかる債務を弁済する責任を負うものとされており（商804条）、物的有限責任が認められている。1910年条約は、いかなる場合においても、支払われるべき金額は救助された目的物の価額を超えることができないと定めている（条約2条2項。なお、1989年条約13条3項もほぼ同旨）。救助された船舶・積荷の価額を超えてまで報酬を与えることは妥当でないからであり、この有限責任の原則も不成功無報酬の原則とともに海難救助制度の本質を表現している。

(3)　共同救助・人命救助の場合

　数人の独立の救助者が共同して救助をした場合（数隻の船舶による救助の場合など）には、各救助者に支払うべき救助料の割合が問題となるが、この割合についても商法793条が準用されており、裁判所が前述のいっさいの事情を斟酌して定める（商796条1項）。

　人命の救助に従事した者も、共同救助の規定に従って救助料の支払いを受けることができる（商796条2項）。人命救助は海難救助制度の対象ではなく救助料債権は生じないが、船舶または積荷の救助がなされた場合に、人命救助に従事した者は救助料債務者（被救助者ではない）から独立的に（財産救助者との分配関係でなく）救助料の支払いを受けることができると解されている。なお、1910年条約および1989年条約は、人命救助をうけた者に報酬支払義務がないことを確認し（1910年条約9条1項、1989年条約16条1項）、救助作業において人命を救助した者は救助者に支払われる報酬から相当の配分を受けられるものとしている（1910年条約9条2項、1989年条約16条2項）。

(4)　船舶所有者と船員の間での配分割合

　船舶所有者と船員の間での救助料の配分については、救助料の3分の2を船舶所有者に支払い、3分の1を船員に支払わなければならない（商797条1項）。この規定に反する特約で、船員に不利なものは無効となる（商797条2項）。また、救助料の割合が著しく不相当であるときは、船舶所有者および船員はそれぞれ他方に増減を請求することができ、この場合についても商法793条が準用されている（商797条3項）。

　さらに商法は、各船員に支払うべき救助料の割合は船舶所有者が決定するものとして（商797条4項）、船舶所有者は航海が終了するまでに割合の案を作成し、これを船員に示さければならないとしている（商798条。割合案作成の懈怠の場合につき商800条を参照）。船員がこの割合案に対して異議の申立てをしようとするときは、この申立てができる最初の港の管海官庁にしなければならない（商799条1項）。管海官庁は、その異議の理由があると認めるときは割合案を更正することができる（商799条2項）。船舶所有者は、この管海官庁の決定があるまでは、船員に対して救助料の支払いをすることができない（商799条3項）。

なお、救助者が専門業者である場合には、以上の商法797条1項から4項の規定は適用されず、救助料の全額がその救助者に支払われる（商797条5項）。

(5)　特別補償料

船舶の衝突や座礁といった海難事故が発生すると、船舶の燃料油、積荷の有害物質などが流出することにより海洋汚染を生じさせることがある。ところで、伝統的な海難救助制度により救助料について不成功無報酬の原則を貫き、また救助料の限度を救助された物の価格とすれば、多額の費用をかけてあえて海洋汚染防止軽減措置を講じることを救助者に期待するのは難しい。そこで、1989年条約やLOFなどの救助契約書式では、一定の場合に救助が不成功または一部成功の場合にも救助者に環境損害の防止軽減措置について特別補償の請求権を認めており、2018年改正商法も、これを採用している。

● 環境損害の防止と1989年条約 ●

1989年条約は、救助作業中には環境損害の防止軽減のために相当の注意を尽くすべき救助者の義務（船舶またはその他の財産の所有者に対する義務）を定め（条約8条1項）、救助報酬の算定の基準に環境損害を防止軽減するための救助者の技能および労力を加え（条約13条1項）、さらに船舶それ自体またはその積荷が環境損害を発生させるおそれのある船舶に対して救助作業を行った場合の特別補償を定めている（条約14条）。すなわち、救助者は、条約14条所定の方法で算定した自己の支出した金額が条約13条で認められる救助報酬を超過した場合には超過額の支払いを受けることができるとされており（条約14条1項）、救助不成功や一部の成功の場合であっても特別補償の対象となりうる。また、環境損害を防止・軽減した場合には、この支出費用の最大30％までの増額なども定められている（条約14条2項）。

◆ 商法の特別補償料規定（商805条）

救助者に特別補償料の請求権が発生するためには、まず、救助者が海難に遭遇した船舶の救助作業を行う場合であって、この船舶から排出された油その他の物により一定の海洋汚染が生じているか、そのおそれのあることが前提となる。商法は、「当該汚染が広範囲の沿岸海域において海洋環境の保全に著しい障害を及ぼし、若し

くは人の健康を害し、又はこれらの障害を及ぼすおそれがある場合」としている。この場合に、これらの障害の防止または軽減のための措置をとった救助者（商法は「汚染対処船舶救助従事者」という）は、船舶所有者に対して特別補償料を請求することができる。特別補償料の規定は任意救助と契約救助のいずれにも適用されるのが原則であるが、契約に特約があればそれに従う（以上、商805条1項）。

　特別補償料の額は、障害の防止・軽減措置として必要または有益であった費用に相当する額であり（商805条2項）、これが原則である。救助が成功し、汚染対処船舶救助従事者が同一の海難での救助料債権を有するときは、特別補償料の額はこの救助料の額を控除した額となる（商805条4項）。汚染対処船舶救助従事者が障害を防止または軽減したときは、特別補償料は130％までの範囲内で裁判所が定める額に増額することができる。また、この増額でも障害の防止・軽減の結果に比べて著しく少ないなどの特別な事情がある場合には200％まで増額できる。ここでも、商法739条が準用されている（以上、商805条3項）。これに対して、汚染対処船舶救助従事者の過失によって障害の防止・軽減ができなかったときは、裁判所はこれを考慮して特別補償料の額を定めることができるとされており（商805条5号）、これは減額の場合である。

5．救助料の支払いに関する船長の権限

　被救助船の船長は、救助料債務者に代わって、救助料の支払いに関するいっさいの裁判上または裁判外の行為をする権限を有する（商803条1項）。また、救助料に関する訴えにおいては、船長は、救助料の債務者のために原告または被告（訴訟当事者）となることができる（商803条2項）。他方、救助船の船長も、救助料の債権者（当該船舶の船舶所有者および海員にかぎる）のために同様の権限を有する（商803条3項）。被救助船および救助船の船長のこれらの権限は、任意救助の場合にみとめられるものであって、契約救助の場合にはこれら規定の適用はない（商803条4項）。

6．救助者の先取特権と留置権

　救助者は、救助料債権について船舶先取特権を有する（商842条2号）。また、商法は、救助者は救助料債権につき救助された積荷等のうえに先取特権を有すると定めている（商802条1項）。この先取特権には、船舶先取特権に関

する規定が準用されている（商802条2項による商843条2項、844条および846条の準用）。

　また、救助者は、救助の目的物を占有しているかぎり、救助料の支払いを受けるまで目的物を留置することができる（民295条1項）。

II　共同海損

1．共同海損の意義とその法的性質

(1)　共同海損の意義

　海損とは、広義では、航海において通常生じる損害や費用（通常海損、小海損：船舶の自然損耗、燃料費、水先料、入港税など）を含むが、狭義では、非常の原因によって生じる損害および費用（狭義の海損、非常海損）をいう。共同海損（General Average: G.A.）とは、非常海損のうち、船舶と積荷その他の船舶内の財産の双方に共通の危険を免れるために、船舶または積荷等についてなされた処分によって生じた損害および費用をいい（商808条1項）、これに該当しない非常海損を単独海損（船舶衝突により直接生じた損害など）という。

　制度としての共同海損は、船舶と積荷の双方の危険を免れるために生じた処分による犠牲的な損害および費用を利害関係人の間で分担するものとして、古くから海法において認められてきた。かつて、荒天に遭遇した船舶の転覆を避けるためにマストを切断したり、座礁した船舶や海賊に追われた船舶が浮上をはかったり船脚を軽くするために船具や積荷を海中投棄（投荷）した場合に、この犠牲により危険を免れた船舶と積荷とで、この損害を分担する制度として誕生したのである。現在では、マストの切断や投荷というものはまれであろうが、たとえば船舶の座礁、衝突、火災などにより、避難港に入港させるために生じる費用や、座礁した船舶を離礁させるために積荷をバージ（艀）に移し（瀬取り）、タグ・ボートで船体を引きおろし、再び積荷を積みなおすなどの措置により生じる費用、離礁させる際に生じた船底の損傷（座礁事故そのものによる船底損傷は共同海損にならない）などがこれにあたる。

(2) 共同海損制度の基本観念と法的性質

こうした共同海損の基本観念が何であるかについては諸説があるが、わが国の通説は、いわゆる危険共同団体説といわれるものである。船舶と積荷は海上で孤立的な危険共同団体を構成しており、これが海上危険に遭遇した場合は船舶または積荷の部分的犠牲において全体の利益をはからざるをえないこともある。そこで、全体の利益のため、船長などに対し最善の処分方法を講じさせ、そのために生じた損害を利害関係人の間で公平に分担すべきものとされているのである。

このような共同海損制度の法的性質について、不当利得、事務管理など既存の制度にあてはめて説明する試みもかつてなされたが、いずれにも無理があり、現在は、その法的性質としては海商法上の特殊な法律要件とみるほかなく、それでたりるものと解されている。

2. 共同海損に関する法の統一

共同海損は古くから各地の海法に認められていたが、各国の法規は立法主義のちがいから統一を欠いていたため、この領域においても早くから国際的統一の必要性が認識されていた。共同海損法の統一のための国際的な動きは19世紀後半から始められ、現在ではヨーク・アントワープ規則（the York-Antwerp Rules: YAR）として知られる統一規則が作りあげられてきた。このヨーク・アントワープ規則は、条約ではなく、当事者により任意に利用されるべき性質のものであるが、傭船契約書、船荷証券、保険証券などで広く採用されているため、実質的には世界で統一的に利用されている重要な規則となっている。

現在、もっとも広く利用されているのは、1994年版のヨーク・アントワープ規則（YAR 1994）である。その後、2004年に新規則（YAR 2004）が制定されたが、海難救助報酬を共同海損から除外するなど抜本的な改定であり、1994年規則の改定版ではないとされ（契約などで1994年規則またはその改定版による旨を定めている場合、2004年規則ではなく1994年規則が適用される）、実務においても普及しなかった。そこで、2016年に関係団体の調整をへてあらたな規則（YAR 2016）が制定されている。

　1994年規則は、1か条のパラマウント条項（至上条項）に続いて、ルールAからGの文字規定と、ルールIからXXIIの数字規定で構成されている。以下では、商法の共同海損に関する規定を中心に述べて、これに関連する1994年のヨーク・アントワープ規則の重要な規定を参照するにとどめる（以下でヨーク・アントワープ規則、またはたんに規則という場合、すべて1994年規則をいう）。なお、2018年の商法改正では、共同海損法については、1994年のヨーク・アントワープ規則との整合をはかる修正が行われた。

3．共同海損の成立要件

　商法は、共同海損の定義として、船舶および積荷等に対する共同の危険を避けるために船舶または積荷等についてされた処分（共同危険回避処分）によって生じた損害および費用と規定している（商808条1項）。なお、ヨーク・アントワープ規則A条は、共同の航海（common marine adventure）にかかわる財産を危険から守る目的をもって、共同の安全のために、故意に、かつ、合理的に、異常の犠牲または異常の費用が支払われた場合にかぎり、共同海損行為が成立すると定めている（規則A条）。2018年の商法改正において、共同海損の成立要件は、規則A条と整合するように改められた。

　すなわち、第1に、船舶および積荷等にとって共同の危険が存在し、これを免れるための処分であることが要件となる。船舶または積荷等のいずれか一方にとっての危険であっては、共同の危険とはいえない。この点、改正商法は、積荷以外の船舶上の物についても共同海損の成立を認めており、積荷がない場合（たとえば定期傭船された空船内の燃料など）であっても共同海損が成立することがある。共同の危険の存在が前提であるが、改正商法は共同危険回避処分と船舶・積荷等の保存との間の因果関係を要しないものと変更しているので、危険が客観的に存在している必要はないと解される（規則A条の解釈に一致させたものである）。さらに、危険の発生原因のいかんは問わない。たとえ、危険が利害関係人の過失（たとえば、危険が船員の過失による船舶の衝突に起因するなど）によって生じた場合であっても共同海損は成立する（商808条2項。規則D条を参照）。

　第2に、船舶または積荷等について、船長など（船長にかぎらない）による

故意の、かつ、異常の処分（共同危険回避処分）がなされたことを要する。故意の処分とは、船長などの行為者の意思にもとづいてなされた処分行為であって、たとえば、避難港への入港、海難救助契約の締結などである。処分行為者のした処分が異常（非常）のものであることは、商法では要件として明示されていないが、共同海損の本質から当然のものと解されている（規則Ａ条を参照）。

　第３に、このような共同危険回避処分によって、損害（general average sacrifice）または費用（general average expenditure）が生じたことが要件となる。共同海損となるべき損害または費用の範囲は立法主義により異なっているが、商法の解釈としては、共同危険回避処分と損害または費用との間に相当因果関係の認められるものにかぎられ、かつ、それでたりると解される（規則Ｃ条１項は、共同海損行為の直接の結果である滅失、損傷または費用に限って共同海損と認める原則を示している）。

　第４に、船舶または積荷等が保存されたことが要件であると一般に解されている。これについては、共同海損行為によって船舶または積荷が保存されたことを要するか（因果主義）、それともたんに船舶または積荷が残存することでたりるか（残存主義）の点で、立法主義がわかれている。ヨーク・アントワープ規則には特別の規定がなく、残存主義をとるものと解されている。2018年改正前商法では、改正前789条の文言から因果主義をとるものと解されていたが、改正により処分と保存との因果関係を要しないものとされたので残存主義を採用したとみられる。保存された目的物の範囲については、商法は、船舶または積荷等の全部または一部が保存されたことを要し、かつ、これでたりるという保存種類不問主義をとっている（ヨーク・アントワープ規則も同じ）。

4．共同海損の精算 （効果）

　共同海損行為によって生じた損害および費用は、各利害関係人において分担される（商810条）。ここで共同海損に属する損害と費用は分担請求財団を構成し、これを分担する財産は分担財団を構成する。共同海損の効果として生じる共同海損の精算は、これら両財団の範囲と金額を決定し、それに応じ

た分担をすることである。分担（精算）の原則は、危険共同団体の構成員が他の構成員の損害（犠牲）において共同危険を免れた場合、その危険を免れた利益の割合に応じ、かつ、その利益を限度として損害を分担することであり、損害を受けた者（分担請求権者）もまた平等に共同海損を分担する。

(1) 共同海損となる損害または費用（分担請求財団）

共同海損行為（共同海損回避処分）と相当因果関係にあるすべての損害および費用は、利害関係人によって分担されるべき損害（共同海損となる損害）の範囲に含まれるのが原則である。ヨーク・アントワープ規則も、航海（adventure）終了の時および地における（船舶および積荷の）価額にもとづき精算するという原則（規則G条）を定めており、商法もこれを原則としている（船舶および積荷の算定方法について規則XVI条およびXVIII条を参照）。

2018年改正商法は、共同危険回避処分により請求できなくなった運送賃の損失を共同海損とした（規則XV条参照）。運送賃については、積荷の滅失・損傷がなければ運送人が積荷に対して支払ったはずである費用を控除する。積荷の損害額についても同様にその費用を控除する。

◆ 共同海損となる損害の額（商809条1項）

共同海損となる損害の額は、次の(i)〜(iv)の区分に応じて、それぞれに定められた額によって算定する。ただし、(ii)と(iv)に定める額については、積荷の滅失または損傷のために支払うことを要しなくなった一切の費用の額を控除する。
- (i) 船舶　到達の地および時における当該船舶の価格
- (ii) 積荷　陸揚げの地および時における当該積荷の価格
- (iii) 積荷以外の船舶内にある物　到達の地および時における当該物の価格
- (iv) 運送賃　陸揚げの地および時において請求することができる運送賃の額

なお、船荷証券など積荷の価格を評定するための書類（価格評定書類）に積荷の実価より低い価額を記載した場合（価格以外の虚偽記載により価格が低く評価されることになる場合も同じ）は、損害額はその記載された価額によって定められる（商808条2項。規則XIX条2項を参照）。これは、一種の制裁であり、損害額は小さく評価されることになる。

　また、例外として、(i)船舶所有者に無断で船積みがされた積荷（商809条3項1号イ）、(ii)船積みに際して故意に虚偽の申告がされた積荷（同ロ）、(iii)種類および価額の通知を欠いた高価品である積荷（同ハ。運送人が高価品であることを知っていた場合を除く（商809条3項1号柱書き））、(iv)甲板上の積荷（同ニ。甲板積みをする商慣習がある場合を除く（商809条3項1号柱書き））、および(v)属具目録に記載のない属具（同ホ）に加えた損害、ならびに特別補償料（商809条3項2号）は、共同海損となる損害から除外されており、利害関係人が分担することを要しない（(i)および(ii)につき規則XIX条1項、特別補償料につき規則VI条(b)を参照）。甲板積貨物の損害は、甲板積みの商慣習がある貨物の場合には共同海損と認められ（規則I条を参照）、コンテナ船または木材運搬船などによって運送される積荷がこれに該当する。

　共同海損である損害額またはこれにもとづく共同海損分担請求権について、商法に特別の規定はないが、法定利息を付すべきものと解されている（規則XXI条は、共同海損精算書の発行後3か月まで年率7％の利息を認めている）。

(2)　共同海損の分担額（分担財団）

　共同海損は、危険共同団体を構成する船舶および積荷などの各利害関係人によって分担される。商法は、船員および旅客を除き、(i)船舶の利害関係人、(ii)積荷の利害関係人、(iii)積荷以外の船舶内にある物（船内に備え付けた武器を除く）の利害関係人、および(iv)運送人が、所定基準による船舶・積荷等の額の割合に応じて、共同海損を分担すると定めている（商810条1項）。

　ヨーク・アントワープ規則は、分担額についても冒険（航海）終了の時および地における（船舶・積荷等の）価額による精算を原則としており（規則G条およびXVII条を参照）、商法も同様である。共同海損の分担額の算定における船舶・積荷等の額の算定基準は、損害額の算定の場合と類似しているが、利害関係人ごとに定められている。

◆ 分担額算定の基準となる額（商810条1項）

　共同海損は、次の(i)〜(iv)に掲げる者（船員および旅客を除く）が、それぞれに定められた額の割合に応じて分担する。

　(ⅰ) 船舶の利害関係人　到達の地および時における当該船舶の価格
　(ⅱ) 積荷の利害関係人　ａ）の額からｂ）の額を控除した額
　　　ａ）　陸揚げの地および時における当該積荷の価格
　　　ｂ）　共同危険回避処分の時にａ）にいう積荷全部が滅失したとした場合に支払うことを要しないこととなる運送賃その他の費用の額
　(ⅲ) 積荷以外の船舶内の物（船舶に備え付けた武器を除く）の利害関係人　到達の地および時における当該物の価格
　(ⅳ) 運送人　ａ）の額からｂ）の額を控除した額
　　　ａ）　(ⅱ)ｂ）にいう運送賃のうち、陸揚げの地および時において現存する債権の額
　　　ｂ）　船員の給料その他の航海に必要な費用（共同海損となる費用を除く）のうち、共同危険回避処分の時に船舶および(ⅱ)ａ）にいう積荷の全部が滅失したとした場合に運送人が支払うことを要しないこととなる額

　船舶および積荷等が、共同危険回避処分ののち、到達または陸揚げの前に、修繕を受けるなど必要費または有益費（共同海損となる費用を除く）を支出したときは、これによる船価などの上昇分は共同危険回避処分と無関係であるため、共同海損分担額の基礎となる船価等から費用の額が控除される（商810条2項）。

　前述のように、公平を期すため、共同海損である損害それ自体（損害を受け、または費用を負担した者）も共同海損を分担する。すなわち、共同海損を分担する者が共同危険回避処分による損害を受けた者である場合、分担割合の基礎となる額の算定においては、船舶・積荷等の荷揚地・到達地価格に共同海損となる損害・費用を加算した額となる（商810条3項）。これにより、たとえば同じ1000万円の積荷について、損害がなく荷揚地価格1000万円の積荷の荷主Aと共同海損となる損害250万円が生じて荷揚地価格750万円である積荷の荷主Bは、いずれも1000万円（Bについては、荷揚地価格に損害額を加算）を基礎として算出される割合で同額を分担する（別途、Bは損害額250万円につき分担財団から塡補される）。

　また、船荷証券などの価格評定書類に積荷の実価を超える価額を記載したとき（価格以外の虚偽記載により価格が高く評価されることになる場合も同じ）は、その積荷の利害関係人は記載した価額に応じて共同海損を分担しなければなら

ない（商810条4項）。この場合は、実価を正しく記載した場合にくらべ、利害
関係人の分担額が大きくなる。

　共同海損を分担すべき者は、船舶の到達（積荷利害関係人および運送人につい
ては、積荷の陸揚げ）の時に現存する価額の限度においてのみ責任を負う（商
811条）。したがって、共同危険の原因となった事故や共同危険回避処分後に
生じた事故などで陸揚げの時に全損と評価された積荷利害関係人の分担額
は、0となる。

(3)　共同海損の計算　（精算手続）

　共同海損を生じさせる事故が生じ、これを共同海損として精算する場合、
実務においては、まず船主が共同海損宣言書を利害関係人に送付する。そし
て、荷主に対して共同海損盟約書（Average Bond）および積荷価額明細書
（Valuation Form）の提出を求める。商法は、共同海損の分担金の支払いを受
けるまで運送人は運送品を留置することができると定めているが（商741条2
項）、実際上、共同海損の精算には長期間を要するので、積荷の保険者によ
る共同海損分担保証状（精算後に分担額を保険者が支払うことを約したもの）を提
出させて運送品の引渡しがされている。共同海損精算書の作成など、実際の
精算業務は、専門の業者である海損精算人により行われる。

　また、共同海損の分担にもとづく債権は、その計算が終了した時から1年
間行使しないときは時効によって消滅する（商812条）。

設 例（1994年ヨーク・アントワープ規則）

　貨物を積載した本船が荷揚港に接近中、本船の居住区で火災が発生し、機関室と船倉に延焼。海水による消火活動で鎮火したものの、自力航行が困難となった。そこで、海難救助業者と救助契約を締結し、曳船による支援を受けながら荷揚港に着岸した。

①　火災及び消火活動による損害額は以下の通り。（金額の単位は百万米ドル）

	火災前の価額	火災による焼損	消火による水濡れ損（共同海損犠牲損害）	荷揚地到達価額（火災前価額−損害額）
本船	35	5	−	30
貨物A	10	−	−	10
貨物B	12.5	2.5	2.5	7.5
貨物C	5	5	−	0（全損）

※価額は到達地（荷揚地）価額

②　荷揚港入港の際に追加でかかった曳船費用は2.5であった。

・・

　このうち、消火活動による水濡れ損2.5は、共同海損行為によって生じた物理的な損害であるため共同海損犠牲損害となり、曳船費用2.5は船と貨物の安全のための出費であるため共同海損費用となる。本件における共同海損の合計額（分担請求財団）はこれらを合わせた5（2.5＋2.5）である。

　この損害額（分担請求財団）5は、共同海損負担価額（分担財団：当該共同海損行為によって救われた本船および貨物の価額に<u>共同海損犠牲損害を加えた価額</u>）により、以下のように按分して負担（3：1：1：0）される。

	共同海損負担価額（分担財団）	共同海損分担額
本船	30	3
貨物A	10	1
貨物B	10 ※	1
貨物C	0	0
合計	50	5

※荷揚げ地到達価額7.5に共同海損犠牲損害2.5を加えたもの。

13-2　共同海損精算の例

第14章
船舶先取特権・船舶抵当権

　船舶による海上活動には、さまざまな資金が必要となる。たとえば、船舶を建造して艤装し、これを維持するためには巨額の資金が必要である。また、航海の途中では、燃料や船員の食料などの需品の補給、出入港に伴う水先料、港費などの支払い、さらに海難に遭遇すれば救助料などの支払いに資金が必要となる。そのため、海事の分野では、かつては船舶の共有や冒険貸借（高利で貸付けを行う金銭消費貸借契約であるが、航海が破綻した場合には返済を免除される特殊な契約）など海事に特有の制度が考案され、利用されてきた。しかし、現在では、海運企業のほとんどが株式会社形態で営まれ、陸上企業とかわらない資金調達方法が用いられるほか、海事における金銭の貸借（海事金融）を容易にするための特有な制度として船舶先取特権および船舶抵当権という近代的な制度が整えられている。こうした変化に加えて、海上保険業や銀行業が発達したため、かつての冒険貸借はまったく姿を消しているし、船舶共有も現在ではわずかにみられるにすぎない。本章では、商法海商編第8章「船舶先取特権及び船舶抵当権」に設けられた一連の規定を考察し、さらに船舶に対する強制執行について説明する。

I　船舶先取特権

1．船舶先取特権の意義

　船舶先取特権とは、主として船舶の航海に関して発生した特定の債権を有

する債権者に、その船舶および属具のうえに認められる海商法上の特殊な先取特権をいう。この船舶先取特権は、一般の民法上の先取特権と同じ性質をもち、船舶先取特権が生じる債権を有する者は、これら船舶等につき優先弁済権を行使することができる。

　このような船舶先取特権が認められるそもそもの理由は、航海の途上で必要となる資金や物資を調達するために、海運企業者（船主）の信用を確保する必要があったからである。これらの資金や物資を提供する者（船舶債権者）は、債務者である海上企業者の一般財産に対して強制執行することは地理的に困難な地にあることが多く、先取特権を認めなければ現金以外の取引に応じないことにもなりかねないが、そうすると航海に支障をきたすおそれがある。そこで、これらの者に先取特権を与える必要がみとめられた（船舶先取特権は、前述した冒険貸借を担保するものとして発生してきた）。

　もともとこのような理由で認められた船舶先取特権は、その後、さまざまな個別的理由によって範囲が拡大されてきた経緯がある。のちにみるように、船舶先取特権には船舶抵当権に優先する効力が認められており、他方で、船舶抵当権がその公示方法として登記を必要とするのに対して、船舶先取特権は登記なくして目的物から優先弁済を受けることができる。しかも、船舶先取特権によって担保される債権は相当の数にのぼっていたため、とりわけ船舶抵当権との関係などの問題点が指摘され、国際的にも議論されてきていた。

2．統一条約と国内法

(1)　統一条約

　船舶先取特権によって担保される債権は相当の数にのぼり、そのうえ、船舶が航海を重ねるたびに船舶先取特権は累積されていく。したがって、このような船舶先取特権をあまり広く認めると、上述のように、それだけ船舶の担保価値は減少し、ひいては船舶抵当権が海事金融において営む機能への著しい障害となるおそれもある。この点では、事情を同じくする国も多く、船舶抵当権の価値を回復させることを目的に、1926年の「海上先取特権および海上抵当権に関する若干の規定の統一のための国際条約」がブリュッセル条

約として成立した。この条約は、船舶先取特権を、船舶抵当権に優先するものと、劣後するものとの２つにわけて、とくに前者の数を制限することを主要なねらいとした（1931年発効）。

しかし、1926年条約には有力な海運国が加入せず、1957年に新しい船主責任制限条約が成立したため、1926年条約の改正が要望され、1967年に新しい海上先取特権および海上抵当権に関する条約が同じくブリュッセル条約として成立した。ところが、1967年条約も現在に至るまで発効をみず、その後、新旧２つの条約を改正する作業が国際連合の機関に舞台を移して行われ、1993年にさらに新しい条約（国連条約）として「海上先取特権および抵当権に関する国際条約」が制定されている（2004年発効、主要国は参加していない）。わが国はいずれの条約も批准していない。

(2)　商法および特別法

2018年〔平30〕改正前の商法は、第３編第７章を「船舶債権者」として、そのなかに船舶先取特権に関する規定を設けていた。改正商法は、第３編第８章を「船舶先取特権及び船舶抵当権」として、ここに船舶先取特権に関するいくつかの規定を置いている（商842条〜846条）。この改正に際しては、条約や主要国の立法にみられる国際的動向を考慮しながら、船舶先取特権の被担保債権とすることが適当でないもの、また被担保債権とする今日的意義を失っているものの整理など、船舶先取特権が生じる債権ごとに個別的検討がくわえられた。

また、商法のほか、船主責任制限法（95条）および船舶油濁等損害賠償保障法（55条）にも船舶先取特権が定められている。他方、2018年改正前の国際海上物品運送法に規定されていた船舶先取特権（改正前19条）は、改正による改正前商法759条の削除によって不要になったので、削除された。

3．船舶先取特権が生じる債権

船舶先取特権は、法定担保物権であり、前述したいくつかの法律が船舶先取特権を生じさせる債権を定めている。

(1)　商法の定める債権

商法842条は船舶先取特権が生じる債権を列挙しているが（１号から５号ま

で）、それぞれが認められる理由ごとに整理すると次のようになる。

　①船主の債権者の共同の利益のために生じた債権　　これは、いわゆる「担保の原因をなす」債権であって、この種の債権を発生させる行為（発生原因）がなかったならば、他の債権者もその財産から弁済を受けることができなかったであろうという事情がある場合に、そのような債権について船舶先取特権を認めている。具体的には、次の３つがこれにあたる。

　(a)救助料債権、船舶の負担に属する共同海損の分担にもとづく債権（商842条２号）

　(b)水先料・曳船料（引き船料）にかかる債権（商842条３号）　　これは、下記の②にみる租税債権とともに規定されている。

　(c)航海を継続するために必要な費用にかかる債権（商842条４号）　　これは、船長が航海継続のため船舶の修繕、需品の購入、借財および積荷処分などの行為をなした場合、それによって生じた債権であり、その範囲が解釈において問題となる。商法は、「航海を継続するため」としており、これはすでに行われている航海の継続をいうのであり、あらたな航海を開始するために生じた債権は含まれない。また、この「航海」とは、船舶がその船籍港（本拠港）を出て再び船籍港に帰港するまでの全航海を指すものと解するのが通説・判例である（最判昭和58・３・24判時1077号126頁）。1967年条約や1993年条約ではこの債権について先取特権は認められておらず、立法例もわかれている。そこで、2018年の商法改正では、商法842条所定の債権としての是非や維持する場合の位置づけ（抵当権との優劣）が検討されたものの、燃料油などの供給業者の債権回収などを考慮して、改正前のまま船舶先取特権として維持されることになった。

　②公益上または社会政策上の理由による債権

　(a)人の死傷による損害賠償請求権（商842条１号）　　これは、船舶の運航に直接関連して生じた人の生命または身体の侵害による損害の賠償請求権であり、2018年の商法改正により商法842条１号にくわえられた。改正前は、船主責任制限法により制限債権となる損害賠償請求権については同法によって船舶先取特権が法定されていたが（船主責任制限３条１項１号、2018年改正前同法95条１項）、責任制限の対象とならない当該船舶の旅客および被用者（船主責

任制限３条４項、４条２号）が除外され、また、対象となっても優先権の順位において最劣後の船舶先取特権とされていた（改正前船主責任制限95条２項により、改正前商法842条８号の先取特権に次ぐ順位とされた）。そこで、人身尊重の立場から、1993年条約にならって、制限債権であるか否かにかかわらず人の死傷による損害賠償請求権一般について最優先の被担保債権とした。

　(b)航海に関し船舶に課される諸税の請求権（商842条３号）　たとえば、船舶の航海において課されるトン税、入港税、灯台税などがこれにあたる。商法は、国税徴収法または国税徴収の例によって徴収することのできる請求権としている。これは、上記①でみた水先料・曳船料とあわせて商法842条３号に規定されている。

　(c)雇用契約によって生じた船長その他の船員の債権（商842条５号）　たとえば、船員の給料債権（船員52条以下）のほか、送還費（船員47条〜49条）、災害補償費（船員89条以下）などがある（なお、一般の先取特権である雇用関係の先取特権として民306条２号、308条を参照）。この債権については、対象となる債権の範囲（退職金や各種手当ての債権を含めるか、含めるとしていかなる範囲であるかなど）やその発生期間の限定の有無（当該船舶への乗組期間との関係、過去のいかなる期間の乗組みが対象となるかなど）などの理解によって金額が大きく異なってくるため、立場により見解が異なり、いくつかみられる下級審裁判例も一致していなかった。これは、2018年の商法改正に際してもっとも議論されたテーマの１つであったが、結果としては改正前の規定内容のまま維持され、関連の諸問題も今後の解釈の展開に委ねられることになった。

(2)　船主責任制限法の定める債権

　船舶所有者など一定の債務者からその責任制限の対抗を受ける債権者（制限債権者）は、事故にかかる船舶およびその属具のうえに先取特権（船舶先取特権）をもつ。人身損害に関する損害賠償請求権は、すでにみたように商法842条１号の債権となるので、ここからは除外されている（以上、船主責任制限95条１項）。これは、制限債権者は船主等から責任制限の対抗をうけるのに、その他の債権者は無限責任を追及することができることから、公平をはかるために制限債権者に船舶先取特権を認めたものといわれている。この債権に関して、1993年条約は、制限債権であるか否かにかかわらず、船舶の運航に

よって生じた物理的な物の滅失・損傷に関する不法行為に基づく債権にかぎって船舶先取特権を認めているにすぎないため、契約債権などの制限債権者に一律に船舶先取特権を認めることには疑問が呈されていた。2018年の商法改正では、契約上の債権にもとづいてこの船舶先取特権が主張される事例が多いことを考慮して、改正は見送られた。

(3) 船舶油濁損害賠償保障法の定める債権

タンカー油濁損害にかかる債権者は、その制限債権に関し、事故にかかる船舶およびその属具のうえに先取特権（船舶先取特権）をもつ（油賠55条1項）。これも船主責任制限法95条1項と同じ趣旨の規定である。

4．船舶先取特権の目的物

船舶先取特権の目的物は、船舶およびその属具である（商842条柱書き、船主責任制限95条1項、油賠55条1項）。

2018年の商法改正前は、船舶先取特権の生じた航海における未収運送賃も船舶先取特権の目的とされていたが（たとえば改正前商842条柱書き）、追及効がおよばないことから実効性に乏しく、1967年条約や1993年条約にならって削除された。船舶先取特権の目的物である船舶および属具は、各種の被担保債権の発生した当該船舶とその属具にかぎられる。第三者の加害行為により船舶が滅失または損傷した場合に船主が取得する損害賠償請求権、船舶が滅失または損傷した場合に船主が取得する保険金請求権についても、先取特権の物上代位によって、その効力がおよぶものと解される（民304条1項）。

5．船舶先取特権の順位

(1) 船舶先取特権相互間の順位

船舶および属具のうえに船舶先取特権が競合して存在する場合、その優先順位は次の通りである。

(a)商法842条に掲げられた船舶先取特権が競合する場合は、原則として商法842条に掲げられた順序に従って優先順位が決定される（商843条1項本文）。ただし、救助料債権にかかる先取特権は、その発生の時においてすでに生じている他の先取特権に優先する（商843条1項ただし書き）。

(b)同一順位の船舶先取特権が競合するときは、各債権者はその債権額の割合に応じて弁済を受けるのが原則である（商843条2項本文）。ただし、商法842条2号〜4号の債権では、同一順位の船舶先取特権が同時に生じたものでないときは、後に生じたものが優先する（商843条2項ただし書き）。

(c)船主責任制限法および船舶油濁損害賠償保障法に定める船舶先取特権は、商法842条5号の先取特権に次ぐ同一の順位とされている（船主責任制限95条2項、油賠40条2項）。これらの先取特権には、同一順位の先取特権の競合に関する商法843条2項本文が準用される（船主責任制限95条3項、油賠55条3項）。

(2)　他の担保物権との間の順位

①他の先取特権との関係　　船舶先取特権と他の先取特権とが競合する場合は、船舶先取特権が他の先取特権に優先する（商844条、船主責任制限95条3項、油賠55条3項）。

②船舶抵当権との関係　　船舶抵当権と船舶先取特権が競合する場合は、船舶先取特権が船舶抵当権に優先する（商848条1項、船主責任制限95条3項、油賠55条3項）。船舶抵当権は、当事者が任意に設定できる約定担保物権であり、これが法定担保物権である船舶先取特権に優先するとすれば、特定の船舶債権者を保護しようとする船舶先取特権制度の目的を達成することができないし、そもそも先取特権を生じさせる行為により抵当権の目的となる船舶が保存される関係にもあるからである。

しかし、船舶先取特権には公示方法がなく、船舶先取特権によって担保される債権が相当の額になるとすれば、前述したように造船などのために不可欠な海事金融に用いられている船舶抵当権の制度をおびやかすものとなりかねない。2018年の商法改正に際しては、条約などにならい一定の船舶先取特権を船舶抵当権に劣後させることも検討されたが、こうした改正は行われなかった。

③留置権との関係　　留置権には優先弁済権が認められていないので、船舶先取特権との間に優劣の関係は生じない。しかし、船舶先取特権を有する債権者が船舶を競売しても留置権は存続し、買受人は留置権者にその債権額を弁済しなければ目的物の引渡しを受けられないので（民執189条、121条、59

条4項)、事実上、留置権が船舶先取特権に優先するものといえる。

6. 船舶先取特権の効力

　船舶先取特権の効力について特別に定めた規定は商法にないが、民法の先取特権と同じく、船舶先取特権は、その目的物について競売権および優先弁済権が認められる（民執189条、民303条）。

　目的物が債務者たる船主から第三者に譲渡された場合の追及効（追及権）も、同様に民法の原則が妥当する。すなわち、登記船の場合は、海商法が登記船を不動産と同様に扱い、さらに商法845条が追及効を前提とする除斥方法（次項で述べる）を定めていることから、船舶およびその属具のうえの先取特権の追及効が当然に認められるものと解される。これに対して、非登記船の場合は、動産に関する民法の原則（民333条）により、追及効は認められない。

7. 船舶先取特権の消滅

　船舶先取特権は、民法上の一般消滅原因によって消滅するほか、商法の定める特別の消滅原因により消滅する。

　①発生後1年の経過（商846条、船主責任制限95条3項、油賠55条3項）　船舶先取特権は、発生から1年を経過したときは消滅する。航海において多数発生する先取特権を短期に消滅させ、船舶の担保価値を維持するためである。

　②船舶の譲渡の場合（商845条、船主責任制限95条3項、油賠55条3項）　船舶所有者がその船舶を譲渡したときは、譲受人は、その譲渡を登記したのち、船舶先取特権者に対して1か月を下らない一定の期間内にその債権の申出をなすべき旨を公告しなければならない（商845条1項）。船舶先取特権者がこの期間内に申出をしなかったときは、その船舶先取特権は消滅する（商845条2項）。船舶先取特権には登記船について追及効が認められるが、船舶先取特権の登記という公示制度がないので、船舶の譲受人を保護するためにこの除斥方法を認めている。

Ⅱ　船舶抵当権

1．船舶抵当権の意義

　船舶抵当権は、登記船を目的として、船舶所有者と債権者が契約により設定する商法上特殊の抵当権である。

　船舶は動産であるから、抵当権の目的を不動産とする民法の原則（民369条参照）からいえば当然には抵当権の対象とはならないが、船舶は名称、国籍および船籍港などにより識別が可能であり、価格も高額であって担保の目的に適しているので、商法は登記船舶についてこれを抵当権の目的とすることができると定めている（商847条1項）。

　抵当権は質権とは異なり、目的物の占有を債権者に移転するものではないから（非占有担保物権。民369条1項）、船舶に抵当権を設定した船舶所有者は、なお船舶の使用を継続することができる。そこで、たとえば船舶を担保として造船資金を借り入れ、船舶の利用による利益で借入金を返済することが可能となる。また、通常は船舶を利用できない銀行などの資金提供者にとっても抵当権によることの利点は多い。

　船舶抵当権は、船舶を目的とする動産抵当の一種であり、商法上の特殊な抵当権であるが、その性質は民法上の抵当権と本質的に異なるところはない。商法も、船舶の抵当権について不動産の抵当権に関する規定を準用している（商847条3項）。

2．船舶抵当権の目的物

　船舶抵当権の目的物は、登記した船舶およびその属具である。目的物の占有が移転しない抵当権にあっては、占有にかわる公示方法としての登記が必要になるので、船舶については、登記可能な総トン数20トン以上の船舶であり（商686条2項参照）、かつ、実際に登記した船舶にかぎられる（商847条1項）。20トン未満の船舶または登記未了の船舶は抵当権の目的とはならず、質権の目的になるにすぎない。他方、登記した船舶は質権の目的とすることができ

ない（商849条）。なお、船舶共有
の場合、船舶に対する共有者の持
分も抵当権の目的物となる。各共
有者は、他の共有者の承諾をえな
いで、その持分のうえに抵当権を
設定することができる（商696条1
項参照）。また、製造中の船舶にも
抵当権を設定することができる
（商850条）。

14-1　製造中の船舶
造船所のドックで建造中の貨物船

　船舶抵当権の効力はその属具に
およぶ（商847条2項）。属具が従物であれば主物である船舶の処分に従うこと
になるが（民87条2項）、船舶所有者が所有せず、したがって従物とならない
属具について問題となるため、商法は属具について一律に抵当権の効力がお
よぶものとしている。この場合の属具の範囲については、抵当権設定当時の
属具にかぎられるものと解される。

　船舶が難破物となり、もはや船舶でなくなったときは、船舶抵当権は消滅
する。

3．船舶抵当権の順位

　①船舶抵当権相互間の関係　　同一の船舶上に数個の抵当権が設定された
ときは、民法の原則の通り、その順位は登記の前後による（商847条3項、民
373条）。

　②船舶先取特権との関係　　船舶抵当権と船舶先取特権とが競合する場
合、船舶先取特権が優先する（商848条1項、船主責任制限95条3項、油賠55条3
項）。これは、前述したように、政策上の必要により法定された船舶先取特
権を約定担保物権である抵当権に優先させるべきと考えられるからであり、
船舶先取特権を発生させた行為によって抵当権の目的物である船舶そのもの
の担保価値が保存されることもあるからである。

　③船舶先取特権以外の先取特権との関係　　船舶抵当権と船舶先取特権以
外の先取特権とが競合する場合には、船舶抵当権は動産の先取特権の順位を

定めた民法330条1項に規定する第一順位の先取特権と同順位となる（商848条2項）。

　④留置権との関係　　留置権には優先弁済権が認められていないので、船舶抵当権との間に優劣の関係は生じない。しかし、船舶抵当権者がその目的物を競売しても留置権は存続し、買受人は留置権者にその債権額を弁済しなければ目的物の引渡しを受けられないので（民執189条、121条、59条4項）、事実上、留置権が船舶抵当権に優先するといえる。

　⑤船舶抵当権と船舶賃借権　　船舶賃借権との優劣は、登記の前後によって決定される（商701条）。

Ⅲ　船舶に対する強制執行等

1．船舶に対する強制執行（船舶執行）

(1)　船舶執行の性質と対象

　船舶は動産であるが、これまで述べてきたように、不動産に準じた取扱いがなされており、民事執行法（昭和54年〔1979〕法4号）は、不動産に対する強制競売に関する規定を船舶についても包括的に準用している（民執121条）。

　船舶に対する強制執行（船舶執行という）の対象となるのは、ろかい船を除く総トン数20トン以上の船舶（民執112条）、およびその属具である（商685条1項、民87条2項）。この船舶には、未登記の船舶（民執規則74条2号参照）および外国船舶（民執規則74条3号参照）も含まれる。小型船舶の登録に関する法律にいう登録小型船舶（小型船舶登録9条1項）に対する強制執行については、自動車に対する強制執行の規定が準用されている（民執規則98条の2）。その他の船舶は、動産執行の対象となるにすぎない。

　債権者は、債務者である船舶所有者がその債務を履行しないときは、船舶に対して確定判決等の債務名義をもって強制執行をすることができる。また、船舶先取特権または船舶抵当権を有する債権者は、これらの担保権を実行して、船舶の競売代金から優先弁済を受けることができる。

(2)　船舶執行の方法（強制競売）

　船舶は、売却して換価するのに適していることから、船舶執行は、強制競売の方法により行われる（民執112条）。

　船舶執行は、強制競売開始決定の時の船舶の所在地を管轄する地方裁判所が執行裁判所として管轄する（民執113条）。船舶執行は、書面により申し立てられ（民執規則1条）、船舶執行の申立てに理由があるときは、執行裁判所は強制競売の開始を決定し、船舶の差押えを宣言するとともに、債務者に対して、船舶の出航を禁止し、かつ、執行官に対して、船舶の国籍を証する文書その他の船舶の航行のために必要な文書を取りあげて、これを執行裁判所に提出すべきことを命じなければならない（民執114条1項・2項）。取りあげるべき文書には、船舶国籍証書のほか、船舶の航行に必要な文書としての船級証書、国際総トン数証書、満載喫水線証書などがある。

　船舶が差し押えられると船舶の運航ができないため、債務者たる船舶所有者は船舶の不稼働による莫大な損害を被るおそれがある。そこで、執行裁判所は、営業上の必要その他相当の事由があると認める場合においては、債務者の申立てにより、債権者等の同意があることを条件に、船舶の航行を許可することができる（民執118条1項）。このほか、民事執行法は、債務者の保証の提供による強制競売手続の取消しについて定めており（民執117条）、これは船舶の競売にも準用されている（民執189条）。

　船舶執行における換価および配当の手続きについては、民事執行法は、不動産の強制競売手続に関する規定を準用している（民執121条）。

2．船舶に対する仮差押え

　船舶に対する仮差押えには、仮差押えの登記をする方法と、執行官に対して船舶国籍証書等を取りあげて保全執行裁判所に提出すべきことを命じる方法の2つがあり、これらの方法を併用することができる（民保48条1項）。

　登記のある総トン数20トン以上の日本船舶については、この仮差押えの登記の方法によることができるので、この方法が用いられることが多いとされる。この場合、債務者である船舶所有者は、なお通常の用法に従って船舶を使用・収益することができる（民保48条3項、民執46条2項）。これに対して、

外国船舶については、わが国での登記がないので、仮差押えの登記の方法によることができず、もっぱら船舶国籍証書等を取りあげる方法による。

3．船舶の差押え・仮差押えの制限

　航海中の船舶（停泊中のものを除く）に対しては、差押えおよび仮差押えの執行（仮差押えの登記をする方法によるものを除く）をすることができない（商689条）。

　2018年改正前の商法は、発航準備を終えた船舶に対する差押え・仮差押えの執行（仮差押えの登記をする方法によるものを除く）を原則として禁止していた。これは、フランス法やドイツ法など大陸法が採用していた制度であるが、1952年の航海船の仮差押えに関する条約が発航の準備を終えた船舶に対する差押えを認めたことから、この条約を批准したフランスとドイツ（当時は西ドイツ）はすでにこの差押え禁止の制度を廃止していた。この制度を存置しておくと、外国船舶に対する仮差押えにより債権を保全することが事実上困難になることもありえ、2018年改正商法は執行の禁止対象を停泊中のものを除く航海中の船舶に限定することにより、これを廃止した。

参考文献について

　ここでは、本書執筆にあたり主として参考としたこの分野の単行書のみを掲げる。

小町谷操三『海商法要義（中１巻）』（1936年・岩波書店）

小町谷操三『統一船荷証券法論〔新版〕』（1958年・勁草書房）

石井照久『海商法』（1964年・有斐閣）

田中誠二『海商法詳論〔増補３版〕』（1985年・勁草書房）

中村眞澄『海商法』（1990年・成文堂）

戸田修三『海商法〔新訂５版〕』（1990年・文真堂）

重田晴生ほか『海商法』（1994年・青林書院）

戸田修三＝中村眞澄編『注解国際海上物品運送法』（1997年・青林書院）

落合誠一＝江頭憲治郎編『海法大系』（2003年・商事法務）

高桑昭『国際商取引法〔第３版〕』（2011年・有斐閣）

江頭憲治郎『商取引法〔第９版〕』（2022年・弘文堂）

箱井崇史＝松田忠大編著『船舶衝突法〔第２版〕』（2023年・成文堂）

※　本書は、これまでのわが国における海商法研究の蓄積を前提としており、ほんらいは各箇所において先人たちの業績を紹介するとともに、これを注記すべきであるが、本書は拙共著である中村眞澄＝箱井崇史『海商法〔第２版〕』（2013年・成文堂）に基づく入門用の教材であり、学説についても私の理解におけるその最大公約数的な概略ないし動向のみを示すにとどめることを前提として、個々の学説の注記は割愛させていただいた。それでも、特定の研究者の見解など注記すべき部分は残るが、上記拙共著（2018年改正には未対応）の対応箇所に文献を示しているので、これを援用させていただきたい。また、読者におかれても、さらに進んだ学習には図書室などで拙共著にあたり、そこからさまざまな文献へと辿っていっていただきたい。

資料・出典一覧

1-1　〈p. 2〉　『嵐の中の船舶』（オランジュリー美術館蔵）〔アンリ・ルソー画：public domain〕

1-2　〈p. 3〉　古代の船舶（大英博物館蔵）〔public domain〕

1-3　〈p. 3〉　ルイ14世（ルーブル美術館蔵）〔リゴー画；public domain〕

1-4　〈p. 5〉　17世紀の船舶（Trinity House）〔画家不詳；public domain〕

1-5　〈p. 5〉　タイタニック号〔photo: F.G.O. Stuart; public domain〕

2-1　〈p.20〉　平水区域と開港〔作図：白石智則〕

2-2　〈p.23〉　用途による船の分類の例〔作表：白石智則〕

2-3　〈p.24〉　貨物船

　　　（左上）コンテナ船〔写真提供：川崎汽船株式会社〕

　　　（右上）油送船（原油タンカー）〔写真提供：川崎汽船株式会社〕

　　　（左中）液化ガス船〔写真提供：株式会社商船三井〕

　　　（右中）ばら積み船（穀物専用船）〔写真提供：川崎汽船株式会社〕

　　　（左下）ばら積み船（鉱石・石炭専用船）〔写真提供：川崎汽船株式会社〕

　　　（右下）自動車専用船〔写真提供：株式会社商船三井〕

2-4　〈p.25〉　旅客船〔写真提供：郵船クルーズ株式会社（撮影・中村庸夫氏)〕

2-5　〈p.25〉　コンテナの種類

　　　（左上）ドライ・コンテナ（20フィート）〔写真提供：川崎汽船株式会社〕

　　　（中上）ドライ・コンテナ（40フィート）〔写真提供：川崎汽船株式会社〕

　　　（右上）リーファー・コンテナ（冷凍コンテナ）〔写真提供：川崎汽船株式会社〕

　　　（左下）タンク・コンテナ〔写真提供：NCストルト輸送サービス株式会社、日本コンテナ輸送株式会社、協力：池山明義氏〕

　　　（中下）フラット・ラック・コンテナ〔写真提供：川崎汽船株式会社〕

　　　（右下）開扉したドライ・コンテナ〔写真提供：川崎汽船株式会社〕

2-6　〈p.27〉　船舶各部の名称〔作図：著者、白石智則〕

2-7　〈p.28〉　船名・船籍港の標示（船尾）〔写真提供：株式会社商船三井〕

2-8　〈p.31〉　日本商船隊の船籍〔『数字で見る海事2020』（国土交通省）より〕

11- 1 〈p.185〉海上旅客運送契約〔作図：白石智則〕

11- 2 〈p.188〉内航フェリー〔撮影者（個人）提供〕

11- 3 〈p.188〉乗船切符（サンプル）〔画像提供：郵船クルーズ株式会社〕

12- 1 〈p.197〉船舶の衝突〔朝日新聞インターネット版2007年7月27日〕

12- 2 〈p.203〉航海船および非航海船の衝突の場合の商法規定の適用・準用関係
　　　　　　　〔作図：著者、白石智則〕

12- 3 〈p.208〉非運送船主に対する全額の損害賠償請求〔作図：著者、白石智則〕

12- 4 〈p.212〉曳船〔大阪マーチスHP（海上保安庁より許可をえて掲載）〕

13- 1 〈p.216〉サルヴェージ

　　（左）サルヴェージ業者のクレーン船〔写真提供：日本サルヴェージ株式会社〕

　　（右）クレーン船による船骸の引揚げ〔同上〕

13- 2 〈p.232〉共同海損精算の例〔作成：関根司氏（チャールス・テイラー・ジャパン株式
　　　　　　　会社）・原ななみ氏〕

14- 1 〈p.242〉製造中の船舶〔写真提供：ジャパン マリンユナイテッド株式会社〕

1979年議定書による改正後の1924年船荷証券統一条約（抄）

（ハーグ・ヴィスビー・ルール）

（傍線の部分は改正部分）

第1条

この条約において、次の語は、次に定める意義に用いる。

(a) 「運送人」とは、運送契約における荷送人の相手方たる船舶所有者又は傭船者をいう。

(b) 「運送契約」とは、船荷証券又はこれに類似の海上物品運送に関する証券により証明される運送契約のみをいい、この語は、傭船契約に基づいて発行される船荷証券又はこれに類似の証券にあっては、その証券が運送人と証券所持人との関係を規律する時以後について用いる。

(c) 「物品」とは、生動物及び運送契約において甲板積とされ、かつ、実際に甲板積で運送される積荷以外の財産、貨物、商品その他の各種の物をいう。

(d) 「船舶」とは、海上物品運送に使用されるすべての船舶をいう。

(e) 「物品運送」とは、物品を船舶に積み込んだ時からこれを船舶から荷揚した時までの期間についていう。

第2条

運送人は、すべての海上物品運送契約において、物品の積込、取扱、積付、運送、保管及び荷揚に関し責任及び義務を負い、かつ、以下に定める権利及び免責を享受するものとする。ただし、第6条の規定の適用を妨げない。

第3条

1 運送人は、航海の前に及び航海の開始に際し、次のことについて相当の注意をしなければならない。

(a) 船舶を航海に堪える状態におくこと。

(b) 船員の乗組、船舶の艤装及び需品の補給を適切に行うこと。

(c) 船倉、冷気室、冷蔵室その他物品を積み込むすべての場所を物品の受入、運送及び保存に適する良好な状態におくこと。

2 運送人は、運送される物品の積込、取扱、積付、運送、保管及び荷揚を適切かつ慎重に行わなければならない。ただし、第4条の規定の適用を妨げない。

3 運送人、船長又は運送人の代理人は、物品を受け取った後は、荷送人の請求により、特に次の事項を記載した船荷証券を荷送人に交付しなければならない。

(a) 物品の識別のため必要な主要記号で物品の積込開始前に荷送人が書面で通告したもの。この記号は、包装していない物品の上に、又は物品の容器若しくは包装の上に、通常航海の終了の時まで読みうるように、押印され、又は他の方法により判然と表示されていなければならない。

(b) 荷送人が書面で通告した包若しくは個品の数、容積又は重量

(c) 外部から認められる物品の状態

ただし、運送人、船長又は運送人の代理人は、この記号、数、容積又は重量が実際に自己が受け取った物品を正確に表示していないと疑うべき正当な理由があるとき、又はその正確であることを確認する適当な方法がないときは、これらの事項を船荷証券に記載することを要しない。

4 このような船荷証券は、反証がない限り、3(a)、(b)及び(c)の規定に従って当該証券に記載されているとおりの物品を運送人が受け取ったことを推定する証拠となる。

ただし、船荷証券が善意の第三者に譲渡された場合には、反証は、認められない。

5 荷送人は、その通告した記号、数、容積及び重量が積込の時に正確であったことを運送人に担保したものとみなされ、これらの事項に関する不正確から生ずるすべての損害及び費用については、運送人に賠償するものとする。この賠償についての運送人の権利は、運送人が運送契約により荷送人以外のすべての者に対して負う責任及び義務をなんら制限するものではない。

6 物品が運送契約により引渡を受ける権利を有する者に引き渡される前に又はその時に、その者が運送人又は荷揚港におけるその代理人に対し書面で滅失又は損害及びその概況に関する通告をしないときは、その引渡は、反証がない限り、運送人が物品を船荷証券に記載されているとおり引き渡したことを推定する証拠となる。

滅失又は損害が外部から認められないときは、前記の通告は、物品の引渡の後三日以内にしなければならない。

物品の状態がその受取の時に立会によって確認されているときは、前記の書面による通告を要しない。

6の二の規定に従うことを条件として、運送人及び船舶は、いかなる場合においても、物品の引渡しの後又は物品が引き渡されるべきであった日から一年以内に訴えが提起されない限り、当該物品に関するすべての責任を免れる。ただし、この期間は、当事者が訴訟の原因が発生した後に合意するときは、延長することができる。

滅失又は損害が現に生じ、又は生じている疑があるときは、運送人及び荷受人は、物品の検査及び包の数の点検のためのすべての相当な便宜を相互に与えなければならない。

6の二 第三者に対する求償の訴訟は、訴訟が係属する裁判所の属する国の法令により許容されている期間内に提起されたときは、6に定める一年の期間の経過後においても提起することができる。ただし、その許容される期間は、その求償の訴訟を提起する者が損害賠償の支払を行った日又はその者が自己に対する訴訟において訴状の送達を受けた日から三箇月未満であってはならない。

7 物品が積み込まれた場合において、運送人、船長又は運送人の代理人が交付すべき船荷証券は、荷送人の要求があるときは、船積があった旨を記載した船荷証券とする。ただし、荷送人が当該物品に関する権利を表示する証券をすでに受領しているときは、船積船荷証券の交付と引換にその証券を返還しなければならない。運送人、船長又は代理人は、船積港において、物品を船積した船舶の名称及びその船積の日付を先に交付した証券に記入することもでき、その証券は、これらの記入があり、かつ、3に掲げる事項を記載している場合には、この条の規定の適用上、船積船荷証券とみなす。

8 運送契約における条項、約款又は合意で、運送人又は船舶に対し不注意、過失又はこの条に定める義務の不履行による物品の滅失又は損害についての責任を免除し、又はその責任をこの条約の規定に反して軽減するものは、無効とする。保険の利益を運送人に譲渡する条項又はこれに類似のすべての条項は、運送人の責任を免除するものとみなす。

第4条

1 運送人及び船舶は、航海に堪えない状態から生ずる滅失又は損害については、責任を負わない。ただし、運送人が、前条1の規定に従い、船舶を航海に堪える状態におき、船員の乗組、船舶の艤装及び需品の補給を適切に行い、並びに船倉、冷気室、冷蔵室その他物品を積み込むすべての場所を物品の受入、運送及び保存に適する良好な状態におくことについて相当の注意をしな

かったことにより航海に堪えない状態を生じた場合は、この限りでない。航海に堪えない状態から滅失又は損害を生じたときは、この条に定める免責を主張する運送人その他の者は、相当の注意をしたことを立証しなければならない。

2　運送人及び船舶は、次のことから生ずる滅失又は損害については、責任を負わない。

(a)　航行又は船舶の取扱に関する船長、海員、水先人又は運送人の使用人の作為、不注意又は過失

(b)　火災（運送人の故意又は過失に基づくものを除く。）

(c)　海上その他の可航水域の災害、危険又は事故

(d)　天災

(e)　戦争

(f)　公敵行為

(g)　行政権による抑留若しくは強制又は裁判上の差押

(h)　検疫上の制限

(i)　荷送人若しくは物品の所有者又はこれらの者の代理人若しくは代表者の作為又は不作為

(j)　原因のいかんを問わず、部分的又は全体的同盟罷業、作業所閉鎖又は作業の停止若しくは妨害

(k)　暴動又は内乱

(l)　海上における人命又は財産の救助又は救助の企図

(m)　物品の隠れた欠陥、特殊な性質又は固有の欠陥から生ずる容積又は重量の減少その他のすべての滅失又は損害

(n)　荷造の不十分

(o)　記号の不十分又は不完全

(p)　相当の注意をしても発見することのできない隠れた欠陥

(q)　その他運送人又はその代理人若しくは使用人の故意又は過失によらない原因。ただし、この例外の利益を主張する者は、運送人又はその代理人若しくは使用人の故意又は過失が滅失又は損害に関係のなかったことを立証しなければならない。

3　荷送人は、運送人又は船舶が被った滅失又は損害で、荷送人又はその代理人若しくは使用人の作為、過失又は不注意によらない原因から生じたものについては、責任を負わない。

4　海上における人命若しくは財産の救助若しくは救助の企図のための離路又は相当の理由のある離路は、この条約又は運送契約に違反しないものとし、運送人は、これにより生じた滅失又は損害については、責任を負わない。

5(a)　物品の性質及び価額が荷送人により船積み前に通告され、かつ、その通告が船荷証券に記載されている場合を除くほか、運送人及び船舶は、いかなる場合においても、当該物品の又は当該物品に関する滅失又は損害については、一包若しくは一単位につき六百六十六・六七計算単位又は滅失若しくは損害に係る物品の総重量の一キログラムにつき二計算単位のいずれか高い方の額を超えて責任を負わない。

(b)　賠償を受けることができる総額は、物品が契約に従って船舶から荷揚げされ又は荷揚げされるべきであった時及び場所における当該物品の価額に応じて算定する。
　　物品の価額は、商品取引所の相場に従って決定し、そのような相場がないときは市場価格に従って決定し、これらのいずれもないときは同種かつ同品質の物品の正常な価額に応じて決定する。

(c)　コンテナー、パレット又はこれらに類似する輸送用器具が物品をまとめるために使用される場合には、この5の規定の適用については、これらの輸送用器具に積み込まれたものとして船

荷証券に記載されている包又は単位の数をこれらの包又は単位の数とみなし、その記載のない場合には、その輸送用器具を包又は単位とみなす。

(d)　この条にいう計算単位は、国際通貨基金の定める特別引出権とする。(a)の規定による金額は、訴訟が係属する裁判所の属する国の法令で定める日におけるその国の通貨の価値を基準として、その国の通貨に換算する。

国際通貨基金の加盟国である国の通貨の特別引出権表示による価値は、国際通貨基金の操作及び取引のために国際通貨基金の適用する評価方法であって換算の日において効力を有しているものにより計算する。国際通貨基金の加盟国でない国の通貨の特別引出権表示による価値は、その国の定める方法により計算する。

国際通貨基金の加盟国でなく、かつ、自国の法令により前記の規定を適用することのできない国は、千九百七十九年の議定書の批准若しくは同議定書への加入の時に又はその後いつでも、自国の領域において適用するこの条約にいう責任の限度額を次のとおり定めることを宣言することができる。

(i)　(a)にいう六百六十六・六七計算単位については、一万貨幣単位

(ii)　(a)にいう二計算単位については、三十貨幣単位

(i)及び(ii)にいう貨幣単位とは、純分千分の九百の金の六十五・五ミリグラムから成る単位をいう。(i)及び(ii)の規定による金額の当該国の通貨への換算は、当該国の法令の定めるところにより行う。

前記の規定による計算及び換算は、(a)において計算単位で表示されている金額と可能な限り同一の実質価値が当該国の通貨で表示されるように行う。

当該国は、計算の方法又は換算の結果を、千九百七十九年の議定書の批准書又は加入書を寄託する時に寄託者に通報する。当該国は、また、当該計算の方法又は当該換算の結果が変更された場合にはいつでも、その変更を寄託者に通報する。

(e)　損害を生じさせる意図をもって又は無謀にかつ損害の生ずるおそれのあることを認識して行った運送人の作為又は不作為により損害が生じたことが証明された場合には、運送人及び船舶は、この5に定める責任の制限の利益を受けることができない。

(f)　(a)の通告は、船荷証券に記載されている場合には、反証がない限り推定の証拠となるが、運送人にとって拘束力を有し又は確定的なものになることはない。

(g)　運送人、船長又は運送人の代理人と荷送人との間の約定により(a)に定める額と異なる最高額を定めることができる。ただし、そのように定められる最高額は、(a)に定める最高額を下回るものであってはならない。

(h)　運送人及び船舶は、荷送人が船荷証券中の物品の性質又は価額に関し故意に虚偽の通告をしたときは、いかなる場合においても、当該物品の又は当該物品に関する滅失又は損害については、責任を負わない。

6　引火性、爆発性又は危険性を有する物品で、運送人、船長又は運送人の代理人がその性質又は特徴を知っていればその船積を承諾しなかったものについては、運送人は、賠償することなく、荷揚前にいつでも、任意の場所に荷揚し、破壊し、又は無害にすることができ、これらの物品の荷送人は、その船積により直接に又は間接に生ずるすべての損害及び費用について責任を負うものとする。これらの物品で運送人が了知し、かつ、承諾して船積したものが船舶又は積荷にとって危険となったときは、運送人は、共同海損の場合を除くほか、その責任を負うことなく、その物品を同様に荷揚し、破壊し、又は無害にすることができる。

第4条の2

1　この条約に定める抗弁及び責任の限度は、訴訟が契約に基づく場合であるか不法行為に基づく場合であるかを問わず、運送契約の対象とされている物品の滅失又は損害に関する運送人に対するすべての訴訟について適用する。

2　1の訴訟が運送人の使用人又は代理人（独立の契約者でないものに限る。）に対して提起されたときは、その使用人又は代理人は、運送人がこの条約に基づいて援用することができる抗弁及び責任の限度を援用することができる。

3　運送人及び2に規定する使用人又は代理人から受けることができる賠償の総額は、この条約に定める限度を超えることがあってはならない。

4　2及び3の規定にかかわらず、損害を生じさせる意図をもって又は無謀にかつ損害の生ずるおそれのあることを認識して行った運送人の使用人又は代理人の作為又は不作為により損害が生じたことが証明された場合には、その使用人又は代理人は、この条の規定を援用することができない。

第5条

運送人は、この条約で定める権利及び免責の全部若しくは一部を放棄し、又は責任及び義務を加重することができる。ただし、この放棄又は加重は、荷送人に交付する船荷証券に記載しなければならない。

この条約の規定は、傭船契約には適用しない。ただし、傭船契約の場合に船荷証券が発行されるときは、その船荷証券は、この条約の規定に従うものとする。この条約のいかなる規定も、共同海損に関する適法な契約を船荷証券に記載することを妨げるものではない。

第6条

前諸条の規定にかかわらず、運送人、船長又は運送人の代理人及び荷送人は、ある特定の物品については、物品についての運送人の責任及び義務並びに権利及び免責に関し、船舶が航海に堪えることについての運送人の義務に関し（公の秩序に反しない範囲に限る。）、又は海上運送物品の積込、取扱、積付、運送、保管及び荷揚についての使用人若しくは代理人の注意義務に関し、任意の条件を附して契約を締結することができる。ただし、船荷証券が発行されておらず、今後も発行されない場合であって、かつ、合意された条件が非流通証券たる受取証でその旨を明記したものに記載された場合に限る。

このようにして締結されるすべての契約は、完全な法律上の効力を有する。

この条の規定は、通常の商取引における通常の商業的船積には適用せず、その他の船積で、運送される物品の特徴及び状態並びに運送の行われる事情及び条件が特約を正当とするものにのみ適用する。

第7条

この条約のいかなる規定も、運送人又は荷送人が、契約に、海上運送物品の積込前及び荷揚後におけるその滅失若しくは損害又はその保管及び取扱に関して運送人は船舶の負う義務及び責任についての特約、条件、留保又は免責を付することを妨げるものではない。

第8条

この条約の規定は、航海船舶の所有者の責任の制限に関する現行の法令に基づく運送人の権利及

び義務を変更するものではない。

第 9 条

この条約は、原子力損害についての責任を規律する国際条約又は国内法の規定の適用に影響を及ぼすものではない。

第10条

この条約の規定は、船舶、運送人、荷送人、荷受人その他の関係者の国籍のいかんを問わず、次のいずれかのことを条件として、異なる二国にある港の間の物品運送に関するすべての船荷証券について適用する。

(a) 船荷証券が締約国で作成されていること。

(b) 運送が締約国にある港からのものであること。

(c) 船荷証券に含まれている契約又は船荷証券によって証明されている契約により、この条約の規定又はこの条約の規定を実施しているいずれかの国の法令が当該契約を規律すべきことを定めていること。

各締約国は、前記の船荷証券について、この条約の規定を適用する。

この条の規定は、前記の船荷証券に該当しない船荷証券について、締約国がこの条約の規定を適用することを妨げるものではない。

(以下省略)

船舶衝突ニ付テノ規定ノ統一ニ関スル条約 （抄）

〔大正3年2月10日〕
〔条 約 第 1 号〕

第1条　　航海船相互間又ハ航海船ト内水航行船トノ間ニ起リタル衝突ノ場合ニ於テ船舶又ハ船舶内ニ在ル物若ハ人ニ生シタル損害ノ賠償ハ其ノ衝突アリタル水面ノ如何ヲ問ハス以下数条ノ規定スル所ニ依ル

第2条　　衝突カ偶然ノ事由若ハ不可抗力ニ因ルトキ又ハ衝突ノ原因明カナラサルトキハ損害ハ之ヲ受ケタル者ノ負担トス

前項ノ規定ハ衝突ノ際船舶ノ双方又ハ一方カ碇泊中ナル場合ニモ之ヲ適用ス

第3条　　衝突カ船舶ノ一方ノ過失ニ因リテ生シタルトキハ損害ハ過失アリタル船舶ニ於テ之ヲ賠償スル責ニ任ス

第4条　　共ニ過失アリタル場合ニ於ケル各船舶ノ責任ノ割合ハ其ノ各自ノ過失ノ軽重ニ依ル若情況ニ依リ其ノ割合ヲ定ムルコト能ハサルトキ又ハ過失カ同等ナリト認ムヘキトキハ責任ハ平等トス

船舶若ハ其ノ積荷若ハ船員、旅客其ノ他船舶内ニ在ル者ノ手荷物其ノ他ノ財産ニ生シタル損害ハ第三者ニ対シテ連帯スルコトナク前項ノ割合ニ応シ過失アリタル船舶ニ於テ之ヲ負担ス

過失アリタル船舶ハ死傷ニ因リテ生シタル損害ニ付テハ第三者ニ対シ連帯シテ義務ヲ負フ但シ第1項ニ従ヒ終局ニ負担スルコトヲ要スル部分ヲ超過シテ支払ヒタル船舶ノ求償ヲ妨ケス

前項ノ求償ニ関シ船舶内ニ在ル人ニ対スル船舶所有者ノ責任ヲ制限スル契約上又ハ法律上ノ条項カ如何ナル範囲ニ於テ如何ナル効力ヲ有スルカハ内国法ノ定ムル所ニ依ル

第5条・　　前数条ニ定メタル責任ハ衝突カ水先人ノ過失ニ因リテ生シタル場合ニ於テ其ノ水先人カ強制水先人ナルトキト雖亦存在ス

第6条　　衝突ニ因リテ生シタル損害ノ賠償ノ請求権ハ船難証書其ノ他一切ノ特別方式ニ覊束セラルルコトナシ

衝突ノ責任ニ関シテハ法律上過失ヲ推定スルコトナシ

第7条　　損害賠償ノ請求権ハ事故アリタル日ヨリ2年ヲ以テ時効ニ罹ル

第4条第3項ニ依ル求償権ノ時効期間ハ1年トス此ノ時効ハ支払ノ日ヨリ進行ス

前2項ノ時効ノ停止及中断ノ事由ハ受訴裁判所所属国ノ法律ノ定ムル所ニ依ル

締約国ハ原告ノ住所又ハ主タル営業所ノ所在国ノ領水内ニ於テ被告船舶ヲ差押フルコト能ハサリシ事実ヲ以テ第1項及第2項ニ定メタル期間ノ伸長ノ事由ト為スコトヲ其ノ法律ニ定ムル権利ヲ留保ス

第8条　　衝突シタル各船舶ノ船長ハ衝突後其ノ船舶、船員及旅客ニ重大ナル危険ナクシテ為シ得ヘキ限リ他ノ船舶、船員及旅客ヲ援助スルコトヲ要ス

船長ハ為シ得ヘキ限リ其ノ船舶ノ名称、船籍港、発シタル場所、著スヘキ場所ヲ他ノ船舶ニ告クルコトヲ要ス

船舶所有者ハ前2項ノ規定ノ違反ノミニ因リテ責任ヲ負フコトナシ

第9条　　締約国ニシテ前条ニ違反スル行為ヲ禁遏スル法令ナキモノハ其ノ行為ヲ禁遏スル為必要ナル措置ヲ為シ又ハ各自ノ立法府ニ之ヲ提案スヘキコトヲ約ス

締約国ハ前項ニ定メタル事項ヲ実行スル為其ノ国ニ於テ既ニ制定シ又ハ後ニ制定スル法律及規則ヲ遅滞ナク相互ニ通告スヘシ

第10条　　本条約ノ規定ハ後ノ条約ヲ留保シ船舶所有者ノ責任ノ制限ニ付各国ニ於テ定メタル規定及運送契約其ノ他一切ノ契約ヨリ生スル債務ニ影響ヲ及ホササルモノトス

第11条　本条約ハ軍艦及専ラ公用ニ供スル国ノ船舶ニハ之ヲ適用セス

第12条　本条約ノ規定ハ訴訟ニ於ケル総テノ船舶カ締約国ニ属スル場合及内国法ノ規定シタル其ノ他ノ場合ニ於テ総テノ利害関係人ニ之ヲ適用ス

仍左ノ如ク協定ス

1　非締約国ニ属スル利害関係人ニ付テハ本条約ノ規定ノ適用ハ各締約国ニ於テ之ヲ相互ノ条件ニ繋ラシムルコトヲ得ヘキコト

2　総テノ利害関係人カ受訴裁判所所属国ニ属スルトキハ本条約ヲ適用スルコトナク内国法ヲ適用スヘキコト

第13条　船舶カ其ノ運用上ノ作為若ハ不作為又ハ規則ノ違反ニ因リ他ノ船舶又ハ其ノ船舶内ニ在ル物若ハ人ニ生セシメタル損害ノ賠償ニ付テハ衝突アラサリシトキト雖仍本条約ヲ適用ス

第14条　各締約国ハ本条約ニ加フルコトアルヘキ修正事項ヲ討究スル為且出来得ヘクムハ特ニ其ノ適用ノ範囲ヲ拡張スル為本条約実施ノ日ヨリ３年後ニ新ナル会議ノ開催ヲ提議スル権能ヲ有ス此ノ権能ヲ行使セムトスル国ハ白耳義（ベルギー）国政府ノ仲介ニ依リ其ノ意思ヲ他ノ諸国ニ通告シ白耳義国政府ハ６月内ニ会議ヲ招集スヘキモノトス

第15条　本条約ニ署名セサル諸国ハ其ノ請求ニ因リ之ニ加盟スルコトヲ得此ノ加盟ハ外交上ノ手続ニ依リ白耳義国政府ニ通告シ該政府ハ之ヲ他ノ各締約国政府ニ通告スヘシ此ノ加盟ハ白耳義国政府ノ通告発送後１月ヲ経過シテ其ノ効力ヲ生スルモノトス

第16条　本条約ハ批准ヲ要ス

本条約署名ノ日ヨリ遅クトモ１年内ニ白耳義国政府ハ本条約ヲ実施スヘキヤ否ヤヲ決定スル為批准ノ準備成レリト宣言シタル締約国政府ト協議ヲ開始スヘシ

批准アリタルトキハ直ニ批准書ヲ比律悉（ブリュッセル）ニ寄託スヘシ本条約ハ其ノ寄託後１月ヲ経過シテ其ノ効力ヲ生スルモノトス

寄託覚書ハ比律悉ノ会議ニ参同シタル諸国ノ為尚１年間之ヲ閉鎖セス此ノ期間経過ノ後ハ此等諸国ハ第15条ノ規定ニ依ルニ非サレハ本条約ニ加盟スルコトヲ得ス

第17条　締約国中ノ１国カ本条約ヲ廃棄スル場合ニ於テ其ノ廃棄ハ之ヲ白耳義国政府ニ通告シタル日ヨリ１年ノ後ニ非サレハ効力ヲ生スルコトナシ而シテ本条約ハ他ノ締約国ノ間ニハ引続キ其ノ効力ヲ存スルモノトス

　　　追加条款

第16条ノ規定ニ拘ラス強制水先人ノ過失ニ因リテ生シタル衝突ニ付責任ヲ定メタル第５条ノ規定ハ締約国カ船舶所有者ノ責任ノ制限ニ付一致スルニ至ル迄ハ実施セラレサルヘキコトヲ約ス

海難ニ於ケル救援救助ニ付テノ規定ノ統一ニ関スル条約 (抄)

〔大正3年2月10日〕
〔条 約 第 2 号〕

第1条　危難ニ在ル航海船、船舶内ノ物、積荷ノ運送賃及旅客ノ運送賃ノ救援救助並航海船ト内水航行船トノ間ニ為サレタル同種ノ労務ハ其ノ救援タルト救助タルトヲ区別スルコトナク又労務力為サレタル水面ノ如何ヲ問ハス以下数条ノ規定ニ従フ

第2条　救援救助ノ行為カ有益ナル結果ヲ生シタルトキハ相当ノ報酬ヲ請求スル権利ヲ生ス救助カ有益ナル結果ヲ生セサルトキハ何等ノ報酬ヲ請求スル権利ヲ生スルコトナシ

如何ナル場合ニ於テモ支払ハルヘキ金額ハ救助セラレタル目的物ノ価額ニ超ユルコトヲ得ス

第3条　援助セラレタル船舶ノ明示ニシテ且理由アル拒絶アリタルニ拘ラス援助ノ仕事ニ協力シタル者ハ何等ノ報酬ヲ請求スル権利ヲ有セス

第4条　曳船ハ曳船契約ノ履行ト認ムルコトヲ得サル特別ノ労務ヲ為シタルトキニ非サレハ被曳船又ハ其ノ積荷ノ救援救助ニ付報酬ヲ請求スル権利ヲ有セス

第5条　報酬ハ同一ノ所有者ニ属スル船舶間ニ救援救助アリタル場合ニ於テモ之ヲ支払フヘキモノトス

第6条　報酬ノ額ハ当事者ノ契約ニ依リ契約ナキトキハ裁判所之ヲ定ム

援助者間ニ分配スヘキ報酬ノ割合ニ付亦同シ

援助船ノ所有者、船長其ノ他ノ服役者ノ間ニ於ケル報酬ノ分配ハ其ノ船舶ノ本国法ノ定ムル所ニ依ル

第7条　危難ノ際其ノ影響其ノ下ニ為サレタル救援救助ノ契約ハ裁判所ニ於テ其ノ契約ノ条件カ衡平ナラスト認ムルトキハ当事者ノ一方ノ申立ニ因リ之ヲ無効トシ又ハ変更スルコトヲ得

如何ナル場合ヲ問ハス詐欺若ハ隠蔽ノ為ニ当事者ノ一方ノ同意ニ瑕疵アルコトノ証明アリタルトキ又ハ報酬カ労務ニ比シ著シク不権衡ナルトキハ裁判所ハ利害関係アル当事者ノ申立ニ因リ契約ヲ無効トシ又ハ変更スルコトヲ得

第8条　報酬ハ左ノ事項ヲ基本トシ各場合ノ事情ヲ斟酌シテ裁判所之ヲ定ム

(イ)　第1位ニ於テハ得タル結果、援助者ノ尽力及功績、被援助船其ノ旅客船員積荷及援助者援助船ノ遭遇シタル危難、援助者ノ費シタル時間費用及受ケタル損害、援助者ノ冒シタル責任負担ノ危険及其ノ他ノ危険並援助者ノ供用シタル物件ニ於テ危険ニ置カレタルモノノ価額但シ援助船カ特別ノ設備ヲ有スルモノナルトキハ之ヲ斟酌ス

(ロ)　第2位ニ於テハ援助セラレタル目的物ノ価額

第6条第2項ニ定メタル分配ニ付テモ亦前項ノ規定ニ従フ裁判所ハ援助者カ其ノ過失ニ因リテ救援救助ヲ必要トスルニ至ラシメ又ハ盗取、隠匿其ノ他不正ノ行為ヲ犯シタルト認ムルトキハ報酬ノ額ヲ減シ又ハ其ノ請求ヲ許ササルコトヲ得

第9条　生命ノ救助ヲ受ケタル者ハ報酬ヲ支払フノ義務ナシ但シ内国法ノ規定ニ影響ヲ及ホサス

救援救助ノ行ハレタル事変ニ際シテ人命ヲ救助シタル者ハ船舶、積荷及其ノ附随ノモノヲ救助シタル者ニ与ヘラルル報酬ニ付相当ノ分配ヲ受クル権利ヲ有ス

第10条　報酬ノ請求権ハ救援救助ノ仕事ノ終リタル日ヨリ2年ヲ以テ時効ニ罹ル

時効ノ停止及中断ノ事由ハ受訴裁判所所属国ノ法律ノ定ムル所ニ依ル

締約国ハ原告ノ住所又ハ主タル営業所ノ所在国ノ領水内ニ於テ被援助船ヲ差押フルコト能ハサリシ事実ヲ以テ第1項ニ定メタル期間ノ伸長ノ事由ト為スコトヲ其ノ法律ニ定ムル権利ヲ留保ス

第11条　海上ニ於テ生命ノ危難ニ在ル者アルトキハ船長ハ船舶、船員及旅客ニ重大ナル危難ヲ

及ホサザル限リ敵人ト雖之ヲ救助スルコトヲ要ス

船舶所有者ハ前項ノ規定ノ違反ニ因リテ何等ノ責任ヲ負フコトナシ

　　第12条　　締約国ニシテ前条ニ違反スル行為ヲ禁遏スル法令ナキモノハ其ノ行為ヲ禁遏スル為必要ナル措置ヲ為シ又ハ各自ノ立法府ニ之ヲ提案スヘキコトヲ約ス

締約国ハ前項ニ定メタル事項ヲ実行スル為其ノ国ニ於テ既ニ制定シ又ハ後ニ制定スル法律及規則ヲ遅滞ナク相互ニ通告スヘシ

　　第13条　　本条約ハ官公署ノ経営ニ係リ又ハ其ノ監督ニ属スル救援救助事務ノ組織及殊ニ漁業器械ノ救助ニ関スル内国法又ハ国際条約ノ規定ニ影響ヲ及ホスコトナシ

　　第14条　　本条約ハ軍艦及専ラ公用ニ供スル国ノ船舶ニハ之ヲ適用セス

　　第15条　　本条約ノ規定ハ救援助船又ハ被援助船カ締約国ニ属スル場合及内国法ノ規定シタル其ノ他ノ場合ニ於テ総テノ利害関係人ニ之ヲ適用ス

仍左ノ如ク協定ス

　1　非締約国ニ属スル利害関係人ニ付テハ本条約ノ規定ノ適用ハ各締約国ニ於テ之ヲ相互ノ条件ニ繋ラシムルコトヲ得ヘキコト

　2　総テノ利害関係人カ受訴裁判所所属国ニ属スルトキハ本条約ヲ適用スルコトナク内国法ヲ適用スヘキコト

　3　第11条ハ締約国ニ属スル船舶相互ノ間ニノミ之ヲ適用スヘキコト但シ内国法ニ於テ之ヨリ広キ規定ヲ為スコトヲ妨ケス

　　第16条　　各締約国ハ本条約ニ加フルコトアルヘキ修正事項ヲ討究スル為且出来得ヘクムハ特ニ其ノ適用ノ範囲ヲ拡張スル為本条約実施ノ日ヨリ3年後ニ新ナル会議ノ開催ヲ提議スル権能ヲ有ス此ノ権能ヲ行使セムトスル国ハ白耳義（ベルギー）国政府ノ仲介ニ依リ其ノ意思ヲ他ノ諸国ニ通告シ白耳義国政府ハ6月内ニ会議ヲ招集スヘキモノトス

　　第17条　　本条約ニ署名セサル諸国又ハ其ノ請求ニ因リ之ニ加盟スルコトヲ得此ノ加盟ハ外交上ノ手続ニ依リ白耳義国政府ニ通告シ該政府ハ之ヲ他ノ各締約国政府ニ通告スヘシ此ノ加盟ハ白耳義国政府ノ通告発送後1月ヲ経過シテ其ノ効力ヲ生スルモノトス

　　第18条　　本条約ハ批准ヲ要ス

本条約署名ノ日ヨリ遅クトモ1年内ニ白耳義国政府ハ本条約ヲ実施スヘキヤ否ヤヲ決定スル為批准ノ準備成レリト宣言シタル締約国政府ト協議ヲ開始スヘシ

批准アリタルトキハ直ニ批准書ヲ比律悉（ブリュッセル）ニ寄託スヘシ本条約ハ其ノ寄託後1月ヲ経過シテ其ノ効力ヲ生スルモノトス

寄託覚書ハ比律悉ノ会議ニ参同シタル諸国ノ為尚1年間之ヲ閉鎖セス此ノ期間経過ノ後ハ此等諸国ハ第17条ノ規定ニ依ルニ非サレハ本条約ニ加盟スルコトヲ得ス

　　第19条　　締約国中ノ一国カ本条約ヲ廃棄スル場合ニ於テ其ノ廃棄ハ之ヲ白耳義国政府ニ通告シタル日ヨリ1年ノ後ニ非サレハ効力ヲ生スルコトナシ而シテ本条約ハ他ノ締約国ノ間ニハ引続キ其ノ効力ヲ存スルモノトス

事項索引

著　者

箱 井 崇 史（はこい　たかし）

略　歴
1965年　東京に生まれる
1987年　早稲田大学法学部卒業
現　在　早稲田大学法学部教授・博士（法学）

主要著作
船舶衝突法（第 2 版）〔共編著〕（2023・成文堂）
海商法（第 2 版）〔共著〕（2013・成文堂）
「1681年フランス海事王令試訳(1)〜(3)」
　（早稲田法学81巻 4 号，82巻 1 号・2 号）

協力（資料編集）

白 石 智 則（しらいし　とものり）

略　歴
1974年　東京に生まれる
1997年　早稲田大学法学部卒業
現　在　白鷗大学法学部教授

基本講義 現代海商法 ［第 5 版］

2014年 2 月20日	初　版第 1 刷発行
2015年 6 月20日	第 2 版第 1 刷発行
2018年 7 月20日	第 3 版第 1 刷発行
2021年 2 月20日	第 4 版第 1 刷発行
2024年 2 月 1 日	第 5 版第 1 刷発行

著　者　　箱 井 崇 史

発行者　　阿 部 成 一

〒162-0041 東京都新宿区早稲田鶴巻町514
発 行 所　　株式会社　成 文 堂

電話 03(3203)9201(代) FAX 03(3203)9206
http://www.seibundoh.co.jp

製版・印刷・製本　藤原印刷　　　　　　　　検印省略
Ⓒ 2024 T. Hakoi　　　　　　　　　Printed in Japan
☆乱丁・落丁本はおとりかえいたします☆
ISBN978-4-7923-2800-9　C3032

定価(本体2500円＋税)